노인복지론

이병록

KNOWLEDGE COMMUNITY 공동체

머리말

한국은 2000년 이후 고령화시대에 접어들었고 2018년 고령사회에 진입할 예정이다. 그리고 2026년에는 노인인구가 20%를 넘어서는 초고령사회에 도달하고 노인인구수도 1천만 명 이상을 기록할 것으로 추계되고 있다. 이러한 한국의 고령화 추이는 전 세계에서 유례를 찾아보기 어려울 정도로 빠른 속도로 진행되고 있다.

한국의 과거 전통사회에서는 성인자녀들이 자신의 노부모부양을 책임지는 것이 일반적인 현상이었다. 그러나 산업사회로 진입한 이후부터 급속한 고령화와 함께 가족구조의 변화, 노인부양의 어려움과 부양의식의 감소, 가구경제패턴의 변화 등의 다양한 사회변화로 인해 이제 가족이 노인을 부양하기 어려운 상황이 되었다. 이러한 변화된 사회환경에서 다양한 노인문제와 이에 따른 복지욕구들이 발생하고 있는데, 대표적인 것은 노인부양문제를 비롯하여 노인빈곤, 노인치매, 노인학대, 노인자살 등을 들 수 있다. 이러한 노인문제를 해소하고 노인과 그 가족의 복지욕구를 충족시키기 위한 다양한 제도들이 시행되고 있으며, 최근 급속하게 확대되고 있다.

이 책은 대학에서 사회복지학을 전공하고 있는 학생들이 노인과 관련된 다양한 현황과 특성, 노인문제, 노인복지 대책들을 이해하여 올바른 전문적 역할을 수행할 수 있도록 집필되었다. 이 책이 노인복지 업무를 담당하는 사회복지사의 전문적 역량을 키우는 데 도움이 될 것으로 생각한다.

1부에서는 노인복지의 개관으로, 노인의 개념 및 인구고령화와 관련된 다양한 인구사회학적 특성들, 노화에 대해서 살펴보았으며 노인복지의 개념과 특성을 제시하였다.

2부에서는 최근 사회문제로 인식되고 있는 다양한 노인문제들을 살펴보았다. 노인의 소득과 빈곤에 대해서 정리하였고, 노인치매의 개념, 증상, 현황 및 대책들을 제시하였으며, 노인학대의 개념과 유형, 위험요인, 현황 및 노인학대예방사업 등에 대해서 정리하였고, 노인자살의 개념, 특징 및 원인 등도 살펴보았다.

3부는 노인복지시설에 대해서 제시하였다. 노인복지시설은 크게 노인주거복지시설, 노인의료복지시설, 재가노인복지시설 등으로 분류된다. 최근 노인장기요양보험이 실시되면서 대부분의 노인의료복지시설과 재가노인복지시설은 노인장기요양보험의 관리하에서 운영되고 있다. 각 노인복지시설의 유형, 이용대상, 인력배치 기준, 급여비용의 산정기준, 현황 등에 대해서 정리하였다. 그리고 대표적인 지역사회복지기관의 하나로 기능하고 있는 노인복지관의 추진방향, 설치기준 및 운영기준 등에 대해서도 살펴보았다.

4부는 노인에 대한 최근 소득보장제도와 일자리대책을 중심으로 정리하였다. 노인에 대한 핵심적인 소득보장제도는 공적연금이며, 국민기초생활보장제도의 주요 대상자가 노인이다. 하지만 이러한 소득보장제도들은 사회복지학과의 다른 교과목에서 다루고 있다. 따라서 이 책에서는 비교적 최근에 실시되어 확대되고 있는 기초연금의 목적, 대상자, 급여 및 현황 등을 다루었으며, 노인고용대책의 하나인 노인일자리사업을 제시하여 노인일자리사업의 개념, 사업단의 운영, 시니어클럽과 대한노인회 취업지원센터의 운영 및 현황 등을 중심으로 정리하였다.

제5부는 노인복지실천에 대한 내용으로 노인사례관리와 노인상담에 대해서 다루었다. 사례관리는 최근 사회복지의 전 분야에서 강조되고 있는 사회복지실천의 모델이라고 할 수 있다. 사례관리의 필요성, 개념 및 과정 등에 대해서 제시하였다. 노인상담은 노인들이 직면한 문제나 어려움을 해결하여 노인의 다양한 심리사회적 기능을 증진시키는 사회복지서비스의 하나로 볼 수 있다. 노인상담의 개념, 필요성, 유형, 이론, 기법 및 과정 등에 대해서 정리하였다.

부족한 점이 많은 원고를 단행본으로 출간할 수 있도록 해주신 도서출판 공동체의 김동훈 대표님과 전종선 부장님, 그리고 이 책의 교정을 도와주신 안문식 편집부장님을 비롯한 편집부 선생님들께 감사의 말을 전한다.

2017년 8월

이병록

차례

PART 01 노인복지의 개관

PART 02 노인문제

CHAPTER 08 재가노인복지시설

CHAPTER 09 노인복지관

PART 04 노인의 최근 소득보장과 일자리대책

CHAPTER 10 기초연금

CHAPTER 11 노인일자리사업

PART 05

노인복지실천

CHAPTER 12 노인사례관리

CHAPTER 13 노인상담

PART 01

노인복지의 개관

Chapter 01 노인과 인구고령화

제 1 절 노인의 개념

노인복지론

노인의 사전적 의미는 나이가 들어 늙은 사람을 의미한다. 노인을 대신하여 나이가 많은 사람을 높여 부르는 어르신이라는 용어를 사용하기도 하지만 노인이라는 용어가 보편적이다. 그리고 노인과 유사한 용어는 이 외에도 고령자나 시니어 등이 있으며, 노인을 비하하는 의미가 담겨 있는 늙은이라는 말을 사용하기도 한다.

노인의 개념과 연령에 대한 규정은 시대에 따라서 달라질 수 있다. 과거 한국사회에서는 만 60세 이상인 사람을 노인으로 간주하여 회갑잔치를 하는 등 만 60세를 노인의 연령으로 인식하였으나 현재 노인은 법적·행정적으로 만 65세 이상의 사람을 말한다. 노인의 연령기준이 높아진 것은 산업화가 진행되면서 소득수준의 향상, 충분한 영양섭취, 의료기술의 발전 등의 다양한 사회변화로 인해 평균수명이 증가하고 경제활동 등의 사회적 역할 등을 복합적으로 고려한 데서 비롯된 것이다.

노인과 유사한 개념이라고 볼 수 있는 고령자는 「고용상 연령차별금지 및 고령자고용촉진에 관한 법률」에 55세 이상인 사람으로 규정되어 있으며, 준고령자는 50세 이상~55세 미만인 사람으로 정하고 있다. 그리고 시니어의 경우 현재 노인복지법에 규정된 「노인일자리전담기관의 설치 및 운영」 기준에 의거하여 시니어클럽이 전국적으로 운영되고 있는데, 만 60세 이상의 사람을 대상으로 하고 있다. 고령자와 시니어의 연령기준은 노인의 일자리나 직업과 관련되어 노인복지법에 규정된 노인의 연령과 차이가 있다.

65세 이상의 노인을 일정 연령에 의하여 세분하기도 하는데, 75세를 기준으로 65세 이상~74세를 전기고령자로, 75세 이상을 후기고령자로 규정하고 있다(이인정, 1999; 김혜경, 2005; 이병록, 2008). 이러한 분류는 노인 중에서도 후기고령자는 소득, 건강, 사회관계 등의 측면에서 전기고령자에 비해 열악한 상황에 놓여 있다는 점을 고려한 것이라고 할 수 있다.

이렇게 노인을 규정하는 데 있어서 일정 연령을 기준으로 하는 것은 국가의 행정적 측면에서 편리하다는 장점이 있다. 그러나 단순히 연령을 기준으로 한 노인의 정의는 개인적인 노화의 편차를 고려하지 못한다는 문제가 있다. 사회적 역할의 상실과 기능적 연령으로 노인을 규정하는 경우에는 이와 같은 문제에서 벗어날 수 있다(임병우 외, 2015).

개인에게 주어진 사회적 역할을 상실하게 되는 것은 주로 경제활동을 중단하거나 가정 내에서의 역할을 잃게 되는 경우이다. 그리고 이 외의 다양한 사회활동(사회활동단체, 친목모임, 여가모임 등)을 중단하거나 상당 부분 줄이는 것도 여기에 해당된다. 기능적 연령기준은 개인의 신체적 · 심리적 기능이 일정 수준 이하로 감퇴할 경우에 노인으로 규정하는 것이다. 이렇게 노인을 규정하는 것은 단순한 연령이 아니라 개인의 사회적 역할과 신체적 · 심리적 기능을 진단하여 개인의 건강상태나 역할상실의 차이를 고려할 수 있다는 장점이 있다.

제2절 인구고령화의 진행

노인복지론

1. 인구고령화의 추이

다음의 〈표 1-1〉에 1960~2026년 한국 노인인구의 추이가 제시되어 있다. 1960년 한국 노인인구의 비율은 3.7%(93만 5천명)에 불과했으나 40년 이후인 2000년에 7.3%(337만 2천명)로 고령화시대에 접어들 정도로 급속히 증가했다. 2010년에는 10%를 초과한 11.3%(542만 5천명)를 기록하였으며, 2018년에는 14.3%로 고령사회에 진입할 예정이다. 그리고 2026년에는 20.8%로 초고령사회에 진입할 것으로 전망되고 있다.[1)]

노인인구수를 보면, 1970년에 100만 명가량에 불과했지만 20년 뒤인 1990년에 2백만 명을 넘어섰고 10년 이후인 2000년에 300만 명을 훨씬 초과했다. 2010년에는 550만 명에 가까운 수치를 보여주고 있으며, 불과 5년 이후인 2015년에는 6백 5십만 명을 넘어섰다. 고령사회에 진입할 것으로 추계되는 2018년에는 7백만 명을 넘고 초고령사회에 노달하는 2026년에 노인인구는 1천만 명을 넘어설 것으로 예측되고 있다.

---

1) UN(1990)에서 노인인구가 전체인구의 7% 이상이면 고령화사회로, 14% 이상이면 고령사회로 규정했으며, 최근에는 노인인구 비율이 20%를 넘어서면 초고령사회로 분류하고 있다(박석돈 외, 2015).

〈표 1-1〉 65세 이상 노인인구 추이

(단위 : 천명, %)

구 분	1960년	1970년	1980년	1990년	2000년
총인구	24,989	31,435	37,407	43,390	45,985
65세이상	935	1,039	1,446	2,126	3,372
구성비	3.7	3.3	3.9	5.0	7.3
구 분	2010년	2015년	2016년	2018년	2026년
총인구	47,991	49,706	49,312	49,340	49,039
65세이상	5,425	6,569	6,585	7,075	10,218
구성비	11.3	13.2	13.4	14.3	20.8

출처 : 통계청. 장래인구추계. 각 연도.

〈표 1-2〉에 주요 국가의 인구고령화 추이가 제시되어 있다. 한국의 인구구조가 고령화사회에서 고령사회로 진입하는 데 걸리는 기간은 18년이며, 고령사회에서 초고령사회로 진입하는 기간은 훨씬 더 짧은 8년에 불과할 것으로 추계되고 있다. 고령화사회에서 초고령사회로 진입하는 기간은 26년으로 예측된다. 이러한 한국의 고령화 속도는 다른 국가들과 비교하면 매우 빠르다.

주요 선진국들의 경우 독일, 영국, 미국, 프랑스, 스웨덴은 고령화사회에서 고령사회로 진입하는 데 걸리는 기간이 40년 이상이었다. 반면 일본은 이 국가들보다 훨씬 짧은 24년이 소요되었고 2005년에 초고령사회에 도달하였다. 그러나 한국은 고령화사회에서 고령사회에 진입하는 데 일본보다 6년 짧은 18년이 소요될 전망이다. 그리고 고령사회에서 초고령사회로 도달하는 데 걸리는 기간을 보면 스웨덴, 독일, 영국, 프랑스의 경우 대부분 40년가량이 소요되며, 일본과 미국이 10년 이상의 기간이 소요되는 것으로 나타났다. 그러나 한국은 고령사회에서 초고령사회에 도달하는 기간이 세계에서 가장 짧은 8년에 불과할 것으로 추계되고 있다(박선태 외, 2015).

〈표 1-2〉 주요 국가의 인구고령화 추이 (단위 : 년)

구 분	도달 연도			증가 소요연수	
	고령화사회 (7%)	고령사회 (14%)	초고령사회 (20%)	고령사회 도달 (7→14%)	초고령사회 도달 (14→20%)
한국	2000	2018	2026	18	8
스웨덴	1887	1972	2012	85	40
독일	1932	1972	2012	40	40
영국	1929	1976	2020	47	44
프랑스	1864	1979	2018	115	39
일본	1970	1994	2005	24	11
미국	1942	2013	2028	71	15

출처 : 통계청(2011). 장래인구추계.

〈표 1-3〉에 성별 고령인구의 추이에 대한 자료가 제시되어 있다. 1980년부터 2015년까지 65세 이상 노인인구수는 144만 6천 명에서 656만 9천 명으로 35년간 512만 3천 명 증가한 것을 알 수 있다. 노인인구수를 성별로 비교해 보면, 2015년 남성노인 276만 3천 명, 여성노인 380만 6천 명으로 여성노인이 104만 3천 명 더 많은 것으로 나타났다. 노인인구의 성별 격차는 1980년 이후 지속적으로 증가한 것을 알 수 있다.

한편, 성비로 살펴본 격차는 오히려 감소한 것으로 나타나고 있다. 성비는 여성노인수 대비 남성노인수의 비율이며, 100%에 가까울수록 성별 인구의 상대적 규모가 고르다는 것을 의미한다. 1980년 59.5%에서 2015년 72.6%로 성비가 점차 높아지고 있는데, 이는 남성노인인구의 상대적 규모가 점차 증가하고 있음을 보여준다.

〈표 1-3〉 성별 고령인구 추이 (단위 : 천명, %)

구 분	65세이상 인구수	남성노인수	여성노인수	성 비
1980년	1,446	540	907	59.5
1990년	2,162	811	1,352	60.0
2000년	3,372	1,287	2,084	61.8
2010년	5,425	2,198	3,227	68.1
2015년	6,569	2,763	3,806	72.6

주) 성비 = (65세 이상 남성노인수/65세 이상 여성노인수) × 100
출처 : 통계청. 인구총조사. 각 연도.

2. 인구고령화의 원인

앞에서 한국의 인구구조가 고령화사회를 넘어 거의 고령사회에 진입한 단계이며, 고령화의 속도는 주요 선진국들에 비해 매우 급속하게 진행되고 있다는 사실을 확인하였다. 이러한 인구구조 변화의 원인은 다양하게 제시될 수 있는데, 그중에서도 평균수명의 증가와 출산율의 저하가 가장 핵심적인 요인이라고 할 수 있다.

1) 평균수명의 증가

평균수명이란 0세에서의 기대여명, 즉 출산하여 평균적으로 살 수 있는 기간을 말한다. 따라서 2015년 평균수명은 2015년에 태어난 사람이 이후로 살 수 있는 평균기간을 의미한다.

한국인의 평균수명은 지속적으로 증가하고 있다. 〈표 1-4〉에 1980~2015년 한국인의 평균수명에 관한 자료가 제시되어 있다. 1980년 한국인의 평균수명은 65.7세에서 2015년 82.1세로 35년간 총 16.4세가 증가한 것을 알 수 있다.

그리고 이러한 평균수명의 증가추이는 앞으로도 지속될 것으로 전망되고 있다(통계청, 2012a; 정상수 외, 2014). 2020년 한국인의 평균수명은 82.6세, 2030년 84.3세, 2040년 87.4로 증가할 것으로 예측되고 있다.

한국인의 평균수명을 성별로 구분하여 살펴보면, 여성이 남성에 비해서 평균수명이 더 높다는 점을 발견할 수 있다. 2015년 남성이 79.0세이고 여성이 85.2세로 6.2세의 차이를 보이고 있다. 전체적으로 여성이 남성에 비해 평균수명이 더 높은 경향을 보이고 있는 가운데 그 차이가 점차 감소하고 있다는 사실을 알 수 있다.

〈표 1-4〉 **평균수명의 증가 추이** (단위 : 세)

구 분	1980년	1990년	2000년	2010년	2015년
계	65.7	71.3	76.0	80.8	82.1
남 자	61.8	67.3	72.3	77.2	79.0
여 자	70.0	75.5	79.6	84.1	85.2
남녀 차이	8.2	8.2	7.3	6.9	6.2

출처 : 통계청. 기대여명 추이 통계표. 각 연도.

한국인의 평균수명이 전체적으로 증가하고 있는 가운데, 최근 OECD 국가들의 평균수명보다 높은 위치에 있다(표 1-5 확인). 2013년 OECD에 가입한 국가들의 평균수명은 80.5세인데, 한국의 평균수명은 81.8세로 1.3세 더 높은 것을 알 수 있다.

한편 최근 CNN에서 게재한 연구결과를 보면, 2030년에 한국인의 평균수명이 세계 1위를 기록할 것으로 예측되고 있다. 2030년 한국 여성의 평균수명은 90.82세이고 남성의 평균수명은 84.07세로 전체 85세 이상이 될 것으로 발표되었다. 한국인의 급속한 평균수명의 증가는 세계에서 가장 낮은 수준의 출산율과 함께 한국 노인인구의 수와 비율을 급격히 증가시키는 원인이 될 것이다.

〈표 1-5〉 2013년 OECD 국가들의 평균수명 (단위 : 세)

일본	아이슬란드	독일	미국(2011)	멕시코	한국	OECD 평균
83.4	82.1	80.9	78.8	74.6	81.8	80.5

출처 : OECD(2015). Health Data.

세계적으로 평균수명이 점차 증가하면서 이제는 오래 사는 것만이 중요한 것이 아니라 얼마나 오랜 기간 동안 질병이 없이 건강한 상태로 사느냐가 더 중요한 관심사가 되었다. 건강수명은 질병으로 인해 활동을 할 수 없을 정도로 건강상태가 나빠진 기간을 전체 평균수명에서 제외한 것이다. 평균수명은 오래전부터 각국의 건강수준을 비교하는 데 널리 사용되어 온 건강지표지만 건강수명은 최근에 사용된 개념이다. 따라서 평균수명이 길고 평균수명과 건강수명의 차이가 적은 나라일수록 건강한 사회라고 할 수 있다. 그리고 건강수명은 노인의료를 비롯한 노인복지예산에도 직접적인 영향을 미치게 된다.

〈표 1-6〉에 2012년 주요 국가들의 건강수명이 제시되어 있다. 2012년 한국인의 건강수명이 73세로 나타났는데, 한국에 비해 건강수명이 높은 국가는 일본으로 75세이다. 한국의 건강수명도 평균수명과 유사하게 다른 국가들보다 높은 위치에 있는 것을 알 수 있다.

〈표 1-6〉 2012년 주요 국가들의 건강수명 (단위 : 세)

일 본	스위스	독 일	영 국	칠 레	한 국
75	73	71	71	70	73

출처 : WHO(2014). World Health Statistics.

2) 출산율의 저하

출산율의 저하가 노인인구수를 직접 증가시키는 것은 아니지만, 전체 인구에서 차지하는 노인인구의 비율을 증가시키는 주요 요인으로 볼 수 있다. 〈표 1-7〉에 1970~2015년 한국의 합계출산율과 출생아수의 추이가 제시되어 있다. 합계출산율은 출산 가능한 여성의 나이인 15세부터 49세까지를 기준으로 한 명의 여성이 평생 낳을 수 있는 평균 자녀수를 의미한다. 합계출산율은 국가별 출산력 수준을 비교하는 주요 지표로 이용된다.

전체적으로 1970년 합계출산율 4.53명에서 2015년 1.24명으로 크게 감소한 것으로 나타났다. 1970~2015년 출생아수의 추이도 합계출산율의 추이와 유사한 경향을 보이고 있다. 1970년의 출생아수는 100만 명을 약간 넘는 수치를 기록하고 있지만, 이후 점차적인 감소추이를 보이고 있다. 2005년 43만 5천 명으로 출생아수가 대폭 감소한 것으로 나타났으며, 이후 40만 명대를 유지하고 있다.

현재의 인구수를 지속적으로 유지할 수 있는 합계출산율은 2.1명으로 알려졌다. 그러나 최근 국회 입법조사처가 인구변화에 대해 분석한 자료에 의하면 현재 인구를 균형적으로 유지할 수 있는 합계출산율은 2.3명이라고 한다. 이것은 한국사회가 균형인구를 회복하려면 합계출산율이 2.1명 아래로 감소한 30여 년간(1984~2014년)의 2배인 60년 동안 합계출산율 2.3명을 유지해야 한다는 것을 의미한다(kalee.tistory.com/576).

그러나 지금 한국의 현실은 1980년대 이후 지속적으로 2.0명 이하의 합계출산율을 기록하고 있으며, 앞으로 2.0명 이상의 합계출산율을 회복할 수 있는 실효성 있는 정책적 대안들이 제시되지 않고 있는 실정이다. 이렇게 되면 국가경제를 비롯한 다양한 측면에서 사회적 부담이 가중될 수밖에 없다.

〈표 1-7〉 한국의 합계출산율과 출생아수의 추이

구 분	1970년	1975년	1980년	1985년	1990년	1995년	2000년	2005년	2010년	2015년
합계 출산율(명)	4.53	3.43	2.82	1.66	1.57	1.63	1.47	1.08	1.23	1.24
출생아수 (천명)	1,007	874	863	655	650	715	635	435	470	439

출처 : 통계청. 인구동향조사. 각 연도.

한국의 합계출산율 지표를 세계 주요 국가들과 비교한 자료가 〈표 1-8〉에 제시되어 있다. 전 세계적으로도 출산율의 저하현상을 보이고 있다. 1970년 전 세계 평균 합계출산율이 4.92명에서 2015년 2.51명으로 거의 절반수준으로 감소한 것으로 나타났다. 이와 유사하게 주요 국가들의 합계출산율도 마찬가지로 감소하고 있다. 한국의 합계출산율은 1970년부터 세계 평균보다 약간 낮은 수치를 보이고 있으며, 이후의 감소추이가 급격한 것을 알 수 있다. 한국의 2015년 합계출산율이 1.26명으로 다른 국가들과 비교하여 가장 낮은 수치를 기록하고 있는 것을 알 수 있다.

〈표 1-8〉 주요 국가들의 합계출산율 추이[2]　　(단위 : 년, 명)

구 분	1970	1980	1990	2000	2010	2015
전 세계 평균	4.92	3.87	3.45	2.74	2.56	2.51
한 국	4.71	2.92	1.60	1.51	1.23	1.26
중 국	6.30	3.01	2.75	1.48	1.53	1.55
일 본	2.02	1.83	1.66	1.37	1.34	1.40
북 한	4.39	2.68	2.36	2.01	2.00	2.00

2) 〈표 1-7〉과 〈표 1-8〉에서 제시된 한국의 합계출산율 수치의 차이는 통계집계방식의 차이에서 비롯된 것이다.

미 국	2.58	1.77	1.91	2.00	2.06	1.89
독 일	2.36	1.51	1.43	1.35	1.36	1.39
스웨덴	2.17	1.66	1.91	1.56	1.89	1.92
영 국	2.57	1.73	1.84	1.74	1.88	1.92

출처 : UN Department of Economic and Social Affairs(2016. 9). esa.un.org/unpd/wpp/. World Population Prospects : The 2015 Revision_Total Fertility(children per woman).

제3절 노년부양비 및 노령화지수

한국의 인구고령화 속도가 빠르게 진행되면서 사회적으로 노인부양부담이 커지고 있다. 〈표 1-9〉에 이에 관한 몇 가지 자료가 제시되어 있다. 노년부양비는 생산가능연령인 15~64세의 인구가 사회적으로 부양해야 할 65세 이상 노인의 수를 비율로 제시한 수치이다. 노령화지수는 14세 이하인 유소년인구 대비 65세 이상 노인인구의 비율을 의미한다. 고령자 1명당 생산가능인구는 부양해야 할 65세 이상 노인인구 대비 생산가능연령인 15~64세의 인구수이다.

노년부양비를 보면, 1990년 7.4%에서 2000년 10.1%, 2010년 15.2%, 2015년 17.9%로 소폭 증가한 것을 알 수 있다. 그러나 이후로 노년부양비는 매우 급속할 것이라는 사실을 알 수 있다. 2020년 노년부양비는 22.1%에서 2030년 38.6%, 2040년 57.2%, 2050년 71.0%, 2060년 80.6%로 추계되고 있다. 이것은 한국의 생산가능인구가 부양해야 할 노인인구의 비율이 앞으로 크게 증가할 것이라는 측면에서 노인부양부담이 매우 증가할 것이라는 사실을 말해주고 있다.

노령화지수를 보면, 1990년 20.0%로 0~14세의 유소년인구가 노인인구의 5배라는 것을 의미한다. 그러나 이후 노령화지수가 증가하여 2015년 94.1로 매우 급속한 증가추이를 보이고 있으며, 유소년인구와 노인인구의 수가 거의 동일한 수준에 이르렀다는 사실을 말해준다.

그러나 이후의 노령화지수는 지속적인 저출산 현상에 의해 급속도로 증가할 것으로 전망되고 있다. 2017년에 104.1%로 노인인구가 유소년인구 수를 넘어서고 2020년 119.1%에서 2030년 193.0%로 노인인구가 유소년 인구의 거의 2배에 육박하게 될 것으로 추계되고 있다. 2040년의 노령화지수는 288.6%로 노인인구가 유소년인구의 3배에 가까워지며, 2060년에는 394.0%로 거의 4배에 가까운 차이를 보일 것으로 예측되고 있다. 한국 노령화지수의 증가추이는 한국의 노인인구 비율이 지속적으로 급증할 것이라는 점을 시사해 주고 있다.

고령자 1명당 생산가능인구의 자료를 보면 보다 쉽게 한국의 노인부양부담의 증가추이를 확인할 수 있다. 1990년 고령자 1명당 생산가능인구는 13.5명으로 15~64세의 경제활동인구 13.5명이 사회적으로 노인 1명을 부양하는 것으로 나타났으며, 2000년 9.9명, 2015년에는 5.6명으로 지속적인 감소추이를 보이고 있다. 이후로도 지속적으로 고령자 1명당 생산인구의 수치가 감소하여 2030년 2.6명, 2050년 1.4명, 2060년 1.2명의 수치를 보여주고 있다. 이것은 생산가능인구가 부담해야 할 사회적인 노인부양부담이 크게 증가할 것이라는 사실을 말해주는 것이다.

〈표 1-9〉 노년부양비 및 노령화지수

(단위 : %, 명)

연 도	노년부양비(%)	노령화지수(%)	고령자 1명당 생산가능인구(명)
1990년	7.4	20.0	13.5
2000년	10.1	34.3	9.9
2010년	15.2	68.4	6.6
2015년	17.9	94.1	5.6
2020년	22.1	119.1	4.5
2030년	38.6	193.0	2.6
2040년	57.2	288.6	1.7
2050년	71.0	376.1	1.4
2060년	80.6	394.0	1.2

주1) 노년부양비 = (65세 이상 인구/15~64세 인구) × 100
주2) 노령화지수 = (65세 이상 인구/0~14세 인구) × 100
주3) 고령자 1명당 생산가능인구 = (15~64세 인구/65세 이상 인구)
출처 : 통계청(2011). 장래인구추이.

제4절 노인가구의 증가

노인복지론

한국 전체 가구와 고령자가구의 현황이 〈표 1-10〉에 제시되어 있다. 한국의 전체적인 가구수는 인구수의 증가와 핵가족화의 추세에 따라서 전체적으로 증가추이를 보이고 있다. 1985년 총 가구수는 1,000만 가구 이하에 머물렀다. 이후 지속적인 증가추이를 보이고 있는데, 2015년에는 1,900만 가구를 초과했고 이러한 추이가 지속될 경우 2020년에는 2,000만 가구를 넘어설 것으로 예측된다.

한국의 총 가구수의 증가추이와 유사하게 노인가구수도 증가하고 있다. 1985년 67만 7천가구(7.1%)에 불과했지만, 2015년에는 370만 가구를 넘어섰고 이러한 증가추이는 지속될 것으로 보인다.

고령자가구의 유형은 1세대, 2세대, 3세대, 1인가구 등으로 구분할 수 있다. 2015년 1세대가구 126만 4천가구, 2세대가구 97만 6천가구, 3세대가구 23만 3천가구, 1인가구 122만 3천 가구이다. 전체 고령자가구 중에서 1세대가구와 1인가구가 차지하는 비율이 66.9%로 2/3를 넘는 것으로 나타났다. 고령자가구 가운데에서 1세대가구와 1인가구는 주로 노인으로 구성된 가구로서 노인부부나 독거노인만 생활하는 노인가구이다.

고령자 1세대가구는 1985년 14만 7천 가구에 불과했지만, 이후 지속적인 증가추이를 보이고 있다. 총 가구에서 차지하는 고령자 1세대가구의 비율도 1985년 1.5%에서 2015년 6.4%로 4배 이상 증가했다. 1인가구의 경우에도 유사하게 1985년 11만 5천 가구에서 지속적으로 증가추이를 보이고 있다. 총 가구에서 차지하는 고령자 1인가구의 비율도 1985년 1.2%에서 2015년 6.4%로 5배 이상 증가한 것을 확인할 수 있다. 반면 주로 노인세대와 자녀세대가 가구를 구성하고 있는 고령자 2세대가구와 3세대가구의 경우 증가폭이 매우 적거나 오히려 감소한 것을 알 수 있다.

이와 같이 한국의 가구현황에서 고령자가구가 크게 증가하고 있는 가운데, 고령자만으로 구성된 가구가 급증하고 있다는 점을 확인할 수 있다. 고령자가구가 증가하고 있다는 것은 기존의 노인에 대한 가족부양 기능이 약해진다는 것을 의미한다. 따라서 향후 노인에 대해 사회적인 부양대책을 비롯하여 각종 노인복지의 필요성이 증가할 수밖에 없다는 사실을 알 수 있다.

〈표 1-10〉 고령자가구의 추이 (단위 : 가구, %)

연 도	총가구수	총고령자 가구수(비율)	고령자가구 유형			
			1세대가구	2세대가구	3세대가구	1인가구
1985년	9,571	677(7.1)	147(1.5)	237(1.4)	166(1.7)	115(1.2)
1990년	11,355	963(8.5)	238(2.0)	303(1.2)	214(1.8)	193(1.7)
1995년	12,958	1,251(9.7)	389(2.9)	326(1.1)	171(1.3)	349(2.7)
2000년	14,312	1,734(12.1)	587(4.0)	420(1.3)	171(1.2)	543(3.8)
2005년	15,887	2,448(15.4)	846(5.2)	583(1.6)	221(1.4)	783(4.9)
2010년	17,339	3,111(17.9)	1,075(6.0)	723(1.7)	231(1.3)	1,006(6.1)
2015년	19,111	3,720(19.5)	1,264(6.4)	976(1.9)	233(1.2)	1,223(6.4)
전체 구성비		100.0	34.0	26.2	6.3	32.9

주1) 각 가구유형의 비율은 총 가구 대비 각 유형의 비율을 의미함
주2) 전체 구성비는 총 고령자가구수 대비 각 가구 세부유형별 가구수의 비율을 의미함
출처 : 통계청. 인구총조사. 각 연도.

제5절 노인복지의 정의

1. 노인복지의 개념

노인복지는 노인을 대상으로 하여 이들의 인간다운 생활보장과 사회적 욕구 및 문제를 해결하기 위한 모든 사회복지서비스의 활동으로 정의할 수 있다(정상수 외, 2014). 노인복지의 정의에 포함된 인간다운 생활은 각 사회의 발전수준에 적합한 의식주의 기본욕구를 충족하면서 건강하고 문화적인 수준의 생활을 영위할 수 있는 수준을 의미한다(배기효 외, 2015).

노인복지를 협소한 사회복지의 범주에서 보면, 스스로 인간다운 기초생활을 유지하기 어려운 노인들에게 최소한의 생활유지를 위해 제공되는 사

회복지서비스로 볼 수 있다. 그러나 폭넓은 관점에서 노인복지는 사회의 모든 노인이 경험하는 다양한 문제들을 해결하고 이들의 사회적 욕구를 충족시켜 최적 수준의 생활을 누릴 수 있도록 하는 사회적 제반 노력을 포함한다고 볼 수 있다(정상수 외, 2014).

노인들은 보통 신체적 · 심리적 · 사회적 노화현상으로 인해 다양한 생활상의 어려움을 경험하게 된다. 각종 노인성 질환이나 장애로 인해 신체적 기능이 저하되어 일상생활을 비롯하여 다양한 변화와 곤란을 겪는다. 신체적 노화는 심리적으로 불안, 초조, 절망감, 상실감, 우울 등의 문제를 동반하여 자살 등의 극단적 결말에 이르기도 한다. 사회적으로는 경제활동에서의 은퇴가 소득감소와 역할상실감을 가져다주고 산업사회에서 가족구조의 변화와 가족관계의 단절로 인해 부양문제가 부각되고 있다.

노인들이 안고 있는 문제들은 사회문제이기 때문에 이를 해결하기 위해 국가와 지방자치단체가 노인들을 대상으로 하여 경제, 고용, 의료, 요양, 사회참여, 차별예방 등 각종 노인복지대책을 시행하고 있다. 이러한 노인복지서비스는 결국 노인의 삶의 질 향상이라는 목표를 위해 시행되고 있는 사회복지대책의 하나라고 볼 수 있다.

2. 노인복지의 특징

노인복지는 노인의 특성에 따라서 다양한 성격을 가지고 있다. 노인의 특성에 따른 노인복지의 특징은 욕구의 다양성, 대상의 보편성, 대상의 증가, 사회적 기여에 대한 수혜 등으로 제시할 수 있다(박석돈 외, 2015).

1) 욕구의 다양성

인간은 성장단계에 따라서 행복의 조건과 욕구가 다르긴 하지만, 연령이 증가하면서 매우 다양해지는 경향이 있다. 특히 노인들은 노화현상에 의해서 경제적 빈곤, 건강수준의 약화, 역할상실, 사회적 관계의 단절, 심리적 어려움 등 다양한 문제들을 안고 있어 이들의 사회적 욕구는 매우 다양한 특징을 갖는다.

2) 대상의 보편성

인간은 각종 사고나 질병에 의해 사망하는 경우를 제외하면 모두 노인기에 접어들게 된다. 노인복지는 노인의 연령인 만 65세 이상의 사람을 대상으로 하여 제공되기 때문에 사회구성원 모두가 노인복지의 직간접적 대상자라고 할 수 있다.

3) 대상의 증가

노인복지의 대상자인 노인인구는 지속적으로 증가하고 있다. 이미 한국은 고령화사회에 접어들었고 2018년 고령사회에 진입할 것으로 추계되고 있다. 한국의 노인인구수와 비율의 증가추이는 앞으로 지속될 것으로 전망된다. 이러한 추세에 맞추어 노인복지는 예산과 인력 등의 측면에서 증가할 수밖에 없다.

4) 사회적 기여에 대한 수혜

현재 한국의 노인계층은 사회발전에 기여한 바가 크다. 특히 산업화의 출발시기부터 중요한 사회적 역할을 담당해 오면서 한국사회의 발전과 유지에 노력한 세대이다. 그리고 그동안 각종 사회복지제도가 시행되고 확대되는 데 필요한 각종 세금과 보험료 등을 국가에 납부하여 사회복지에 기여한 측면도 있다.

현재 한국의 노인복지법도 이러한 노인의 사회적 기여에 대한 노인복지의 수혜를 규정하고 있다. 노인복지법 제2조(기본이념)의 제1항에 "노인은 후손의 양육과 국가 및 사회의 발전에 기여해 온 자로서 존경받으며 건전하고 안정된 생활을 보장받는다"라는 점이 명시되어 있다. 그러나 현재 한국은 세계에서 노인이 존경받지 못하는 나라로 평가되고 있다. 노인복지법에서 규정하고 있는 기본이념에 맞추어 노인세대를 존경하는 사회문화를 확산시키고 실질적인 노인복지의 수준을 향상시켜야 한다.

3. 노인복지의 원칙

노인복지는 사회복지서비스의 한 분야로서 존엄성의 원칙을 비롯한 다양한 원칙에 따라서 제공되어야 한다(박선태 외, 2015).

1) 존엄성의 원칙

헌법 제10조에 "모든 국민은 인간으로서의 존엄과 가치를 가지며, 행복을 추구할 권리를 가진다. 국가는 개인이 가지는 불가침의 기본적 인권을 확인하고 이를 보장할 의무를 진다"라고 규정하고 있다. 그리고 헌법 제34조에서 "국가는 노인의 복지향상을 위한 정책을 실시할 의무를 진다"라고 규정하고 있다. 헌법에 명시된 규정에 따라서 국가는 노인의 존엄성을 최대한 유지시키는 방향에서 노인복지의 향상에 노력해야 한다.

2) 개별화의 원칙

개별화(individualization)는 개별사회사업의 기본원리 중 하나이다. 인간은 같은 환경 속에서도 그 상황과 객관적 사실에 대한 기분이나 반응이 제각기상이하다. 사회복지사가 노인의 문제를 이해하고 해결하기 위한 서비스를 제공하는 경우에 각 노인의 생활상황, 인격, 욕구, 문제해결 능력 등에 주목하여 각종 서비스를 제공해야 한다.

3) 자기결정의 원칙

노인복지의 대상자인 노인을 노화현상으로 인해 무능력한 존재로 인식하여 전문가가 결정한 서비스를 받는 수동적인 존재로 인식할 수 있다. 그러나 노인의 권리와 요구를 인식하고 그들이 스스로 선택하고 결정할 수 있도록 하는 자기결정(self-determination)의 원칙을 지키면서 서비스를 제공해야 한다. 이 원칙에 의해 사회복지사의 역할은 클라이언트인 노인이 활용할 수 있는 자원이 무엇이고, 무엇을 선택할 수 있는지, 그들이 할 수 있는 선택의 범위가 어떤 것인지를 알게 하는 데에 집중되어야 한다.

4) 보편성과 선별성의 원칙

사회복지급여의 제공방식은 크게 보편주의(universalism)와 선별주의(selectivism)로 분류할 수 있다. 선별주의는 사회복지급여를 저소득층에게 효과적으로 집중시키기 위해 자산조사에 기초하여 규정된 수급요건에 해당하는 사람들에게만 급여를 지급하는 방식이다. 보편주의는 자산조사를 하지 않고 모든 수급자격자에게 평등하게 급여를 제공하는 방식이다.

노인복지의 경우에 보편주의나 선별주의라는 한 가지 급여제공 방식에 의해서 급여를 제공하는 것은 바람직하지 않다. 노인의 욕구가 보편적인지, 선별적인지를 분류하여 세부적인 노인복지서비스의 급여제공 방식이 결정되어야 한다.

5) 전문성의 원칙

노인이 가지고 있는 문제들은 신체적 · 심리적 · 사회적 노화에 의해 매우 다양하고 복잡하게 발생되는 경향이 있다. 따라서 노인에게 복지서비스를 제공할 경우에는 다양한 전문가들이 참여할 필요가 있다. 노인복지 실천현장의 전문가들은 사회복지사, 상담사, 의사, 간호사, 물리치료사, 영양사 등이 있으며, 이들이 팀접근을 하여 문제를 해결하는 것이 바람직하다.

Chapter 02 노화

제 1 절 노화의 개념

노인복지론

노화(aging)는 나이가 들면서 신체적 · 정신적으로 기능이 쇠약해지는 현상이라고 할 수 있다(현외성 외, 2000). 일반적으로 노화는 시간이 지나면서 유기체에 발생하는 점진적인 변화이며, 기능적으로 약해지는 특징을 동반하는 변화현상이다. 인간의 노화는 자연스러운 과정으로 노화과정에서 발생하는 다양한 생활문제와 욕구를 해결하여 인간다운 삶을 영위하도록 하기 위한 사회적 관심이 증가하고 있다.

노화는 1차적 노화(primary aging)와 2차적 노화(second aging)로 분류할 수 있다. 1차적 노화는 인간이면 누구나 경험하게 되는 점진적이고 보편적인 노화를 의미한다. 2차적 노화는 운동, 식습관, 생활습관, 스트레스, 질병, 음주와 흡연 등이 1차적 노화의 속도에 영향을 미쳐 개인적 노화과정에 변화를 주는 것을 의미한다(임병우 외, 2015).

노화는 본질적으로 인간발달 과정의 한 부분으로 일반적으로 세 가지 측면, 즉 신체적 노화(physical aging), 사회적 노화(sociological aging), 심리적 노화(psychological aging)로 분류할 수 있다. 신체적 노화는 전체적인 신체의 구조와 기능이 약해지는 것을 말한다. 신체적 노화는 점진적인 활력의 상실과 저항력의 약화, 그리고 유기체의 기관, 조직체, 세포, 근육, 골격의 약화현상 등을 포함한다. 사회적 노화는 생활주기에서 발생하는 사회규범, 역할기대, 사회적 지위 등의 변화를 의미한다. 심리적 노화는 각종 감각기능, 지각기능, 자아인식 등이 변화하는 과정들을 의미한다(Birren, 1959; 조추용 외, 2015).

인간의 노화는 긍정적인 측면과 부정적인 측면이 동시에 존재한다. 긍정적인 측면은 노화과정을 거치면서 풍부한 경험과 지혜, 인내력, 통찰력 등을 얻는다는 것이다. 부정적인 측면은 신체기능이 감소하고 노동능력이 저하될 수 있다는 점이다(김귀환 · 나직균, 2010). 과거에 노화라는 개념은 건강하지 않고 소비적이라는 부정적인 인식이 많았다. 그러나 지금은 활동적이고 건강하며, 장수라는 관점에서 바라보는 인식이 커지고 있다. 노화에 대한 긍정적인 인식으로 인해 성공적 노화, 건강한 노화, 활동적 노화라는 개념들이 제시되고 있으며, 노인들의 입장에서 성공적인 노화에 관한 관심이 증가하고 있다(Bryant et al., 2001; 박선태 외, 2015).

노화는 인간의 발달과정 중의 하나로서 시간이 지나면서 신체적 · 심리적 · 사회적 측면에서 발생하는 다양한 변화를 포함한다. 노화의 특징과 쟁점을 몇 가지 제시하면 다음과 같다(권중돈, 2012; 정상수 외, 2014).

첫째, 노화는 보통 발달상의 변화로 간주되지만 노년기에 들어서도 신체적 · 심리적 · 사회적 측면에서 지속적으로 유지되는 특성이 일부 존재한다. 그래서 변화와 함께 지속적으로 유지되는 특성에 대한 고려도 필요하다.

둘째, 노화과정에서 다양한 상실이나 쇠퇴의 특징이 나타나는 반면, 경험과 지혜 등 긍정적인 노화현상도 발생한다. 따라서 노화는 부정적인 측면만이 아니라 긍정적인 내용에 대해서도 검토할 필요가 있다.

셋째, 노화는 모든 사람에게 발생하는 본질적인 현상이라고 할 수 있다. 하지만 동일한 연령인 노인들도 내면적 · 외면적으로 노화현상이 다르게 나타나고 실제 노화의 진행정도에도 상당한 편차가 있다.

노화에 대해서 논의할 경우에 노화의 보편성과 개별성을 동시에 고려하는 것이 바람직하다.

넷째, 노화를 유전적인 원인에 의해서 발생하는 자연스러운 과정으로 보는 인식이 강하다. 그러나 노화에 영향을 미치는 요인으로서 환경 또한 중요하다. 노화의 원인에 있어서 유전적인 측면을 비롯하여 환경적인 측면과 개인적인 측면을 동시에 살펴볼 필요가 있다.

다섯째, 노화의 영역 중 신체적 노화에 초점을 두고 노화현상이 진행되면 회복이 어렵다고 생각하지만, 다양한 노력에 의해서 일정 정도 회복이 가능하다. 그리고 사회적 노화와 심리적 노화의 경우 신체적 노화에 비해서 비교적 쉽게 회복될 수도 있다. 사회적 노화의 측면에서 퇴직했다가 다시 취업하게 되는 경우에 심각한 우울증에서 회복되는 긍정적인 결과들이 발생할 수 있다.

제2절 노화이론

노화이론은 크게 생물학적 · 심리학적 · 사회학적 관점에 따라서 분류된다. 생물학적 노화이론은 신체적 노화현상의 원인에 초점을 두고 있다. 이 이론은 유기체가 의도하지 않은 노화현상으로 인해 각종 신체적 기능이 변화하게 되고 환경과의 상호작용의 결과로 인해 구조나 기능상의 퇴행적 변화를 경험하게 된다는 것이다(박석돈 외, 2016).

1. 생물학적 노화이론

1) 예정계획이론(Programmed Theory)

예정계획이론은 인간은 출생하면서 이미 유전적인 프로그램에 의해 계획된 유전적 계획에 따라서 노화현상이 발생된다고 본다. 개인의 유전인자 내에 노화과정이 이미 저장되어 있으며, 일정한 시기가 되면 노화현상이 발생한다는 것이다. 유기체는 생명을 유지하고 살아가면서 사용할 에너지의 양을 미리 정해 놓게 되는데, 이 에너지의 양이 고갈되면 기능이 쇠퇴하고 결국 사망에 이르게 된다(박석돈 외, 2016). 그래서 개인에 따라서 신장과 체중, 사춘기와 갱년기 등의 변화가 발생하는 시기가 달라지게 되는 것이다.

2) 유전인자손상이론(DNA-error Theory)

유전인자손상이론은 개인이 보유한 유전인자에 손상이 가면 세포들이 제 기능을 발휘하게 하는 효소가 제대로 만들어지지 않아서 노화가 발생한다는 것이다. 유전인자는 연령이 증가하면서 쉽게 손상되며, 개인의 유전인자를 유지하는 능력에 따라서 노화현상에 차이가 발생하게 된다. 젊은 나이에 흰머리가 나거나 유전인자에 손상이 가는 특별한 물질이나 환경에 노출되어 다른 사람들에 비해 흰머리가 이른 시기에 나는 것들이 그 사례가 될 수 있다(조추용 외, 2015).

3) 사용마모이론(Wear and Tear Theory)

인간을 포함한 모든 유기체는 시간이 지나고 사용되면서 마모되고 손상되어 기능, 형태, 능력 등이 약해져 노화현상이 올 수밖에 없다. 인간의 신체도 기계장치와 유사하게 특정 부위가 사용되고 마모되면서 기능이 저하될 수밖에 없다. 유기체의 신체적 마모와 손상은 다양한 스트레스에 의해 가중되는 경향이 있다. 다만, 개인의 신체가 잘 관리될수록 기능약화를 다소 늦출 수는 있을 것이다(박석돈 외, 2016).

노화현상이 상당 부분 진행된 노인들이 보통 관절의 마모와 손상으로 인해 퇴행성 관절염 등의 노인성 질환을 가지고 있다. 그리고 운동선수들이 과도한 신체사용으로 연골이나 관절에 무리가 와서 각종 염증이나 통증을 가지고 있는 경우들을 볼 수 있다(조추용 외, 2015).

4) 활성산소이론(Active Oxygen Theory)

유기체가 유지되는 기간에는 다양한 신진대사 과정에서 지속적으로 활성산소(active oxygen)를 발생시키게 된다(조추용 외, 2015). 세포는 신진대사를 통해서 각종 에너지를 얻고 생명을 유지한다(안홍순, 2015). 유기체는 신진대사 과정에서 음식을 분해하고 에너지를 얻기 위해 활성산소가 불가피하게 발생하게 되는데, 활성산소는 반응성이 매우 강해서 세포막을 공격해 세포의 기능을 상실시키고 DNA의 손상을 유발한다.

활성산소는 세포의 신호전달체계를 망가뜨리거나 면역력을 저하시키므로 당뇨병, 동맥 경화, 암 등을 유발하고 세포의 재생을 막기 때문에 노화를 촉진시킨다. 나이 든 사람의 피부에서 나타나는 검버섯은 활성산소가 작용하여 생긴 것이다.

5) 스트레스이론(Stress Theory)

스트레스이론은 다양한 스트레스에 의해 인간의 노화현상이 발생한다고 보는 것이다. 개인이 경험하는 스트레스는 지속적으로 축적되어 각종 손상을 가져와 결국 신체적 노화현상을 발생시키게 된다(박석돈 외, 2016).

인간의 신체는 스트레스가 누적되면 성장호르몬의 분비가 저하되고 세포의 분열과 성장이 저해된다. 그리고 스트레스는 노폐물의 배설기능을 저하시키는 등 다양한 신체적 노화현상을 초래하게 된다. 업무나 생활에서 많은 스트레스를 받게 되면 신체 내의 혈관이 축소되고 혈액순환을 방해하여 심근경색이나 뇌출혈 등의 질환이 발생하게 된다. 그리고 흰머리가 더 빠른 시기에 나기 시작하고 피부의 탄력저하와 주름 등의 노화현상이 촉진된다(조추용 외, 2015).

2. 심리학적 노화이론

심리학적 노화이론은 노화를 설명하는 데 있어 인지기능의 변화, 성격변화, 심리적 적응 등에 주로 초점을 두고 있다. 심리학적 노화이론은 노년기의 행동변화를 설명하는 데 있어 심리적 측면에 중점을 두고 있지만, 일부 사회적 측면에서도 노화과정을 설명하고 있다(박현식 외, 2015). 다양한 심리학적 노화이론 가운데 몇 가지를 제시하고자 한다.

1) 심리사회이론(Psychosocial Development Theory)

발달심리학자인 에릭슨(Erikson)은 인간의 성격발달단계를 영아기에서 노년기까지 8단계로 분류하였다. 그는 개인이 각 발달단계별로 긍정적인 특성을 발전시키지 못하면 부정적인 성격이 형성된다고 보았다(조추용 외, 2015).

인간발달단계의 최종단계인 노년기에 형성되어야 할 긍정적인 성격은 자아통합이며, 긍정적인 자아통합이라는 발달과업을 달성하지 못하면 부정적인 성격과 태도가 형성된다. 긍정적인 자아통합의 특성은 자신의 과거와 현재의 삶에 만족하고 긍정적으로 받아들이며 생명의 중단을 인정하는 것이다. 이와 다르게 부정적인 자아통합의 경우에는 과거와 현재의 삶에 만족하지 못하고 긍정적으로 인식하지 못하게 된다. 그리고 죽음에 대해서도 거부하는 경향을 보이고 절망적인 태도와 우울한 심리상태에 놓이게 된다.

아울러 노년기에 형성되어야 할 추가적인 발달과업을 제시하면 다음과 같다(Havighurst, 1972; 고수현 · 윤선오, 2015).

① 신체적 기력감소와 건강저하에 대한 적응
② 은퇴와 수입이 감소된 생활에 대한 적응
③ 배우자와의 사별에 대한 적응
④ 가족 및 지인들과의 유대관계 강화
⑤ 노인의 사회적 역할에 대해 적절한 적응과 대응
⑥ 노후생활에 적합한 물리적 환경의 조성과 적응

2) 사회와해이론(Social Breakdown Theory)

사회와해이론에서는 사회구성원들이 다양한 문제를 가지고 있는 일부 노인들에 대해서 부정적인 인식을 하게 되고 노인 전체에 대해 일반화시키게 된다고 한다. 이러한 부정적인 사회적 인식이 노인의 사회적 활동과 관계형성 등을 한층 더 위축시키게 한다. 사회구성원들이 노인에 대해 부정적 인식을 가지고 있는 환경에서 노인들은 사회적으로 고립되고 와해된다(Kuypers & Bengtson, 1973; 고수현 · 윤선오, 2015).

노인들은 적절하게 준비되지 않은 상황에서 역할의 상실과 변화, 명확하지 않은 규범, 준거집단의 부족 등으로 인해 심리적 어려움을 경험하게 된다. 이러한 상황에서 벗어나기 위해 특정한 개인, 단체, 복지기관 등에 도움을 요청할 수 있다. 그러나 사회구성원들은 이러한 노인들을 취약하고 의존적인 존재로 폄하하게 되고 노인들에 대한 부정적 인식은 더 강해지는 경향이 있다. 결과적으로 노인이 스스로를 무능한 존재로 인식하게 되는 것이다. 이로 인해 노인들은 스트레스와 심리불안, 수동적인 심리, 생활불만족, 삶의 의욕의 저하 등의 심리상태에 놓이게 된다.

3) 정보처리자원감소이론(Reduction of Information Processing Resource Theory)

이 이론에서는 인간은 노화과정으로 인한 정보처리자원이 감소하면서 인지수행 능력이 감소한다고 주장한다(정상수 외, 2014). 인간은 신체적 성장기에는 정보처리자원을 많이 보유하고 있기 때문에 인지수행 능력이 높은 수준으로 유지되지만, 이후에는 정보처리자원이 양적으로 감소하여 전체적인 인지기능에 부정적인 영향을 미치게 된다는 것이다. 이는 외국의 한 실험연구에서 노화의 진행으로 인해 발생하는 신경구조와 기능의 변화가 정보처리 속도를 저하시키고 인지수행 능력을 감소시킨다는 사실이 증명된 바 있다(박현식 외, 2015).

3. 사회학적 노화이론

사회학적 노화이론은 노화과정을 경험하고 있는 사람들의 사회관계를 맺는 방식과 사회적 적응활동의 내용들에 초점을 두고 있다. 이 이론은 노인들의 역할과 적응, 사회적 관계와 활동 등에 대해서 주로 다루고 있다(정상수 외, 2014).

1) 현대화이론(Modernization Theory)

현대화이론에서는 사회의 현대화에 따라서 사람들의 인식이 전체적으로 바뀌고 이에 따라서 노인에게 부여된 사회적 지위와 역할이 바뀌게 된다는 것이다(Cogwill & Homes, 1972; 정상수 외, 2014). 현대화이론은 거시적 측면에서 노화를 설명하고 있다고 할 수 있다(Cogwill, 1974; 박현식 외, 2015). 현대 산업사회에서 산업화, 도시화, 가족구조의 변화, 과학기술의 발전, 공교육체계의 정착 등의 사회변화로 인해 노인의 역할과 지위는 변화하게 된다.

과거 1차산업 중심의 전통사회에서는 주로 가정 내의 교육을 통해 농사법을 배웠지만 산업사회에서는 공교육을 통해서 직업 등 경제활동을 영위할 수밖에 없다. 이러한 공교육을 통해 다수의 사회구성원들이 도시에 거주하며 자신의 생활을 영위하게 된다. 가족구조도 노부모와 함께 거주하면서 생활하는 대가족에서 노부모를 부양하지 않는 핵가족의 비율이 높아지게 되고 노인단독가구가 증가하게 된다. 소득수준의 향상과 의료기술의 발전 등으로 인해 평균수명이 크게 증가하여 장수하는 노인들이 많아졌지만, 이제 과거의 지식은 사용하기 어려워져서 그 가치를 인정받지 못하게 되었다.

2) 연령계층이론(Age Stratification Theory)

연령계층이론은 모든 사회가 사회구성원들을 일정한 연령집단으로 분류하여 각 연령군에 적합한 사회적 지위, 역할, 규범 등을 규정하고 있다고 주장한다. 노인들은 노인계층에게 부여된 사회적 지위에 따라서 자신에게 부여된 역할을 수행하는 것이 바람직하다(박석돈 외, 2016).

그런데 이렇게 노인계층에게 부여된 사회적 지위와 역할이 노인집단에 대한 사회적 소외라는 결과를 초래할 수 있다. 연령계층에 따른 사회적 계층의 분류는 불가피하게 불평등과 차별이라는 문제점을 발생시키게 된다. 현대 산업사회는 연령계층화를 통해 성장기에 있는 젊은 계층에 대해 교육기관에서 교육받는 역할을 부여하고 성인계층에게는 경제활동과 다양한 사회활동을 부여한다. 반면 노인계층에 대해서는 경제활동에서 퇴직한 이후 연금을 받으며 여가활동을 하는 것을 장려한다. 이에 따라서 노인은 경제활동이나 교육에 참여하는 것이 어려워지고 사회적 고립상황에 처하는 경향이 있다(박현식 외, 2015).

따라서 이러한 연령계층화에 의한 집단구분과 획일적인 사회적 지위와 역할의 부여를 피하는 것이 바람직하다. 연령통합화(age integration)를 통해 전 연령층이 연령별 특성에 따라서 교육, 근로, 여가 등이 적절하게 균형을 이루는 사회로 나아가야 하고 불평등이나 차별의 문제를 완화시키는 것이 바람직하다.

3) 활동이론(Activity Theory)

활동이론에서는 노인들이 이전의 연령시기와 동일한 사회적 욕구를 지니고 있다고 주장한다. 노인들은 자신의 사회적 역할이 축소되는 것을 피하고 이에 반감을 가지고 있다. 노인들은 경제활동에서 은퇴한 이후에도 다양한 사회활동들을 통해 사회적 역할을 유지하기를 희망하며, 사회활동을 활발하게 하는 노인들은 삶의 만족도가 높다고 한다. 사회활동을 지속적으로 유지하는 노인들의 경우 기억력 감소가 늦춰지고 인지기능을 잘 유지하며 신체적으로도 건강을 유지하는 경향이 높다(박석돈 외, 2016).

그러나 현대사회에서 노인들은 획일적으로 정해진 사회적 규범과 제도로 인해서 사회적 활동이 크게 위축되어 상당한 자아정체감의 혼란을 경험하게 된다. 현대사회에서 노인들은 보통 퇴직으로 인한 사회적 역할과 지위의 상실, 경제적 어려움, 건강상태의 저하 등으로 인해 다양한 사회적 관계와 역할이 억제된다. 따라서 사회적 욕구가 적절하게 충족되지 않아 자아정체감의 혼란, 삶에 대한 불만족, 스트레스 등의 상태에 놓이게 된다(고수현 · 윤선오, 2015).

제3절 노화현상

노인복지론

1. 신체적 노화현상

1) 신체구조의 변화

생물학적 노화현상이 진행되면서 인체의 지방성분은 증가하고 철분 및 칼슘 등의 고형성분과 수분은 감소하는 경향이 있다. 25세의 청년은 평균적으로 수분 61%, 고형성분 25%, 지방 14%의 비율을 유지하지만, 70세 노인은 이 비율이 53%, 17%, 30% 정도로 변화하게 된다(이인수, 2001; 고수현 · 윤선오, 2015).

(1) 세포와 피부

세포는 생물체를 구성하고 생명활동이 일어나는 구조적 · 기능적인 기본 단위이다. 인간은 출생 시에 세포수가 약 2조 개에 불과하지만, 성인기에는 60~70조 개로 증가하게 된다. 각 세포 내에는 46개의 염색체가 포함되어 있으며, 복잡하게 얽힌 핵산(DNA)이 있다. 각 세포들은 일정한 시간이 지나면 노화되어 사멸하게 된다.

성인기를 지나면서 인체의 색소를 생성하는 멜라닌(melanin) 세포가 10년에 평균 10~20%가량 감소하게 된다. 피부는 50대 중반 이후에 멜라닌 세포의 감소로 인해 점차 창백해지고 60대에 이르러 피부에 얼룩반점이 생기고 수분이 감소하면서 거칠고 건조해지게 된다. 그리고 피부탄력성을 유지해 주는 피하지방 성분이 감소되면서 윤기와 탄력성이 줄고 주름이 늘게 된다. 노화로 인해 신진대사 기능이 약해지고 세포분열의 속도가 느려지며, 피부의 신경세포 감소와 혈관의 축소로 인해 체온조절 능력이 떨어지게 된다(고수현 · 윤선오, 2015).

따라서 노년기에는 세포와 피부조직의 감소로 인해 저체온, 오한, 압박에 의한 손상의 위험성이 높아지게 된다. 그리고 노년기에는 각화증, 피부암, 진균감염, 피부염, 착색, 건선, 소양증 등의 질환이 쉽게 발생한다(배기효 외, 2015).

(2) 골격과 근육

인체는 약 206개의 뼈로 구성되어 있는데, 성인기 이후에는 칼슘성분이 점차적으로 감소하면서 골밀도가 낮아져 골다공증 등의 골격계 질환에 쉽게 노출된다. 이로 인해 신체를 지지해 주는 기능이 저하된다(고수현 · 윤선오, 2015).

따라서 노년기에는 전체적인 신체의 유연성이 크게 감소되고 골밀도가 낮아서 가벼운 충격에도 골절되기 쉽다. 그리고 노인들은 뼈가 골절되면 회복에 많은 시간이 필요하며, 특히 고관절 골절은 회복이 어려울 수도 있다. 노인들은 골절 이후에 거동하기가 어려워지면서 뇌출혈, 욕창, 폐렴 등의 질환에 쉽게 노출된다(박석돈 외, 2016). 노년기에 쉽게 발생하는 관절질환 중의 하나가 퇴행성 관절염으로 이 질환은 노인들에게 자주 발병하는 3대 만성질환 중의 하나이다. 퇴행성 관절염은 관절을 보호하는 연골이 손상되거나 뼈와 인대 등에 염증이 생겨 통증을 유발하는 질환이다. 퇴행성 관절염의 원인은 오랜 기간의 관절 사용으로 인한 관절의 노화에 있다.

근육은 골격구조가 틀을 형성하고 일정한 형태를 유지시키는 기능을 담당하는 인체의 주요한 조직이다. 노인들은 운동이나 신체활동이 감소하면서 근력이 전체적으로 약해지게 된다(안홍순, 2015). 외부 골격을 지지하는 수의근이 감소하고 수축력이 약해지면서 골격지탱에 부담을 증가시키고 관절염이 유발된다. 25~30세의 이두근 강도를 100으로 하였을 때, 50세에는 50%의 강도로 낮아지고 70세에는 30% 수준으로 떨어지게 된다(고수현 · 윤선오, 2015).

(3) 신장과 체중

노화현상으로 골격과 근육이 약해지면서 노인의 신장과 몸무게에도 변화가 발생한다. 노인들의 신장이 감소하게 되는데, 이는 관절과 근육이 전체적으로 약해지고 관절 사이의 연골조직들이 얇아지면서 척추와 관절이 굽고 압축되기 때문이다(박석돈 외, 2016). 신장은 30세 이후부터 점차적으로 줄어들게 되는데, 30세에서 90세 사이에 남성은 평균 2.25%, 여성은 2.5% 가량 신장이 감소하는 것으로 보고되고 있다(고수현 · 윤선오, 2015).

평균적으로 체중은 40~50대까지는 점차 증가하는 경향을 보이지만, 60대 이후에는 감소하는 것이 보통이다. 한편 60대 이상 노인의 체중이 감소하는 가운데 체지방은 증가하고 근육량은 줄어들게 된다. 체지방은 분해되지 않고 몸속에 쌓여 있는 지방으로 체지방률의 증가는 각종 만성질환의 원인이 된다.

(4) 치아와 체모

치아는 45세 이후부터 치주[1)]가 약해지면서 치아가 흔들리고 빠지게 된다. 청년기의 치아수는 30개가량인데, 평균적으로 50대에 비교적 건강하게 남아 있는 치아수는 14개, 70대에 11개, 80대에는 6개 정도로 감소하게 된다(고수현 · 윤선오, 2015). 그리고 노년기에는 흰머리가 늘고 머리카락의 수가 감소하여 탈모현상이 쉽게 발생한다(배기효 외, 2015).

2) 신체기능의 변화

(1) 소화기능

소화기계는 길이가 길고 근육으로 구성되어 있는데, 입에서 항문까지 연결되는 관의 형태이고 구강, 인후, 식도, 위, 소장, 대장 등을 포함하는 기관이다. 그리고 침샘, 간, 담낭, 췌장 등의 소화기관이 소화에 필요한 효소를 분비해 준다(배기효 외, 2015).

노년기에 접어들면서 치아결손이 생기고 위장과 대장근육이 약화되어 소화기능이 감소하게 된다. 그리고 침분비량의 감소, 위벽의 탄력성 저하, 복벽근육의 약화, 장운동의 저하 등으로 인해 소화기능이 감소된다. 이로 인해 식사량이 감소하고 식습관이 불규칙해지며 수분섭취량이 감소하면서 위장장애 등 각종 소화기계의 질환이 발생하게 된다(조추용 외, 2015).

그리고 노인들은 보통 위벽의 점막세포가 노화하여 위산분비량이 감소하면서 무산성 또는 저산성 위염의 가능성이 높아진다. 위액과 소화효소가 감소하면서 칼슘과 철 등의 무기질의 분해와 흡수가 떨어져 각종 골격계 질환과 빈혈 등의 질병이 발생하는 경향이 있다(고수현 · 윤선오, 2015).

---

1) 치주는 치아를 둘러싸고 있는 네 종류의 조직이다. 치주는 치아를 물리적으로 지지하고 치아의 움직임을 감지하며, 치아에 필요한 혈류 등을 공급하는 역할을 한다. 치주조직을 이루는 구조물은 ① 치은(잇몸), ② 백악질(치아뿌리의 표면을 덮고 있는 경조직), ③ 치주인대(잇몸뼈와 백악질 사이에 존재하는 섬유조직), ④ 치조골(이틀뼈 : 입안에서 치아가 나오는 위턱뼈와 아래턱뼈)이 있다.

(2) 호흡기능

호흡기관은 동맥혈액에 산소를 공급하고 정맥혈액 속의 이산화탄소를 배출하여 정상적인 의식상태를 유지하고 생명을 유지시키는 중요한 기능을 한다(조추용 외, 2015). 보통 호흡기능은 20대 이후부터 감소하기 시작하여 공기를 최대로 들이마시는 전폐용량과 밖으로 방출하는 폐활량이 감소하게 된다(박선태 외, 2015). 20대 후반의 건강한 사람의 전폐용량은 평균 7리터 정도인데, 70세에 이르게 되면 전폐용량은 6리터로 감소한다(고수현 · 윤선오, 2015). 폐활량은 50세 대비 70세에 약 50% 정도 감소한다.

노년기에는 호흡기계에 구조적 · 생리적 변화가 발생하여 전체적인 신진대사기능을 떨어뜨리게 된다. 호흡기계의 약화는 각종 질환을 유발시키는데, 기침, 만성기관지염, 천식, 폐기종, 폐렴, 폐결핵 등이 있다(배기효 외, 2015).

(3) 혈액순환 기능

혈액순환 기능은 50대부터 떨어지는데, 심장의 1회 박동으로 배출하는 혈액량이 감소하고 배출된 혈액이 신체를 순환하는 데 소요되는 시간은 증가하게 된다(조추용 외, 2015). 혈액순환 기능에 장애를 발생시키는 주요 원인은 동맥경화이다. 동맥경화는 동맥벽이 두꺼워지고 탄력이 상실되는 질환으로 혈액순환 기능의 저하는 고혈압을 유발하며, 이는 각종 암, 성인병과 만성질환의 근본적인 원인이 된다(박석돈 외, 2016).

혈액순환 기능이 저하되면, 인체의 모든 장기에 산소와 영양소를 적절하게 공급하지 못하게 되어 노화를 한층 가속화시키게 된다. 최근 65세 이상 노인의 가장 큰 사망원인이 심혈관계통의 질환이라는 점이 밝혀지고 있다(배기효 외, 2015).

2. 심리적 노화현상

1) 감각기능

인간은 주로 눈을 통해 지식을 받아들이는데, 노년기에는 시각기능이 크게 저하된다. 시력은 눈을 통해 사물의 색상, 크기, 거리, 각도 등을 판단하는 능력이다. 시력은 보통 50세 전후로 크게 저하되기 시작한다(박석돈 외, 2016).

노년기에는 동공근력이 약해지고 수정체의 탄력성이 감소하여 근거리에 있는 물체를 제대로 식별하지 못하는 원시안이 될 가능성이 높다. 연령이 증가하면서 수정체의 조절능력이 약해져서 시력이 떨어지고 빛을 받아들이는 능력이 저하된다. 이로 인해 노인들은 눈이 침침해지고 어둠 속에서 감지하거나 적응하는 능력이 현저히 감소한다. 지속적인 노화의 진행으로 수정체에 섬유질이 증가하여 시각이 흐려지는 백내장을 유발하는데, 이는 실명의 주요 원인이다.

청각기능은 소리의 고저, 파장, 강도 등을 구분하는 능력으로 시각기능과 함께 생활에서 주요한 역할을 한다. 대개 청각기능은 50세를 전후하여 난청현상(말이나 소리를 듣는 것에 어려움이 있는 현상)이 발생하기 시작하여 60세 이후에는 급격히 저하되는 경향이 있다. 노년기에 청각기능이 크게 감소하게 되는데 고음에 비해 저음을 식별하는 능력이 더 저하된다. 청각기능의 저하는 언어장애를 가져올 수도 있다(Corso, 1977; Olsho et al., 1985; 고수현·윤선오, 2015).

미각은 단맛, 신맛, 짠맛, 쓴맛 등으로 분류하는데, 연령이 증가하면 혀를 구성하고 있는 미뢰의 민감도가 변화하게 된다. 노년기에는 단맛과 짠맛의 미각기능이 감소하여 짜거나 단 음식들을 더 섭취하게 되는 경향이 있다. 반면 노년기에 신맛에 대한 미각기능은 오히려 민감해지는 경향이 있다(조추용 외, 2015).

전체적으로 노년기에 미각기능이 다소 감소하는 경향이 있지만, 70세 이전까지는 미각기능이 크게 저하되지는 않는다고 한다. 그리고 80세 이후에는 미각기능이 크게 감소하는 것으로 보고된다. 성별로 보면 남성노인이 여성노인에 비해 미각기능의 저하현상이 더 뚜렷하게 나타난다(임병우 외, 2015).

노년기에 후각기능도 저하되는데, 65세 이후부터 점차 감퇴되기 시작하여 80세 이후 노인의 3/4가량이 후각의 저하증세를 경험하게 된다(정상수 외, 2014). 그러나 노인의 감각기능 중에서 후각기능의 저하가 가장 적게 발생하는 것으로 보고되고 있다(박선태 외, 2015). 후각기능이 약해지면 가스누출이나 화재 등의 안전사고에 대처하지 못하게 되고 위생관리 문제를 유발할 수 있다(조추용 외, 2015).

촉각기능은 신체접촉을 통해 발생하는 변화를 구별하는 기능인데, 이 기능은 45세 정도까지는 증가하고 그 이후부터 감소하는 것으로 알려져 있다(조추용 외, 2015). 노화가 진행되면 피부의 탄력성을 유지하는 콜라겐 섬유의 양과 기능이 감소하여 외부의 온도자극에 적절하게 반응하고 조절하는 능력이 떨어지게 된다. 그리고 외부의 신체접촉에 대한 민감성도 약해져 촉각기능이 감소하게 된다(고수현 · 윤선오, 2015).

2) 인지기능

(1) 지능

지능은 새로운 것을 학습하는 능력과 환경에 적응할 수 있는 인지능력으로 구분된다. 이러한 능력을 기준으로 추리력과 기억력을 통해 새로운 것을 학습하는 능력은 유동적 지능이며, 생활하면서 쌓은 경험이나 훈련을 기초로 환경에 적응하는 능력은 결정화 지능이라고 한다(박선태 외, 2015).

노년기에는 축적된 삶의 경험과 훈련으로 결정화 지능은 높아지지만, 새로운 것을 학습하는 유동적 지능은 낮아지는 경향이 있다(조추용 외, 2015). 그런데 보편적으로 지능은 학습능력인 유동적 지능을 의미하는 경우가 많기 때문에 노인들의 지능은 낮아지는 것으로 판단하는 것이 일반적인 시각이다(박선태 외, 2015).

인간의 지능은 18세에 최고조에 이르고 이후 점차 하락하는 것으로 알려졌다. 그러나 과거의 지능 관련 조사연구들이 지능에 미치는 다양한 요인들을 고려하지 못하고 지능검사의 제한시간이 노인들에게 불리하게 작용한다는 비판이 이어졌다. 그리고 지능은 유동적 지능을 포함하여 다양한 측면에서 평가하는 것이 바람직하다는 주장도 제기되고 있다(안홍순, 2015).

(2) 기억력

기억력은 감각기관을 통해서 받아들인 정보를 저장해 두었다가 다시 인출하는 능력을 의미한다. 기억력은 감각기억, 단기기억, 장기기억으로 구성된다. 감각기억은 감각기관을 통해 수집된 정보를 1초 이내의 시간 동안에 인식하는 것이다. 단기기억은 감각기억에 의한 정보를 5~10초 이후에 인출하는 기억이다. 장기기억은 단기기억이 부호화되어 저장된 내용을 다시 인출하는 기억인데, 오래된 과거의 정보를 인출하는 기억이다(고수현 · 윤선오, 2015).

기억력은 뇌세포의 수에 의해서 차이가 발생하는데, 인간의 뇌세포는 35세 이후부터 하루에 10만~30만 개씩 파괴되기 때문에 노화과정에 의해 기억력은 전체적으로 감소하는 것으로 볼 수 있다(조추용 외, 2015).

(3) 문제해결 능력

문제해결 능력은 감각기관을 통해 받아들인 정보와 지식을 활용하여 상황에 대처하고 문제를 해결하는 능력이다. 문제해결 능력은 노화과정을 거치면서 점차 저하되는 것이 일반적이다(조추용 외, 2015). 문제해결 능력이 노화로 인해 감소하는 경향이 있지만, 문제해결 능력에 영향을 미치는 요인들은 다음과 같이 매우 다양하기 때문에 개인적인 편차가 크다(안홍순, 2015).

- 개인적 특성 : 위기상황을 극복하려는 성격, 생활안정도, 개방성
- 개인의 경험 : 특별한 경험들, 업무부담, 위기상황의 대처경험, 갈등과 스트레스의 극복경험
- 사회적 지지 : 각종 문제에 대처할 수 있는 다양한 사회적 지지
- 생활조건 : 건강상태, 물리적 자원, 주거조건
- 환경요인 : 전반적인 사회제도, 사회복지제도를 통한 지원수준

3) 정서의 변화

(1) 우울증 성향의 증가

우울증은 노인들에게 자주 발생하는 기능적 정신질환이며, 세계적으로 15%가량의 노인들이 경험하고 있는 질병이다. 우울증을 유발하는 중요한 요인은 의존성의 증가인데, 이로 인해 절망감과 무기력감이 생기고 자기통제력과 자아존중감 등이 감소하게 된다. 이러한 심리상태의 변화가 노인들이 일상생활을 유지하는 데 지장을 발생시켜 결국 우울증으로 발전되며, 우울증을 치료하지 않고 방치하여 자살 등의 비극을 초래하기도 한다(배기효 외, 2015).

(2) 내향성과 수동성의 증가

노년기에는 퇴직 전까지 경제적 · 사회적 측면에 집중되어 있던 심리적 에너지가 자신의 삶으로 이전되어 내향성이 증가하는 경향이 있다(임병우, 2015). 노화과정을 거치면서 사회활동이 점차 감소되어 활동과 관심의 방향이 자아에 맞추어지게 되는 것이다(박석돈 외, 2016).

노인들은 자신의 사고나 감정으로 사물을 판단하는 경향이 많아지는 반면, 자신이 적극적으로 상황에 대처하고 문제를 해결해 나가려는 의지는 약해진다. 노년기에는 노화과정으로 인해 건강, 인지능력, 경제력 등이 감소하면서 적극성이 결여되고 수동적인 성향이 증가하게 된다(안홍순, 2015).

(3) 경직성의 증가

연령이 증가하면서 자신의 사고와 행동방식을 유지하려는 경향이 있다. 노인들은 이렇게 자신의 방식을 고수하는 것이 자신의 자존감을 유지하는 것이라고 생각한다. 이러한 노인의 심리적 특성이 학습능력이나 문제해결능력을 감소시키는 요인으로 작용한다(조추용 외, 2015).

이로 인해 노인들은 자신의 문제해결이나 행동의 방식들이 적절하지 않고 특별한 이득이 없는 상태에서도 자신의 방식대로 사고하고 행동하는 경향을 보인다. 노년기에 이러한 심리적 특성이 강해지는데, 그 결과 새로운 환경에 적응하기가 어려워진다(배기효 외, 2015).

(4) 의존성의 증가

노인들은 경제와 건강 등 다양한 측면에서 불리한 위치에 있기 때문에 독립생활이 어려워지게 된다. 그래서 자신의 생활과 문제해결을 가족이나 타인 등에게 의지하려는 경향이 강해진다. 노인의 의존성은 병리적인 측면에서가 아니라 자연스러운 노화과정의 일환이라는 관점에서 볼 필요가 있다(조추용 외, 2015). 최근 사회복지의 확대라는 큰 흐름 속에서 노인에 대한 복지대책들이 증가하고 있지만, 여전히 노인들의 욕구에 부합할 정도의 수준에 도달하지는 못한 실정이다.

(5) 친근한 사물에 대한 애착심의 증가

노인들은 미래에 대한 희망과 계획에 대한 생각보다는 과거의 일들을 회상하는 경향이 있다. 노인들은 자신에게 친근한 거주지, 가재도구, 사진, 일상용품 등을 보면서 지나온 과거를 회상하면서 정서적 안정을 취한다(안홍순, 2015).

친근한 사물에 대한 애착의 정도가 강하면 친근한 사물과 분리되었을 때 느끼는 상실감도 커지게 된다. 이러한 애착심은 노인이 사후에 생존했었다는 흔적을 남기려는 욕구로 연결된다. 노인들의 애착심은 후손들에게 자신의 재산, 지식, 기술 등의 유산을 넘겨주려는 경향을 높이게 된다(배기효 외, 2015).

3. 사회적 노화현상

1) 퇴 직

산업사회에서 대부분의 노인들은 경제활동이 중단되거나 감소되어 직업적 역할을 상실하는 은퇴기에 접어들게 된다. 퇴직한 노인들은 대개 경제활동을 통한 소득이 크게 감소하고 공공 및 민간으로부터의 이전소득으로 생활하게 된다. 일정 수준 이상으로 축적한 재산이 없고 다른 지원이 부족한 상태에 있는 노인들은 생존을 위한 기본적인 욕구를 충족하기 어려워진다. 이로 인해 노인들은 패배감과 자존감의 상실 등의 심리적 위기를 경험한다. 특히 남성노인의 경우에는 직업상실로 인해 가장으로서의 역할상실, 가정 내에서의 영향력 감소, 유지하던 다양한 사회적 지위들의 상실을 경험한다(안홍순, 2015).

따라서 노인들은 경제적 의존성이 크게 증가하게 된다. 평균적으로 퇴직 이후에 노인들의 수입이 절반 이하로 감소하여 상당수의 노인들은 자녀들의 지원에 의존하여 생활하고 있는 실정이다(박선태 외, 2015). 노인들의 경제활동에서의 은퇴는 그 유형에 따라서 다른 의미들을 갖는다. 퇴직이 자발적 선택이었는지, 강제적이었는지, 정년퇴직이었는지에 따라서 노인 개인의 인생관이나 생활목표가 달라질 수 있는 것이다.

노인들의 퇴직은 퇴직 전까지 유지하던 삶의 양식을 크게 변화시키게 된다. 노인들은 퇴직으로 인한 경제적 어려움과 다양한 사회적 역할의 상실로 인해 새로운 역할들을 수용하지 못하고 혼란스러워한다. 그리고 노인 자신이 사회에서 쓸모없는 존재라는 인식과 함께 사회로부터 자신을 격리시키고 소극적이고 폐쇄적인 생활을 하게 된다. 이로 인해 노인들의 육체적 및 심리적 노화과정은 가속화된다(안홍순, 2015).

2) 사회적 지위와 역할의 변화

사회적 지위와 역할은 개인과 집단 및 사회와의 관계를 이어주는 중요한 수단이 된다. 개인은 이를 통해 사회에 참여하고 자신의 가치를 인정받으며 자아정체감을 유지하게 된다. 그러나 현대 산업사회에서 노인들은 경제활동에서의 은퇴와 건강수준의 저하 등으로 인해 가족 내외적으로 그동안 유지해 왔던 다양한 사회적 지위와 역할을 상실하면서 상당한 갈등과 심리적인 스트레스를 경험하게 된다(박석돈 외, 2016).

경제활동에서의 은퇴는 개인의 생존을 위해 필수적인 경제적 욕구와 성취감이나 자부심 등의 심리적 욕구를 충족시키지 못하게 한다. 이렇게 노인의 은퇴는 다양한 사회적 역할을 이행하기 어렵게 만든다. 가정 내에서는 소득감소로 인해 생계유지자로서의 역할을 상실하게 되고 자녀들의 독립과 결혼으로 인해 부모역할을 상실하게 된다. 이제 성인자녀와 노부모의 부양관계가 역전되고 가정의 의사결정의 주도권이 성인자녀로 이전된다.

은퇴한 노인들이 그동안 유지해 오던 직장에서의 지위나 가정에서 가장으로서의 지위와 같은 제도적 역할은 크게 감소하는 것이 일반적이다. 그러나 명예교수나 고문 등 사회적 지위가 주어지는 경우가 있지만, 실질적으로 수행하는 역할은 크지 않다. 그리고 노년기 후기에는 소득과 건강 등의 문제로 인해 주어지는 사회적 지위와 역할이 전체적으로 크게 감소하는 경향이 있다(정상수 외, 2014).

3) 사회관계의 변화

보통 노인시기에는 퇴직 등으로 인해 생산활동에서 은퇴하여 전체적으로 사회관계가 위축된다. 사회관계는 정서적으로 안정감을 제공하여 심신의 건강상태를 유지하는 중요한 역할을 한다. 그러나 노인의 경우에는 다양한 원인으로 인해 사회관계가 위축되어 여러 문제들이 발생하게 된다.

노인에게 사회적 지지를 제공하는 사회적 관계는 주로 가족, 친척, 친구, 이웃, 지인 등이다. 이러한 사회적 관계망은 노화로 인한 각종 스트레스를 완화시키는 중요한 기제로 작용하게 된다. 그러나 노인은 퇴직, 건강약화, 배우자를 비롯한 주변 사람들과의 사별 등으로 인해 사회관계망이 점차 축소되고 사회적 지지가 감소한다.

특히 최근 한국의 노인들은 급속한 사회변화에 의해서 가족을 비롯한 사회관계와 제공받을 수 있는 사회적 지지의 큰 감소를 경험하고 있다. 지속적으로 노인인구가 증가하는 상황에서 이러한 비공식적 사회적 관계망을 대체하기 위해 국가적 차원에서 경제적 지원, 부양대책, 여가프로그램, 사회활동참여 프로그램, 일자리사업 등의 대책을 실시하고 있지만 여전히 부족한 실정이다.

PART 02

노인문제

Chapter 03 노인의 소득과 빈곤

제 1 절 노인가구의 소득

노인복지론

2015년 통계청에서 실시한 사회조사에서 노후를 위한 사회적 관심사를 파악하였다. 그 결과 '노후 소득지원'이 노후의 사회적 관심사에서 1순위(39.8%)로 가장 높게 나타났으며, 그 다음으로는 요양보호서비스(34.2%)와 노후 취업준비(15.5%)가 주요한 관심사인 것으로 나타났다(통계청, 2015a). 이러한 조사결과는 노인들이 경제적 측면에서 가장 큰 어려움을 겪고 있다는 점을 의미한다.

다음의 〈표 3-1〉에 2013년 각 노인가구가 보유하고 있는 소득원천에 대한 내용이 제시되어 있다. 전체적으로 살펴보면 대부분의 노인가구는 사적이전소득(93.9%)과 공적이전소득(92.7%)을 보유하고 있는 것으로 나타났다. 그 다음으로는 근로소득(39.4%), 재산소득(38.2%), 사업소득(25.1%)의 순으로 나타났으며, 기타소득은 4.8%로 낮은 비율을 보이고 있다. 공적이전소득의 비율이 높게 나타난 것은 공적연금, 기초연금, 기초생활보장급여 등이 확대되어 나타난 결과이다.

성별 내용을 보면, 남자노인이 여자노인에 비해 근로소득, 사업소득, 재산소득에서 더 높은 비율을 보이고 있고 여성노인은 사적이전소득과 공적이전소득에서 더 높은 비율을 보이고 있다. 취업상태별 각 소득원천의 보유 유무는 취업 중인 노인이 근로소득, 사업소득, 재산소득, 사적이전소득 등 대부분의 소득원천에서 더 높은 수치를 기록하고 있다. 미취업 중인 노인의 경우 공적이전소득과 기타소득에서만 근소하게 더 높은 비율을 보이고 있을 뿐이다.

〈표 3-1〉 노인가구의 연간 소득원천별 보유 유무(2013년) (단위 : %)

특 성		근로 소득	사업 소득	재산 소득	사적 이전소득	공적 이전소득	기타 소득	인원수
전 체		39.4	25.1	38.2	93.9	92.7	4.8	10,451명
성별	남자	41.6	29.2	44.0	93.2	92.1	4.8	4,354명
	여자	37.8	22.2	34.0	94.3	93.1	4.8	6,097명
취업 상태	취업중	53.7	61.6	40.6	94.2	92.2	4.5	2,974명
	미취업	33.7	10.6	37.2	93.8	92.9	4.9	7,477명

출처 : 보건복지부 · 한국보건사회연구원(2014). 2014년도 노인실태조사.

다음의 〈표 3-2〉에 2013년 노인가구의 연간 소득항목별 금액과 비율이 나와 있다. 전체적으로 연 총소득이 평균 2,305만 원으로 조사되었으며, 이 가운데 가장 비중이 큰 항목은 근로소득으로 862만원(37.4%)이다. 그 다음은 공적이전소득 520만 4천원(22.6%), 사업소득 357만 1천원(15.5%), 사적이전소득 347만 8천원(15.1%)의 순으로 나타났다.

성별로 보면 남자노인이 근로소득, 사업소득, 재산소득, 공적이전소득 등에서 여자노인에 비해 더 높은 소득금액을 보이고 있다. 여자노인은 사적이전소득에서만 남자노인에 비해 조금 더 높은 금액인 것을 알 수 있다. 그리고 남자노인의 경우 사업소득이 사적이전소득에 비해 높은 반면, 여자노인은 사적이전소득이 사업소득에 비해 더 높다는 점을 발견할 수 있다.

취업상태별로 살펴보면 취업 중인 노인은 근로소득(907만 8천원, 36.9%)이 가장 높고 미취업 중인 노인도 마찬가지로 근로소득이 843만 7천원(37.6%)으로 가장 높지만, 취업 중인 노인과 다르게 공적이전소득, 사적이전소득, 사업소득, 재산소득, 기타소득의 순서를 보이고 있다. 미취업 중인 노인이 취업 중인 노인에 비해 공적이전소득과 사적이전소득의 비중이 크다는 것을 발견할 수 있다.

〈표 3-2〉 **노인가구의 연간 소득항목별 금액과 비율(2013년)** (단위 : 만원, %)

특 성		근로 소득	사업 소득	재산 소득	사적 이전소득	공적 이전소득	기타 소득	연 총소득
전 체		862.0 (37.4)	357.1 (15.5)	188.5 (8.2)	347.8 (15.1)	520.4 (22.6)	29.8 (1.3)	2,305.0 (100.0)
성별	남자	875.5 (34.7)	421.7 (16.7)	234.9 (9.3)	338.9 (13.4)	622.3 (24.7)	31.5 (1.2)	2,523.3 (100.0)
	여자	852.3 (39.7)	310.9 (14.5)	155.4 (7.2)	354.2 (16.5)	447.7 (20.8)	28.6 (1.3)	2,148.9 (100.0)
취업 상태	취업중	907.8 (36.9)	738.6 (30.0)	147.5 (6.0)	266.1 (10.8)	389.1 (15.8)	16.1 (0.7)	2,460.5 (100.0)
	미취업	843.7 (37.6)	205.3 (9.2)	204.8 (9.1)	380.3 (17.0)	572.7 (25.5)	35.3 (1.6)	2,243.3 (100.0)

출처 : 보건복지부 · 한국보건사회연구원(2014). 2014년도 노인실태조사.

한편 통계청에서 집계한 가구소득 자료는 전체 가구와 노인가구 간의 소득차이를 보여주고 있다. 통계청에서 제시하는 가구소득은 한 가구가 한 달간 취득한 일체의 현금 및 현물 수입을 말하며 매월 집계되는 통계청 가계동향조사의 전국 2인 이상 가구의 소득 자료를 연간기준으로 재집계한 후 월평균으로 나타낸 소득이다. 가구소득의 구성은 근로소득, 사업소득, 재산소득(금융소득, 임대수입), 공 · 사적 이전소득 등의 경상소득과 비경상소득으로 구분되어 있으며, 자산거래, 이전 및 보유로 인한 평가손익과 자산거래로 인한 손익은 포함되지 않는다.

〈표 3-3〉의 자료는 2014~2016년까지의 2인가구 이상 전체 가구와 노인가구의 소득을 비교하여 제시하고 있다. 전체 가구와 노인가구의 2014~2016년까지의 수치는 동일하게 소폭 증가하는 경향을 보이고 있다.

그러나 2016년 전체 가구의 월평균 소득은 488만 3천 원으로 노인가구의 146만 2천 원의 3배를 넘는 것을 알 수 있다. 따라서 노인가구의 소득이 전체 가구에 비해 매우 낮은 수준이고 빈곤상태에 빠질 가능성이 매우 높다는 것을 확인할 수 있다.

총소득의 구성에 있어서도 많은 차이를 발견할 수 있다. 전체 가구의 2016년 총소득에서 가장 높은 비율을 차지하고 있는 소득유형은 근로소득(319만 9천원)이고 다음은 사업소득(112만 2천원)으로 각각 65.5%와 23.0%로 합산하면 88.5%로 대부분을 차지하고 있다. 반면 노인가구의 근로소득(18만 9천원)과 사업소득(21만 8천원)은 12.9%와 14.9%로 27.8%에 불과하여 전체 가구에 비해 훨씬 낮은 것을 알 수 있다.

노인가구의 총소득(146만 2천원)에서 가장 높은 비중을 차지하고 있는 소득유형은 공적이전소득(60만 5천원)으로 41.4%에 이르고 있다. 공적이전소득은 공적연금, 기초연금, 기초생활보장제도의 급여 등이 대부분을 차지하고 있다. 하지만 이 자료를 통해서 한국의 노인에 대한 공적이전소득의 수준, 즉 사회복지급여의 수준이 높다는 평가를 내리기는 어렵다. 노인가구의 총소득 수준이 전체 가구에 비해 매우 낮아 빈곤의 가능성이 높다는 점과 현재 한국의 노인에 대한 공적이전소득의 수준이 매우 낮다는 점에 주목해야 한다.

〈표 3-3〉 노인가구의 월평균 소득 (단위 : 천원)

가구 특성		총소득	근로 소득	사업 소득	재산 소득	공적 이전소득	사적 이전소득	중앙값
전체	2014	4,658	3,025	1,159	190	211	73	3,800
	2015	4,770	3,130	1,142	191	240	67	3,924
	2016	4,883	3,199	1,122	220	274	67	4,000

노인 가구	2014	1,353	168	267	246	445	226	804
	2015	1,397	183	258	231	516	209	872
	2016	1,462	189	218	252	605	199	938

주1) 연도는 조사연도이며, 소득은 전년기준 자료임
주2) 중앙값은 가구소득 전체의 중앙값임
출처 : 통계청(2017). 가계금융 · 복지조사 보고서.

제2절 노인의 개인소득

다음의 〈표 3-4〉에 2013년 노인 개인의 소득원천별 보유 유무에 대한 자료가 제시되어 있다. 전체적으로 보면, 근로소득이 14.3%, 사업소득 13.8%, 재산소득 27.6%, 사적이전소득 92.9%, 사적연금소득 0.8%, 기타소득 2.5%로 나타났다. 그리고 공적이전소득의 경우 세부적으로 공적연금이 31.9%, 기초노령연금 66.4%, 기초생활보장 5.4%, 기타가 14.6%로 나타났다. 공적이전소득에서 기초노령연금의 보유비율이 가장 높고 공적연금도 30%가 넘는 것을 알 수 있다.

성별로 보면, 남자노인이 여자노인에 비해 근로소득, 사업소득, 재산소득, 사적연금소득에서 더 높은 비율을 보이고 있다. 여자노인은 사적이전소득과 기타소득에서 더 높은 수치를 기록하고 있다.

취업상태별 자료를 보면, 취업 중인 노인이 미취업 노인에 비해 근로소득, 사업소득, 재산소득, 사적이전소득, 사적연금소득에서 더 높은 비율을 보이고 있다. 기타소득에서는 미취업 상태인 노인이 취업 중인 노인에 비해 더 높은 수치를 기록하고 있다. 공적이전소득의 경우에는 취업 중인 노인이 공적연금과 기타공적급여에서 더 높은 비율을 보이고 있으며, 기초노령연금과 기초생활보장에서는 미취업 중인 노인의 보유비율이 더 높은 것을 알 수 있다.

〈표 3-4〉 노인 개인의 연간 소득원천별 보유 유무(2013년) (단위 : %)

특성		근로소득	사업소득	재산소득	사적이전소득	공적이전소득				사적연금소득	기타소득	인원수
						공적연금	기초노령연금	기초생활보장	기타공적급여			
전체		14.3	13.8	27.6	92.9	31.9	66.4	5.4	14.6	0.8	2.5	10,451명
성별	남자	18.1	22.6	37.9	91.7	51.0	57.3	3.6	22.3	1.3	2.3	4,354명
	여자	11.6	7.5	20.2	93.7	18.3	72.9	6.8	9.1	0.4	2.7	6,097명
취업상태	취업중	40.3	45.9	31.0	93.0	41.9	60.4	0.9	18.4	0.9	2.5	2,974명
	미취업	4.0	1.0	26.2	92.8	28.0	68.8	7.3	13.0	0.7	2.6	7,477명

출처 : 보건복지부 · 한국보건사회연구원(2014). 2014년도 노인실태조사.

다음의 〈표 3-5〉에 노인 개인의 연간 소득항목별 금액이 제시되어 있다. 노인 개인의 소득항목별 금액은 가구별 금액과 매우 큰 차이를 보이고 있다. 전체적으로 살펴보면 공적이전소득이 335만 5천원(35.0%)으로 가장 높은 비중을 보이고 있다. 그 다음은 사적이전소득 228만 7천원(23.8%), 사업소득 145만원(15.1%), 근로소득 122만 3천원(12.7%), 재산소득 110만 6천원(11.5%), 기타소득 12만 9천원(1.3%), 사적연금소득 4만 3천원(0.4%)의 순서로 나타났다.

성별로 보면, 남자노인의 경우 공적이전소득이 533만 2천원(37.6%)으로 가장 높은 비중을 차지하는 것으로 나타났다. 그러나 여자노인의 경우 남자노인과 다르게 사적이전소득이 263만 7천원(41.7%)으로 가장 높은 비중을 차지하는 것으로 나타났다. 취업상태별로 살펴보면, 취업 중인 노인의 경우 사업소득이 491만원(35.1%)으로 가장 높은 비중을 차지하는 것으로 나타났다. 미취업 중인 노인은 취업 중인 노인과 다르게 공적이전소득이 359만 4천원(45.8%)으로 가장 높은 비중을 차지하고 있다.

〈표 3-5〉 노인 개인의 연간 소득항목별 금액 (단위 : 만원, %)

특 성		근로 소득	사업 소득	재산 소득	사적 이전소득	공적 이전소득	사적연금 소득	기타 소득	연 총소득
전 체		122.3 (12.7)	145.0 (15.1)	110.6 (11.5)	228.7 (23.8)	335.5 (35.0)	4.3 (0.4)	12.9 (1.3)	959.3 (100.0)
성별	남자	219.8 (15.5)	277.4 (19.6)	181.3 (12.8)	179.7 (12.7)	533.2 (37.6)	8.1 (0.6)	17.6 (1.2)	1,417.1 (100.0)
	여자	52.6 (8.3)	50.5 (8.0)	60.0 (9.5)	263.7 (41.7)	194.4 (30.7)	1.6 (0.3)	9.5 (1.5)	632.3 (100.0)
취업 상태	취업중	366.8 (26.2)	491.0 (35.1)	95.9 (6.8)	158.3 (11.3)	275.5 (19.7)	3.2 (0.2)	8.8 (0.6)	1,399.4 (100.0)
	미취업	25.0 (3.2)	7.5 (1.0)	116.4 (14.8)	256.7 (32.7)	359.4 (45.8)	4.8 (0.6)	14.5 (1.9)	784.3 (100.0)

출처 : 보건복지부 · 한국보건사회연구원(2014). 2014년도 노인실태조사.

제3절 노인의 지출

2014년 노인가구의 월평균 가구소비지출에 관한 조사자료가 〈표 3-6〉에 제시되어 있다. 노인가구의 월평균 지출액은 143.9만 원인 것으로 조사되었다. 결혼상태별로 보면, 배우자가 있는 경우가 156.4만 원으로 배우자가 없는 경우에 비해서 다소 높은 것을 알 수 있다. 가구형태별로 보면, 독거노인인 경우가 가장 낮은 65만 원이고 자녀와 동거하는 경우가 231.5만 원으로 가장 높은 것을 알 수 있다. 노인부부인 경우 월평균 가구소비지출 금액은 128.7만 원이고 기타인 경우가 144.9만 원으로 조사되었다.

〈표 3-6〉 노인의 월평균 가구소비지출 금액(2014년)

(단위 : 만원)

월평균 지출액	결혼상태		가구형태			
	배우자 있음	배우자 없음	독거노인	노인부부	자녀동거	기타
143.9	156.4	124.0	65.0	128.7	231.5	144.9

출처 : 보건복지부 · 한국보건사회연구원(2014). 2014년도 노인실태조사.

〈표 3-7〉에 노인에게 부담이 되는 지출항목에 대한 조사결과가 제시되어 있다. 조사대상 노인가구의 35.4%가 주택관리비, 냉난방비, 수도비 등을 포함하는 주거 관련비의 지출을 부담스러워한다고 응답했으며, 월세 5.1%를 더하면 전체 응답자 중에 40.5%가 주거와 관련된 지출에 부담을 느끼는 것을 알 수 있다. 주거 관련비 다음으로 보건의료비 23.1%, 식비 16.2%, 경조사비 15.2%의 순으로 부담이 된다고 응답하였다. 이를 성별로 살펴본 조사결과도 이와 유사하게 나타나고 있는 것을 알 수 있다.

〈표 3-7〉 노인에게 부담이 되는 지출항목

(단위 : %)

		식비	월세	주거 관련비	보건 의료비	경조사비	기타
전 체		16.2	5.1	35.4	23.1	15.2	5.1
성별	남자	17.1	4.5	34.2	22.1	15.0	7.1
	여자	15.5	5.5	36.2	23.8	15.3	3.7

출처 : 보건복지부 · 한국보건사회연구원(2014). 2014년도 노인실태조사.

제4절 노인의 직업

1. 노인의 취업의사와 이유

〈표 3-8〉에 2016년 5월 55~79세 고령자의 취업의사와 취업을 원하는 이유에 대한 조사자료가 제시되어 있다. 전체 고령자 1,239만 7천 명 가운데 근로를 희망하는 사람은 758만 2천 명으로 61.2%로 나타났다. 장래 근로를 희망하는 이유 중 생활비에 대한 응답비율이 58%로 가장 높게 나타났다.

성별로 보면, 남성 고령자가 근로를 희망하는 비율이 여성 고령자(49.7%)에 비해 상당히 높은 비율인 74%인 것으로 나타났다. 장래 근로를 희망하는 이유의 경우 남성 고령자와 여성 고령자가 동일하게 생활비와 일하는 즐거움에 가장 높은 응답률을 보이고 있다.

이러한 조사결과는 장래 근로를 희망하는 고령자들이 상당히 많다는 사실을 알려주고 있다. 그리고 근로를 희망하는 이유에서 생활비에 대한 응답률이 가장 높다는 것은 그만큼 노인의 경제적 어려움이 상당하다는 것을 의미한다.

〈표 3-8〉 고령자의 취업의사 및 취업을 원하는 이유(2016. 5) (단위 : 천명, %)

55~79세		합계	장래 근로희망	소계	일하는 즐거움	생활비 보탬	사회가 필요	건강 유지	무료 해서	기타
		12,397 (100.0)	7,582 (61.2)	7,582 (100.0)	2,643 (34.9)	4,399 (58.0)	164 (2.2)	118 (1.6)	255 (3.4)	4 (0.0)
성별	남자	5,846 (100.0)	4,325 (74.0)	4,325 (100.0)	1,635 (37.8)	2,402 (55.5)	123 (2.8)	68 (1.6)	97 (2.3)	0 (0.0)
	여자	6,551 (100.0)	3,256 (49.7)	3,256 (100.7)	1,007 (30.9)	1,997 (61.3)	41 (1.3)	50 (1.5)	157 (4.8)	3 (0.1)

출처 : 통계청(2016a). 2016 고령자통계.

2. 노인의 고용

〈표 3-9〉에 2015년 노인의 고용률에 관한 자료가 제시되어 있다. 전체적인 고용률은 60.3%이고 65세 이상 노인의 고용률은 30.6%로 노인의 고용률이 전체 평균에 비해 절반 정도에 불과하다. 그리고 각 연령대별 고용률과 비교해 보면, 65세 이상 노인보다 낮은 연령층은 15~19세이다. 그러나 이 연령층은 대다수가 학업에 종사하고 있다는 사실을 감안하면 노인의 고용률이 가장 낮다고 할 수 있다. 노인의 성별 고용률을 보면, 남자노인이 41.1%로 여자노인 22.9%에 비해 거의 2배에 가까운 격차를 보이고 있다.

〈표 3-9〉 노인의 고용률(2015년) (단위 : %)

전체	15~19세	20~29세	30~39세	40~49세	50~59세	60~64세	65세 이상		
								남자	여자
60.3	7.9	57.9	74.2	79.1	74.4	59.4	30.6	41.1	22.9

출처 : 통계청(2015b). 경제활동인구연보.

현재 일을 하고 있는 노인들이 종사하는 직종에 대한 자료가 〈표 3-10〉에 제시되어 있다. 단순노무가 전체의 36.6%, 농림어업숙련종사자가 36.4%로 합하면 73.0%를 차지하고 있다. 다음으로 판매종사자 6.3%, 서비스종사자 5.5%, 장치 · 기계조작 및 조립종사자 4.8%, 관리자 3.7% 등의 순으로 나타났다. 따라서 취업노인의 다수가 단순하고 미숙련인 육체노동에 종사하고 있다는 것을 알 수 있다.

이러한 사실은 성별로 구분하여 살펴보아도 비슷하게 나타나고 있다. 농림어업숙련종사자의 경우 여자노인이 남자노인에 비해 약간 높게 조사되었고 단순노무의 경우에도 여자노인이 남자노인에 비해 10% 이상 높은 비율을 보이고 있다.

〈표 3-10〉 노인의 종사 직종 (단위 : %)

구 분		관리자	전문가 및 관련 종사자	사무 종사자	서비스 종사자	판매 종사자	농림 어업 숙련 종사자	기능원 및 관련직종	장치/기계조작/조립 종사자	단순 노무
전 체		3.7	2.7	1.5	5.5	6.3	36.4	2.6	4.8	36.6
성별	남자	5.6	3.4	2.0	3.8	5.5	35.2	4.3	8.4	31.8
	여자	1.4	1.9	0.7	7.4	7.3	37.8	0.6	0.5	42.3

출처 : 통계청(2016a). 2016 고령자통계.

2015년 기준 한국 노인의 고용률이 30.6%에 이르고 있는데, 고용된 취업자수를 포함한 OECD 국가의 수치와 비교하면 한국이 훨씬 높은 것을 알 수 있다. 〈표 3-11〉에 관련 자료가 제시되어 있다. 2010년 한국 노인의 경제활동참가율은 29.4%로 7개국 가운데에서 가장 높은 수치를 보이고 있다. 그 다음으로 높은 국가가 일본(21.8%)과 미국(17.4%)으로 20% 전후의 수치를 기록하고 있다. 반면 독일, 네덜란드, 영국은 10% 미만이고 스웨덴은 10%를 조금 넘는다.

하지만 이 자료에 제시된 수치를 보고 한국의 경제활동참가율이 높기 때문에 한국의 노인들이 취업을 비롯한 경제활동을 하기에 좋은 여건을 갖추고 있다고 평가해서는 안 된다. 현재 한국 노인들이 수익성은 매우 낮지만 농림어업에 종사하는 인원이 아직 상당수 남아 있고 정부의 노인소득보장정책이 미비하여 경제활동에 참여해야 하는 현실을 감안해야 한다(배기효 외, 2015).

〈표 3-11〉 OECD 국가 65세 이상 인구의 경제활동참가율(2010년) (단위 : %)

국가명	한국	미국	독일	네덜란드	스웨덴	일본	영국
2010년	29.4	17.4	4.0	5.9	12.1	21.8	8.6

노인의 종사상 지위의 경우 〈표 3-12〉에 제시된 것처럼 전체 노인의 38.7%가 자영업자의 지위를 가지고 있으며, 이외에 임시근로자 26.2%, 무급가족종사자 13.7%, 일용근로자 8.6%, 상용근로자 6.1%, 기타 5.1%, 고용주 1.6% 등의 순으로 나타났다. 자영업자의 비율이 높게 나타난 것은 농림어업종사자들이 대부분 자영업자에 포함되었기 때문이다. 그리고 안정된 종사장 지위라고 할 수 있는 상용근로자는 6.1%에 불과해 노인근로자의 고용안정성이 매우 낮다는 것을 알 수 있다.

성별에 따른 종사상 지위를 보면, 남자노인의 경우 여자노인에 비해 자영업자 비율이 2배 이상 높으며(남자 51.0%, 여자 24.2%), 임시근로자 비중은 남자노인 23.2%에 비해 여자노인이 29.8%로 다소 높게 나타났다. 한편 여자노인의 경우, 무급가족종사자 비율이 27.0%에 이르러 남자노인의 무급가족종사자 비중인 2.5%에 비해 월등히 높다.

〈표 3-12〉 노인의 종사상 지위

(단위 : %)

구 분		상용 근로자	임시 근로자	일용 근로자	고용주	자영업자	무급가족 종사자	기타
전 체		6.1	26.2	8.6	1.6	38.7	13.7	5.1
성별	남자	8.8	23.2	7.4	2.7	51.0	2.5	4.5
	여자	2.9	29.8	10.0	0.4	24.2	27.0	5.7

출처 : 통계청(2016a). 2016 고령자통계.

3. 노인종사자의 임금

전체적으로 노인의 종사 직종과 종사상 지위가 불안한 가운데, 노인근로자들의 임금수준도 매우 낮은 것으로 보고되고 있다. 국가인권위원회(2012)의 조사결과를 보면, 노인근로자들의 임금은 월 51~100만 원이 51.3%로 가장 높게 나타났다. 그 다음은 101~150만 원 36.3%, 50만 원 이하 5.5%, 151~200만 원 3.9%, 200만 원 이상 2.5%의 순으로 나타났다. 노인근로자 중 상당수가 최저임금 수준에 미치는 못하는 것을 알 수 있다. 그리고 노인근로자들이 근무하면서 가장 힘든 1순위가 낮은 임금 41.7%라는 조사결과에서 고용된 노인들의 저임금 상태를 파악할 수 있다(김동배 외, 2013).

그리고 고령층의 소득불평등이 경제협력개발기구(OECD) 국가들 중 최상위권 수준인 것으로 나타났다. 고령층의 일자리는 주로 불안정한 비정규직과 시간제 일자리 중심으로 늘고 있는 가운데, 고령층 근로자 중 37.1%가 최저임금 이하의 저임금을 받고 있기 때문이다. 그리고 시간당 중위임금의 2/3 미만의 임금을 받는 저임금 고령층은 최저임금 이하인 자를 포함하여 56.5%에 이르고 있는 실정이다(통계청, 2015b).

다음의 〈표 3-13〉에 통계청에서 2014년 취업자 47,757명을 대상으로 조사한 월평균 소득에 관한 자료가 제시되어 있다. 이 자료는 60세 이상의 노인을 고령자로 분류하였다. 전체 취업자의 소득구간별 응답비율에서 250만원 이상~300만원 미만(32.9%)이 가장 높게 나타났으며, 그 다음은 150만 원 이상~200만원 미만(17.3%), 200만 원 이상~250만 원 미만(15.6%), 100만 원 이상~150만 원 미만(13.8%) 등의 순서로 나타났다. 전체 취업자의 월평균 소득 가운데 150만 원 이상에 응답한 비율이 70%를 넘고 있다.

반면 60세 이상의 고령자는 전체 취업자의 응답과 상이한 결과를 보이고 있다. 150만 원 이하에 응답한 비율이 65%를 넘고 있으며, 150만 원 이상에 응답한 비율이 33%에 불과하다. 이러한 조사결과는 제시된 연령기준의 차이로 인해 국가인권위원회의 조사결과와는 다소 차이가 있긴 하지만, 노인취업자들의 월평균 소득이 매우 낮다는 점을 동일하게 보여주고 있다.

〈표 3-13〉 고령취업자의 월평균 소득(2014년) (단위 : 만원, %)

연 령	취업자 (명)	50 미만	50~ 100 미만	100~ 150 미만	150~ 200 미만	200~ 250 미만	250~ 300 미만	300 이상
전 체	47,757	4.8	8.5	13.8	17.3	15.6	32.9	7.1
19세이하	476	37.6	34.3	16.7	6.9	2.8	1.3	0.4
20대	6,675	6.3	9.6	17.2	29.5	20.7	14.9	1.9
30대	10,744	0.8	2.5	7.2	17.1	21.3	43.7	7.4
40대	12,464	1.1	4.5	10.3	14.6	14.3	44.6	10.6
50대	10,730	2.1	8	15.6	16	13.8	35.3	9.3
60세이상	6,668	18.7	23.6	24.6	13.1	7.9	9.9	2.3

출처 : 통계청(2015c). 2015 한국의 사회지표.

제5절 노인의 빈곤

노인복지론

2011년 국민생활실태조사 결과에 따르면 경제개발협력기구의 회원국들 중에서 소득을 기준으로 한 한국의 노인빈곤율이 1위를 차지하는 것으로 나타났다(한국보건사회연구원, 2011). 한국 노인의 빈곤율이 세계적으로 가장 높은 가운데, 노인들이 생활비를 마련하는 방법에 대한 최근의 조사자료가 〈표 3-14〉에 제시되어 있다.

본인 및 배우자 부담이 58.5%로 가장 높고 그 다음은 자녀나 친척지원 28.6%, 정부 및 사회단체 12.8%, 기타 0.1%의 순서인 것을 볼 수 있다. 본인 및 배우자의 부담을 세부적으로 살펴보면 근로소득과 사업소득이 44.7%로 가장 높은 비중을 차지하고 있으며, 그 다음은 연금 및 퇴직금 34.1%, 재산소득 14.0%, 예금 7.3%의 순서로 나타나고 있다.

성별에 따른 생활비 마련방법을 보면, 남자노인의 경우 본인 및 배우자 부담이 72.4%로 여자노인에 비해 상당히 높은 비중을 차지하고 있다. 자녀나 친척지원은 여자노인이 36.7%로 남자노인에 비해 2배 이상 높게 나타났다. 정부 및 사회단체는 여자노인이 14.7%로 남자노인에 비해 다소 높은 것을 알 수 있다.

〈표 3-14〉 **노인의 생활비 마련방법(2015년)** (단위 : %)

구분	본인 및 배우자 부담						자녀 또는 친척 지원	정부 및 사회 단체	기타
		소계	근로 소득 · 사업 소득	재산 소득	연금 · 퇴직금	예금			
합계	58.5	100.0	44.7	14.0	34.1	7.3	28.6	12.8	0.1
남성	72.4	100.0	47.9	12.7	33.4	6.0	17.4	10.2	0.1
여성	48.5	100.0	41.2	15.3	34.8	8.7	36.7	14.7	0.1

출처 : 통계청(2016a). 2016 고령자통계.

노인의 생활비 마련방법 중 정부지원에 해당하는 항목은 연금과 정부지원이라고 할 수 있는데, 현재 노인의 생활비 지원의 성격 중 가장 큰 비중을 차지하는 것은 공적연금이다. 현재 공적연금은 국민연금을 비롯해서 공무원연금, 군인연금, 사학연금 등이 있다. 다음의 〈표 3-15〉에 공적연금 수급자 현황이 나와 있다(통계청, 2016a).

2011년부터 2015년까지 공적연금 수혜자의 수가 매년 큰 폭으로 증가하고 있다. 2015년 공적연금 수혜자 총수는 280만 명이 약간 넘는 것으로 나와 있는데, 이 수치는 전체 노인인구 중 42.3%에 해당한다. 공적연금의 유형 중에서 가장 높은 비중을 차지하는 것은 노령연금(퇴직 · 퇴역연금)으로 240만 명을 약간 넘는 수치이며, 전체 수혜자 수에서 90%를 상회하는 비율을 보이고 있다.

〈표 3-15〉 노인의 공적연금 수급자 현황

(단위 : 명, %)

구 분	합 계	노령연금 (퇴직/퇴역연금)	장애연금 (장해/상이연금)	유족연금	연금 수급률
2011년	1,844,642	1,616,720	10,829	217,093	32.6
2013년	2,353,035	2,048,806	13,788	290,441	38.3
2015년	2,802,062	2,412,775	16,266	373,065	42.3
국민연금	2,473,690	2,141,542	14,712	312,436	37.3
공무원연금	240,041	203,279	1,388	35,374	3.6
군인연금	50,594	34,223	82	16,289	0.8
사학연금	37,737	33,731	40	3,966	0.6

출처 : 통계청(2016a). 2016 고령자통계.

한편 전체 노인 중 40%가 넘는 노인들이 공적연금의 수혜대상자로 혜택을 받고 있지만, 그 수령액은 높지 않은 것으로 보고되고 있다. 다음의 〈표 3-16〉에 제시된 고령자는 55~79세의 공적연금 수령자로서 65세 이상인 노인과는 다소 차이가 있다.

2016년 5월 기준 지난 1년간 고령자 1,239만 7천 명 중에서 공적연금을 수령하고 있는 경우는 546만 9천 명으로 44.1%의 고령자들이 연금을 수령하고 있는 것으로 나타났다. 성비로 보면 남자노인이 48.3%, 여자노인이 40.3%로 여자노인이 다소 낮은 비율을 보이고 있다. 월평균 연금수령액을 보면 51만 원으로 나타났으며, 남자노인이 69만원, 여자노인이 32만 원으로 남자노인이 2배 이상 수령액이 많은 것을 알 수 있다.

평균수령액을 구간별로 보면, 가장 많은 비중을 차지하고 있는 구간이 10~50만 원 미만으로 400만 명이 넘는 고령자가 속해 있다. 따라서 공적연금의 수혜비율에 비해 수령액은 높지 않은 것을 알 수 있다.

〈표 3-16〉 고령자(55~79세)의 연금수령 현황(2016년 5월) (단위 : 천명, %)

구 분		55~79세 인구	구성비	남자	구성비	여자	구성비
〈전 체〉		12,397	100.0	5,846	100.0	6,551	100.0
연금수령자		5,469	44.1	2,826	48.3	2,646	40.3
평균수령액(만원)			51		69		32
소 계		5,469	100.0	2,826	100.0	2,643	100.0
평균수령액	10만원 미만	51	0.9	16	0.6	35	1.3
	10~25만원 미만	2,707	49.5	923	32.7	1,784	67.5
	25~50만원 미만	1,357	24.8	802	28.4	555	21.0
	50~100만원 미만	667	12.2	526	18.6	140	5.3
	100~150만원 미만	214	3.9	169	6.0	45	1.7
	150만원 이상	473	8.6	390	13.8	84	3.2

출처 : 통계청(2016a). 2016 고령자통계.

이렇게 노인의 낮은 소득수준과 연금지원금 등의 상황으로 인해 저소득 노인의 비율은 다른 연령계층에 비해 상당히 높게 나타날 수밖에 없다. 〈표 3-17〉에 국민기초생활보장 수급자에 대한 자료가 제시되어 있다. 2005~2015년 사이에 총 인구수와 총 수급자수가 동시에 증가하고 있는데, 총 인구수 중에서 차지하는 총 수급자수의 비율은 3%를 약간 넘는 비율을 보이고 있다.

2015년 전체 인구 중에서 차지하는 노인인구의 비율은 13.2%에 불과하지만, 총 수급자 대비 노인수급자의 비율은 27.0%로 2배가 넘는 수급비율을 보이고 있다. 2005년과 2010년에도 이와 유사한 추이를 보이는 가운데, 수급자수에서 차지하는 노인수급자의 비율이 점차 증가하는 것을 알 수 있다. 성비로 보면, 해당 연도별로 남자노인에 비해 여자노인이 2.5배 이상 높다는 것을 알 수 있다. 그리고 점차 남성노인과 여성노인의 격차가 조금씩 감소하는 경향을 보이고 있다.

〈표 3-17〉 국민기초생활보장 수급자(65세 이상 노인) (단위 : 명, %)

구분	총인구수 (천명)	총수급자 (비율)	노인 인구 비율	65세이상 수급자	구성비	남자	여자
2005년	47,041	1,425,684(3.03)	9.3	367,658	25.8	93,995	273,663
2010년	47,991	1,458,198(3.04)	11.3	391,214	26.8	106,723	284,491
2015년	49,706	1,554,484(3.13)	13.2	419,452	27.0	133,292	286,160

출처 : 통계청(2016a). 2016 고령자통계.

65세 이상 노인의 시장소득 빈곤율이 최근 최고치로 상승했다. 2016년 통계청과 한국은행, 금융감독원의 '가계금융 복지조사' 결과에 따르면, 2015년 기준 65세 이상 노인 빈곤율은 61.7%로 전년 대비 1.5% 상승했다(통계청·금융감독원, 2016).

빈곤율은 중위소득(소득순으로 나열했을 때 중간수준의 값)의 50% 미만인 인구가 차지하는 비율을 뜻한다. 65세 이상 노인의 빈곤율은 2011년 60.7%에서 2013년 59.8%로 다소 낮아졌지만, 2014년 60.2%로 올라간 뒤 2년 연속 상승세이다. 다른 연령대와 비교하면 65세 이상 빈곤율은 더욱 두드러진다. 2015년 50대 빈곤율은 14.0%, 40대는 11.3%, 20대는 10.9%였고, 30대는 9.1%에 불과하다. 전년 대비 증가율도 65세 이상이 가장 높았다. 40대(0.5%↑)와 30대(0.2%↑)의 빈곤율은 소폭 증가하는 데 그쳤고, 50대(0.9%↓)와 20대(0.6%↓)는 오히려 낮아졌다. 빈곤율이 높다는 것은 노인들이 노동시장의 소득으로 빈곤상태에서 벗어날 수 없는 경우가 많다는 의미이다.

그리고 한국 노인의 빈곤율은 다른 OECD 국가들과 비교하여 가장 높은 위치에 있다. 2012년 한국의 노인빈곤율은 49.6%로 OECD 34개 회원국의 평균인 12.6%의 4배에 해당하는 수치를 보이고 있다. ㅣ그림 3-1ㅣ에 2011년 한국과 OECD의 주요 국가들의 노인빈곤율을 비교한 자료가 제시되어 있다.

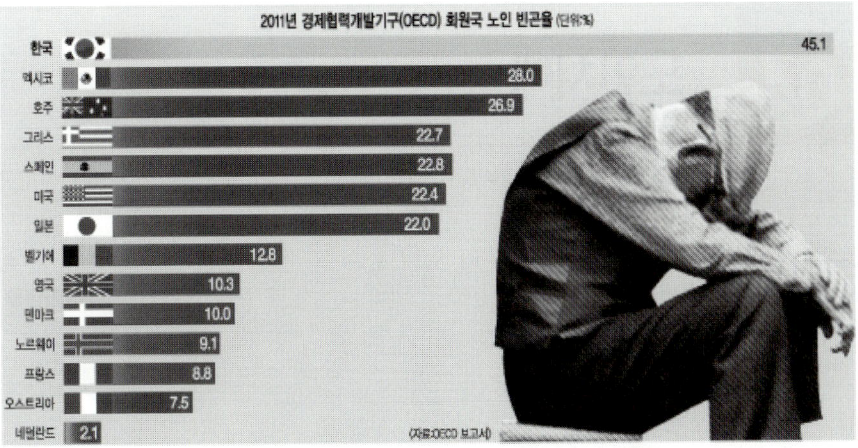

| 그림 3-1 | 2011년 OECD 회원국의 노인빈곤율

출처 : 한국노동연구원(2016).

아울러 우리나라 65세 이상 노인의 소득불평등지수(지니계수)는 0.422로, 칠레(0.428)와 함께 OECD 국가들 중 최상위 국가군에 속하는 것으로 나타났다. 지니계수란 로렌츠 곡선을 토대로 소득의 불평등 정도를 파악하기 위해 고안한 지수이다. 인구의 누적비율과 소득의 누적점유율 사이의 상관관계를 나타내는 로렌츠 곡선은 소득분배가 완전히 평등하다면 기울기가 1인 대각선의 형태가 될 것이다. 지니계수는 완전히 평등하다면 0, 완전히 불평등한 상태라면 1이 된다.

Chapter 04

노인치매

제1절 치매의 개념

노인복지론

1. 치매의 정의

치매(dementia)는 다양한 원인에 의한 뇌손상으로 기억력을 비롯한 인지기능에 문제가 발생하여 정상적인 일상생활을 유지하기 어려운 상태를 의미한다(배기효 외, 2015). 치매는 노인성 질환의 하나로서 만성적이고 진행성의 뇌질환인데, 기억력, 사고력, 이해력, 계산능력, 학습능력 등의 뇌기능에 장애가 발생하는 임상적 증후군이다. 치매는 본래 라틴어에서 유래된 용어로 '정상적인 마음에서 이탈된 것' 또는 '정신이 없어진 것'이라는 의미를 내포하고 있다(정상수 외, 2014).

미국정신의학회의 「정신장애인의 진단 및 통계편람 제4판(DSM-Ⅳ)」에서 치매를 '업무, 보통의 사회활동이나 대인관계에서 유의한 장애가 있을 정도의 인지기능과 지적 능력의 감소'로 정의하였다. 인지기능장애는 기억력 장애와 언어, 판단, 추상능력, 공간·시간능력 및 기타 신기술 습득의 장애 등을 말하며 대개 성격변화를 동반한다.

의학적으로 치매는 기억력과 다양한 지적 기능을 상실하는 만성적이고 진행성·퇴행성의 뇌질환에 의한 임상증후군으로 규정되어 있다. 치매는 단일 질환이나 진단에 대한 용어가 아니며, 다양한 질환으로 인해 발생하는 뇌기능의 전체적인 저하상태를 의미한다. 이로 인해 치매환자는 동일한 말을 반복하고 방금 전에 자신이 했던 말을 잊어버리거나 알고 지내던 사람을 알아보지 못하게 된다. 그리고 판단력과 자제력을 상실하여 평소에 하지 않던 이상행동들을 하는 증상을 동반한다.

치매는 크게 가역성 치매와 비가역성 치매로 분류된다(박석돈 외, 2015). 가역성 치매는 원인질환을 치료하면 다시 정상적인 상태로 회복될 수 있는 치매이며, 우울증을 비롯해서 약물, 알코올 및 화학물질 중독에 의한 정신과적 질환 등이 주요 원인이다. 그리고 전해질의 이상, 갑상선 질환, 비타민 결핍증, 일시적인 뇌기능장애를 발생시키는 감염성 뇌질환이나 두부외상, 그리고 정상압력 뇌수종(hydrocephalus)[1]이나 다발성 경화증(multiple sclerosis)[2] 등이 가역성 치매를 유발할 수 있다.

치매는 비가역성 치매가 대부분으로 다시 회복하기 어려운 치매에 해당된다. 비가역성 치매는 알츠하이머병이나 픽병(Pick's disease)[3] 등의 퇴행성 뇌질환이 핵심적인 원인이다. 그리고 혈관성 치매, 크로이츠펠트-야콥병(Creutzfeldt-Jakob disease)[4] 등에 의해 발생하는 치매, 대사질환치매, 알코올성치매 등이 비가역성 치매에 포함된다.

---

1) 뇌실 안이나 두개강 속에 뇌척수액이 고이는 질병
2) 다발성 경화증은 뇌, 척수, 그리고 시신경을 포함하는 중추신경계에 발생하는 만성 신경면역계 질환임. 원인은 정확하게 알려지지는 않았지만 신경을 둘러싸고 있는 수초가 손상되어 뇌로부터 신체의 여러 부분으로 가는 신경자극의 전달이 방해되어 나타나는 것으로 추정됨
3) 비교적 드문 신경퇴행성 질환으로서 뇌의 신경세포의 진행성 파괴를 보이는 질환
4) 변형 프리온(Prion)에 의해 전 세계에서 산발적으로 발생하는 해면뇌병증으로, 비교적 급격히 진행하는 고위 대뇌기능과 소뇌기능의 저하, 근육간대경련 그리고 뇌파검사상 관찰되는 1~1.5Hz의 예파를 특징으로 하는 질환. 프리온은 광우병을 유발하는 인자로 단백질(protein)과 비리온(virion : 바이러스 입자)의 합성어이며 이제까지 알려진 박테리아나 바이러스, 곰팡이, 기생충 등과는 전혀 다른 종류의 질병 감염인자임

2. 치매의 사회적 비용

한국의 노인인구 비율이 2015년 13%를 넘어 2030년 24.3%, 2050년 37.4%로 증가할 것으로 추계되고 있다. 이와 더불어 후기고령자인 75세 이상의 노인인구 비율은 2015년 5.5%에서 2030년 9.7%, 2050년 22.1%로 증가할 것으로 전망되고 있다(보건복지부, 2015).

이러한 노인인구 증가의 흐름 속에서 2014년 65세 이상 치매유병률은 9.8%(65만 여명)로 추산되며, 2050년에는 노인인구의 15%(271만 여명)까지 증가할 것으로 예측되고 있다(분당서울대학교병원, 2013). 그리고 최근 9년간(2006~2014년) 의료기관에서 진료받은 치매환자는 총 67만 6천명(사망자 제외)으로 집계되었다. 이 가운데 65세 이상의 노인이 63만 1천 명으로 치매환자의 대부분을 차지하며, 이 수치는 대략 전체 노인의 9.9%에 달한다. 2014년 대비 10년 뒤인 2024년에 노인인구가 54% 증가하는데, 치매노인은 65% 증가할 것으로 예측되고 있다.

치매노인은 본인과 그 가족에게 많은 어려움을 가져다준다. 2015년의 치매인식에 관한 조사결과에서 노인들이 치매를 뇌졸중 및 암과 더불어 가장 두려워하는 질병으로 생각하는 것으로 밝혀졌다(황보람 · 강정희, 2015). 뇌졸중과 암에 대한 두려움의 비율이 각각 26.5%와 24.9%인데, 치매에 대한 비율이 35.4%로 가장 높은 것으로 나타났다. 치매노인의 발생은 부양가족의 건강과 삶의 질에도 부정적인 영향을 미친다. 치매노인을 부양하는 가족들은 신체적 어려움뿐만 아니라 정신적 · 심리사회적 · 경제적 부담까지 감당해야 하는 상황에 처하게 된다.

치매노인에게 요양서비스를 제공하는 요양보호사도 3등급 치매노인을 보호하는 경우에 1등급 비치매노인을 케어하는 것보다 직무스트레스가 더 높은 것으로 나타나고 있다. 그리고 치매노인 당사자가 자살을 시도하거나 가족들도 부양부담 때문에 치매노인을 살해하는 극단적인 상황까지 발생하기도 한다. 일반적으로 우울은 중요한 자살요인으로 제시되는데, 치매노인의 우울감과 자살의도 정도가 일반노인에 비해 더 높은 것으로 알려져 있다. 치매노인의 부양가족들도 우울증에 걸리기 쉽고 삶의 질의 수준이 떨어지며 자살위험에 처하게 된다.

아울러 치매환자의 증가로 인해 소요되는 사회적 비용도 크게 증가하고 있다. 세부적으로 살펴보면 먼저, 치매환자의 의료와 요양서비스 이용이 증가하고 있다(보건복지부, 2015). 2014년 의료서비스를 이용한 치매환자는 44만 3천명(65세 이상 41만 6천명, 65세 미만 2만 7천명)이고 연평균 20%씩 증가하고 있다. 치매로 인한 연간 총 진료비(건강보험 미적용 항목 제외)는 2014년 1조 6,142억 원이고 1인당 진료비는 364만 원에 이른다. 치매진료비는 2006년 1,898억 원에서 2014년 1조 6,142억 원으로 연평균 30.7%씩 증가한 것으로 나타났다. 그리고 1인당 치매진료비(본인부담금)도 2006년 180만원(32.4만원)에서 2014년 364만원(77만원)으로 크게 증가했다.

노인장기요양보험의 2014년 이용자가 43만 5천 명인데, 이 가운데 치매환자는 23만 6천명(54.3%)으로 절반이 넘는 비율이고 연평균 10%씩 증가하고 있다. 치매로 인한 연간 총 장기요양비용은 2014년 2조 4,133억원(전체의 58%)이며, 1인당 평균 요양비용은 1,023만 원 수준으로 집계되었다. 치매환자의 장기요양비는 2009년 1조 1,757억 원에서 2014년 2조 4,133억 원으로 연평균 15.5%씩 증가한 것으로 나타났다. 1인당 치매환자의 장기요양비(본인부담금)는 2009년 807만원(95.8만원)에서 2014년 1,023만원(127.7만원)으로 크게 증가했다.

2013년 기준 치매로 인한 사회적 비용은 전체적으로 약 11.7조원(GDP의 약 1%)에서 2050년에는 약 43.2조원(GDP의 약 1.5%)까지 증가할 것으로 예측되고 있다. 따라서 치매환자에 대한 사회적 비용과 치매환자 개인 및 가족의 비용부담이 매우 증가하고 있다는 점을 알 수 있다.

제2절 치매의 증상

노인복지론

치매가 진행되면서 치매증상의 빈도가 증가하고 정도가 심해지는데, 감정이 무뎌지고 주변 사물에 대한 관심이 줄어들게 된다. 치매증상이 있는 사람들은 옷차림이 단정하지 않고 대화를 기피하여 말소리가 줄어든다. 그리고 신체자세가 바르지 않아 걸음걸이가 달라지고 구부정한 자세로 종종걸음을 치는 행동변화를 동반한다. 치매증상이 심해지면 일상생활 수행능력이 감소하여 쉬운 행동들도 어려워지고 누워서 지내는 시간이 많아진다. 치매의 증상은 크게 인지적 장애증상, 정신행동증상, 치매징후 등으로 살펴볼 수 있다(박석돈 외, 2015).

1. 인지적 장애증상

장 애	증 상
기억력장애	• 초기에는 새로운 것들을 잘 기억하지 못하고 이후에는 오래된 일도 잊어버리게 된다.
지남력장애	• 시간, 장소, 사람에 대한 파악능력이 감소한다. • 보통 시간에 대한 인지장애가 먼저 발생하여 날짜인식이 흐려지고 점차 계절과 밤낮도 구분하기 어려워진다. • 장소에 대한 인지장애로 자주 다니던 길도 잊어버리고 점차 거주공간 내의 화장실이나 방까지 식별하기 어려워진다. • 치매가 상당 부분 진행되면 지인들에 대한 인지장애까지 발생하여 지인들을 인지하지 못하다가 나중에는 자녀나 배우자 등의 가족들도 알아보지 못하게 된다.

언어장애	• 말을 하거나 이해하는 능력이 점차 감소한다. • 초기에는 적절한 단어를 구사하지 못하다가 나중에는 타인의 말을 제대로 이해하지 못해 부적절한 대답을 하거나 전혀 이해할 수 없는 말을 하며, 말기에는 표현력을 완전히 상실하여 함구증(mutism) 상태에까지 도달하게 된다.
기타 고등인지기능장애	• 판단력, 추상적 사고력, 실행능력, 공간구성력, 지각력, 계산력 등의 고등인지기능이 감소하게 된다.

2. 정신행동증상

장 애	증 상
망 상	• 가장 많이 발생하는 증상으로 자신의 물건을 타인이 훔쳐갔다고 생각하는 도둑망상 • 누군가가 자신을 해치려 하거나 버리려고 한다는 피해망상, 간병인이 사기꾼이라는 망상, 배우자를 의심하는 부정망상 등이 발생한다. • 망상증상으로 난폭행동, 우울, 불안, 초조해하는 행동들이 발생한다.
환 각	• 실제로 존재하지 않는 것을 사실처럼 느끼는 증상(환각, 환시, 환청) • 드물게는 촉각, 후각, 미각 등에도 환각이 발생하기도 한다.
오 인	• 환각과는 다르게 실제로 존재하는 것을 실제와 다르게 인지하는 증상 – ㉠ 거울에 비친 자신의 모습을 보면서 다른 사람을 대하듯이 행동 TV에 나오는 인물을 보고 자신의 앞에 있는 것처럼 반응 방에 있는 베개를 자신의 아이인 것처럼 대하는 행동
우울증	• 치매노인의 우울증은 치매증상이 없는 노인과 유사하게 나타난다. – 단시간 발생하는 경미한 우울감, 극단적인 허무감과 비관적 사고 – 의욕이나 즐거움의 상실, 식욕의 저하와 이로 인한 체중감소 – 초조감과 죄책감 등
불안증세	• 망상과 관련된 걱정, 주변 상황이 파악되지 않는 경우의 막연한 불안 • 특정 대상에 대한 공포반응, 공황발작, 긴장하는 듯한 얼굴표정과 몸가짐
초조행동	• 사회적으로 부적절한 언어, 음성, 신체활동을 의미한다. – 명확한 이유가 없는데 방황하면서 돌아다니는 배회행동 – 무의미한 부적절한 동작의 반복, 안절부절못하면서 걸어다니는 행동 – 동일한 문장, 질문, 불평 등을 반복하는 행동들

성격변화	• 신체활동이 위축되며 소극적이고 수동적인 자세를 보인다. • 자신의 취미활동이나 집안일에 무관심하고 감정변화가 없어진다. • 질병에 걸리면서 쉽게 짜증부리고 화를 내거나 이기적인 성격으로 변화한다.
수면의 변화	• 심한 불면증과 수면주기의 변화로 초조행동이나 착란상태를 보인다.
식욕의 변화	• 치매가 진행되면서 식욕이나 음식 기호도가 변하게 된다. • 적절한 영양섭취가 이루어지지 않아 체중의 변화가 커진다. • 방금 전에 식사했는데, 식사를 다시 하려고 한다.
성욕의 변화	• 드물게 언어적 · 신체적인 성적 표현을 노골적으로 한다. • 타인들이 보고 있는데 자위행위 등의 성적 행위들을 하기도 한다.

3. 치매의 징후

진행단계	징 후
초기	• 물건을 놓았던 장소를 잊어버리는 일이 잦아지게 된다. • 동일한 말을 반복하는 일이 자주 발생한다. • 대중교통을 이용하다가 목적지를 잊고 도중에 내린다. • 방금 전에 전화통화를 하고 누구와 통화했는지 기억하지 못한다. • 식사를 마쳤는데 무엇을 먹었는지 기억하지 못한다. • 식사량이 부족하다고 생각하여 식사량이 증가한다. • 비상식적인 행동들이 일상적으로 발생한다. • 화를 자주 내고 쉽게 흥분하며, 항상 안절부절못하고 불안정하다.
중기	• 이유 없이 문을 열고 밖으로 나가려고 한다. • 목적 없이 배회하며 자신의 방을 인지하지 못한다. • 가족의 얼굴은 알지만 친지와 지인들을 알아보지 못하고 이름을 기억하지 못한다. • 속옷을 입은 채로 목욕하려고 한다. • 좌우를 구분하지 못하는 등 방향감각을 상실하여 가스불을 켜지 못하게 된다.
후기	• 가족의 얼굴과 이름을 기억하지 못한다. • 먹을 수 있는 음식을 구별하지 못하고 아무것이나 입에 넣으려고 한다. • 의미를 파악할 수 없는 말들을 한다. • 대소변을 가리지 못하게 된다. • 거울을 보면서 무의미한 말들을 중얼거린다. • 특정 상황들을 이해하지 못하고 이를 전혀 인지하지 못한다. • 말과 행동이 공격적이고 폭력적으로 변한다.

제3절 치매의 원인과 유형

치매는 내과, 신경과, 정신과의 질환 등 60가지 이상의 원인으로 발생하는 기질적 정신장애로 볼 수 있다(정상수 외, 2014). 치매의 원인에 대해 지속적으로 조사연구가 이루어지고 있지만, 원인을 정확하게 파악하지 못하는 경우가 거의 절반에 해당된다. 지금까지 알려진 치매의 원인과 이에 따른 유형은 알코올성 치매가 10%, 다발성 경색치매 9%, 가성치매 7%, 정상뇌압수두증 6%, 두개강내종양 5% 등의 순서인 것으로 보고되고 있다.

이 중에서 원인불명의 치매인 알츠하이머형 치매와 뇌동맥경화증을 비롯한 뇌혈관장애가 원인이 되는 혈관성 치매가 대부분이다. 치매환자의 약 50%가 알츠하이머병에 의한 알츠하이머형 치매에 해당하며, 약 20%는 혈관성 치매에 해당된다. 그리고 5~20%의 치매환자는 알츠하이머형 치매와 혈관성 치매를 동시에 앓고 있는 것으로 나타났다.

치매의 원인에 따른 치매의 유형을 알츠하이머형 치매와 혈관성 치매, 기타 치매로 분류하여 살펴보기로 한다.

1. 알츠하이머형 치매(Alzheimer's Dementia)

알츠하이머병은 치매를 일으키는 가장 흔한 퇴행성 뇌질환으로 서서히 발병하여 기억력을 포함한 인지기능의 악화가 점진적으로 진행되는 질병이다. 알츠하이머병은 치매를 일으키는 가장 흔한 퇴행성 뇌질환으로 1907년 독일의 정신과의사인 알로이스 알츠하이머(Alois Alzheimer) 박사에 의해 최초로 보고되었다.

알츠하이머병의 초기에는 기억력 저하가 주로 나타나다가 진행됨에 따라 점진적인 경과를 보이면서 임상증상이 다양해지고 점점 더 심해지게 되는 것이다. 처음에는 주로 최근 일에 대한 기억력에서 문제를 보이다가 진행하면서 언어기능이나 판단력 등 다른 여러 인지기능의 이상을 동반하게 되고 결국에는 모든 일상생활 기능을 상실하게 된다. 알츠하이머병은 그 진행과정에서 인지기능의 저하뿐만 아니라 성격변화, 초조행동, 우울증, 망상, 환각, 공격성 증가, 수면장애 등의 정신행동증상이 흔히 동반된다. 말기에 이르면 경직과 보행이상 등의 신경학적 장애 또는 대소변실금, 감염, 욕창 등 신체적인 합병증까지 나타나게 된다.

알츠하이머병의 발병연령은 65세 이후이나 드물지만 40대나 50대에 발생하기도 한다. 발병연령에 따라 65세 미만에서 발병한 경우를 조발성(초로기) 알츠하이머병, 65세 이상에서 발병한 경우 만발성(노년기) 알츠하이머병으로 구분할 수 있다. 조발성 알츠하이머병은 비교적 진행속도가 빠르고 언어기능의 저하가 비교적 초기에 나타나는 등의 특징을 보이는 반면, 만발성 알츠하이머병의 경우 상대적으로 진행이 느리고 다른 인지기능 저하에 비해 기억력의 손상이 두드러진다는 보고도 있다. 하지만 근본적으로 연령구분에 따른 병리소견의 차이는 없어서 동일질병으로 간주된다.

한 조사연구에 의하면 알츠하이머형 치매에 음주나 흡연이 영향을 미치지 않는 것으로 나타났다. 환자들은 여성이 남성보다 많으며, 학력이 낮을수록 발병률이 높은 것으로 조사되었다. 환자의 평균연령은 77.7세이며, 70~79세가 43%를 차지하고 있다. 환자들의 평균학력은 6.26년으로 초등학교 이하의 학력을 가진 환자들이 42.2%로 나타났다.

2. 혈관성 치매(Vascular Dementia)

혈관성 치매는 뇌혈관질환이 원인이 되어 발생한 치매로 알츠하이머병 다음으로 높은 치매의 유형이다. 혈관성 치매는 뇌혈관질환에 의해 뇌조직이 손상을 입어 치매가 발생하는 경우이다. 1672년 토마스 윌리스(Thomas

Willis)에 의해 뇌졸중 이후의 치매사례가 처음 보고되면서 17세기 말경부터 혈관성 치매라는 용어가 사용되기 시작했다. 1970~1980년경에는 반복적인 뇌경색에 의해 발생하는 다발성 경색치매(multi infarction dementia)라는 용어가 혈관성 치매와 동일하게 사용되기도 했다.

그러나 신경영상기법의 발전 및 관련 연구의 확대로 다발성 뇌경색뿐만 아니라 전략적 뇌부위의 단일 뇌경색, 다발성 열공(매우 작은 뇌경색), 피질하 소혈관 질환, 여러 형태의 뇌출혈 등도 혈관성 치매를 유발시킬 수 있다는 사실이 알려졌다. 그래서 현재는 다양한 뇌혈관질환에 의해 발생하는 치매를 모두 포함하고 이전보다 확장된 개념으로 혈관성 치매라는 용어가 사용되고 있다. 최근에는 치매뿐만 아니라 치매보다 경미한 인지기능장애까지 포함하는 개념으로 혈관성 인지장애(vascular cognitive impairment)라는 용어가 사용되기도 한다.

혈관성 치매는 갑자기 발생하거나 급격히 상태가 악화되기 쉽고 '중풍을 앓고 난 후 갑자기 인지기능이 떨어졌다'고 하는 경우에 혈관성 치매의 가능성이 높다. 그러나 뇌의 실핏줄인 소혈관들이 점차 좁아지거나 막히는 원인에 의한 경우에는 점진적인 경과를 보이기도 한다.

혈관성 치매는 알츠하이머병에 의한 치매와는 달리 초기부터 편마비, 구음장애, 안면마비, 연하곤란(dysphagia)[5], 한쪽 시력상실, 시야장애, 보행장애, 요실금 등 신경학적 증상을 동반하는 경우가 많다. 그러나 뇌혈관질환이나 뇌졸중이 있다고 해서 반드시 혈관성 치매가 나타나는 것은 아니며 손상받은 뇌의 부위, 크기, 손상 횟수에 따라 혈관성 치매의 발병여부와 심각도가 결정된다.

---

5) 연하곤란 : 보통 음식을 삼키거나 물을 마실 때 정상적으로는 아무런 감각이나 저항 없이 입에서부터 위장까지 쉽게 통과하는데, 음식이 지나가는 감각이 느껴지거나 음식이 식도 내에서 내려가다가 지체되거나 중간에 걸려서 더 이상 내려가지 않는 것을 말한다.

혈관성 치매는 기억력 감퇴, 언어능력 저하, 시공간 파악능력 저하, 판단력 및 일상생활 수행능력의 저하 등의 인지기능 저하증상을 동반한다. 그리고 무감동, 우울, 불안, 망상, 환각, 배회, 공격성, 자극과민성, 이상행동, 식이변화, 수면장애 등의 정신이상행동 증상이 발생한다. 이 외에 비교적 초기단계부터 편측운동마비, 편측감각저하 또는 소실, 시야장애, 안면마비, 발음 이상, 삼키기 곤란, 보행장애, 사지경직 등 다양한 신경학적 이상증상이 동반된다. 그리고 심한 경우 대소변실금, 낙상, 욕창, 폐렴, 요도감염 등의 신체적 합병증이 나타나기도 한다.

3. 기타 치매

치매의 원인 가운데 하나로 음주가 제시되고 있는데, 과도한 음주를 지속하게 되면 비타민 B1의 결핍으로 뇌손상이 발생하게 된다. 이로 인해 기억력이 저하되고 계획을 세우거나 판단을 내리는 능력이 약해진다. 그리고 대인관계를 유지하고 균형을 유지하는 기능도 감퇴하게 된다. 금주하게 되면 알코올성 치매증상이 호전되며, 비타민 B1을 섭취하는 것도 하나의 치료방법이 될 수 있다. 이 외에도 치매는 원인과 증상에 따라서 가성치매, 정상뇌압수두증으로 인한 치매, 갑상선기능저하증으로 인한 치매, 수두증, 우울증으로 인한 치매 등이 있다.

가성치매(pseudodementia)는 히스테리 정신증상의 하나로서 의식이 흐려지고 어린아이 같은 행동을 보인다. 그리고 간단한 수학적 계산도 못하거나 간단한 질문에도 부적절한 대답을 하는 행동이 동반된다.

정상뇌압수두증(normal pressure hydrocephalus)에 의해서 치매가 발병되기도 한다. 정상뇌압수두증은 중년기 이후에 기억장애, 보행장애, 요실금 등의 증상을 급성이나 만성으로 발생시킨다. 두개강내종양(intracranial tumor)에 의해서 치매가 발병할 수도 있는데, 두개강내종양은 뇌조직이나 뇌를 둘러싼 막에 생긴 종양이다. 이러한 뇌질환으로 인해 다양한 신경학적인 치매증상들을 보이게 된다.

갑상선기능저하증(hypothyroidism)에 의해서도 치매가 발병될 수 있다. 이 질병의 증상은 만성피로, 식욕부진, 체중증가, 추위를 타는 것, 변비 등이 있을 수 있다. 그리고 신체동작과 사고속도가 느려지며, 추상적 사고와 집중력 및 기억력에 장애가 발생한다.

수두증(hydrocephalus)도 치매발병의 원인인데, 뇌실과 지주막하 공간에 뇌척수액이 비정상적으로 축적된 상태이다. 수두증의 증상은 보행장애, 요실금, 기억력의 저하, 성격변화 등이 있다(배기효 외, 2015).

우울증(depressive disorder)이 치매의 원인으로 지적되고 있다. 우울증의 증상으로는 전체적으로 신체반응이 느려지고 기억력이 감퇴하며 주의력이 감소된다. 우울증에 의한 기억장애가 알츠하이머형 치매나 혈관성 치매에 비해서는 경미한 경우가 많은 것으로 보고되고 있다.

제4절 치매의 진단

치매진단에 있어 환자에 대해 가장 잘 알고 있는 보호자의 보고를 통한 정확한 병력 청취가 매우 중요하다. 의사는 이전에 비해 기억력을 포함한 인지기능의 변화가 있는지, 있다면 언제부터 어떠한 양상으로 나타났는지 등을 확인하고 신체검사와 신경학적 검사, 정신상태 검사, 일상생활 기능수준 검사, 혈액검사 등의 실험실검사, 뇌영상학검사, 신경심리검사 등을 통해 진단을 내린다. 구체적인 검사항목과 내용은 다음과 같다.

1) 신체검사와 신경학적 검사

환자의 인지기능에 영향을 줄 수 있는 신체질환 및 뇌신경계 질환의 징후가 있는지 진찰한다.

2) 정신상태 검사

기억력 등의 인지기능을 평가하고 섬망(delirium)[6]이나 혼돈과 같은 의식장애가 있는지, 우울증이나 망상, 환각 등의 동반된 정신행동증상이 있는지를 평가한다.

3) 일상생활 기능수준 검사

일상생활에서의 기능수준이 어느 정도인지를 평가한다. 식사하기, 옷입기, 씻기, 대소변 가리기 등의 기본적인 일상생활과 전화하기, 음식물 만들기, 금전관리하기 등과 같은 좀 더 복잡한 일상생활동작에 대해 평가한다. 이러한 검사는 진단을 위한 평가뿐만 아니라 향후 환자관리에도 도움을 줄 수 있는 기본적인 정보가 된다.

4) 혈액검사 등의 실험실검사

치매상태를 초래할 수 있는 여러 신체질환을 파악하기 위해 빈혈검사, 간기능검사, 신기능검사, 당뇨검사, 비타민검사, 갑상선기능검사, 지질검사, 흉부 X레이, 심전도, 소변검사 등 다양한 실험실검사를 시행한다.

---

6) 섬망 : 혼돈(confusion)과 비슷하지만 심한 과다행동(예를 들어, 안절부절못하고, 잠을 안 자고, 소리를 지르고, 주사기를 빼내는 행위)과 생생한 환각, 초조함, 떨림 등이 자주 나타나는 것을 말한다.

5) 뇌영상검사

뇌영상검사는 자기공명영상(MRI), 컴퓨터단층촬영(CT) 등 구조적 뇌영상 검사와 양자방출단층촬영(PET), 단일광자방출촬영(SPECT) 등 기능적 뇌영상 검사로 구분된다. MRI와 CT는 뇌의 구조나 모양을 살펴보기 위한 검사로 알츠하이머병에서 나타나는 뇌위축과 뇌실확대 등 뇌의 구조적 이상소견을 확인할 수 있다. 근래에는 CT보다 해상도가 높은 MRI를 널리 사용한다. 알츠하이머병에서는 MRI 검사상 특징적인 내측두엽의 위축소견이 비교적 초기단계에서부터 확인되는 경우가 흔하다.

PET이나 SPECT와 같은 기능적 뇌영상검사를 시행하면 뇌의 혈류량 또는 뇌의 포도당 대사능력 등을 측정함으로써 세부적인 뇌부위의 기능이상을 확인할 수 있다. 구조적 뇌영상검사에서 별다른 이상이 나타나지 않는 초기 알츠하이머병의 경우에도 이러한 기능적 뇌영상검사로 뇌기능의 저하여부와 저하부위(측두엽 및 두정엽 대사 저하)를 조기에 확인할 수 있어 조기진단에 매우 유용하다. 검사 정확도에 있어 PET가 SPECT보다 우수하여 기능적 뇌영상검사가 필요한 경우 PET 사용이 권장된다.

6) 신경심리검사

신경심리검사는 뇌기능과 관련된 다양한 인지기능을 객관적으로 정밀하게 평가하는 검사이다. 신경심리검사에는 기억력, 언어능력, 주의집중력, 판단능력, 계산능력, 수행능력, 시공간 파악능력 등 다양한 인지영역에 대한 광범위한 평가가 포함된다.

신경심리검사 결과를 통해 어떤 영역의 인지기능이 어느 정도 수준으로 저하되었는지에 대한 객관적 정보를 얻을 수 있으며, 이러한 정보는 치매 여부의 진단이나 원인 감별에 참고자료로 활용된다. 또한 치료시작 전 신경심리검사를 통해 환자의 기저 인지기능 수준에 대한 정보를 기초로 향후 치료효과 파악을 위한 기준으로 활용할 수 있다.

제5절 치매의 현황

노인복지론

1. 치매환자 현황

보건복지부 중앙치매센터에서 조사한 2015년 치매현황에 관한 자료가 〈표 4-1〉에 제시되어 있다. 65세 이상 치매환자수는 2015년 648,223명으로 65세 이상 노인인구의 9.8%로 추정되고 있으며, 앞으로 지속적으로 증가할 것으로 예측되고 있다.

치매환자를 성별로 살펴보면, 남성이 185,966명(28.7%), 여성 462,257명(71.3%)으로 나타나 여성이 남성에 비해 훨씬 높은 치매발병률을 보이고 있는 것을 알 수 있다. 연령별 치매환자는 65~69세 7.1%, 70~74세 7.3%, 75~79세 21.0%, 80~84세 26.2%, 85세 이상 38.4%로 나타났다. 이 자료는 연령이 증가할수록 치매발병률이 증가하고 있다는 사실을 보여주고 있다.

〈표 4-1〉 **치매환자수 및 유병률(2015년)** (단위 : 명, %)

65세이상 인구	65세이상 추정 치매		성별 환자수	
	환자수	유병률	남 성	여 성
6,624,120	648,223	9.8	185,966(28.7)	462,257(71.3)
연령별 치매환자수				
65~69세	70~74세	75~79세	80~84세	85세이상
46,335(7.1)	47,149(7.3)	135,939(21.0)	169,617(26.2)	249,183(38.4)

출처 : 보건복지부 중앙치매센터(2016). 대한민국 치매현황 2016.

〈표 4-2〉에 2015년 치매유형별 현황과 경도인지장애환자의 현황에 대한 자료가 제시되어 있다. 2015년 기준 알츠하이머형 치매, 혈관성 치매, 기타 유형의 치매는 각각 71.5%, 16.8%, 11.8%로 알츠하이머형 치매가 매우 높게 나타났다. 그 다음은 혈관성 치매와 기타 치매의 순서로 나타났다. 그리고 65세 이상 인구에서 차지하는 비율인 유병률도 이와 유사하게 알츠하이머형 치매, 혈관성 치매, 기타 치매의 순서인 것을 알 수 있다.

경도인지장애환자에 관한 자료가 제시되어 있는데, 인지장애는 기억력, 주의력, 언어능력, 시공간능력과 판단력 등이 저하된 상태를 의미한다. 그 정도는 아주 경미한 경우에서 심한 경우까지 다양하며, 인지기능장애가 심해 일상생활이나 사회생활에 지장을 주는 경우를 치매라고 한다. 반면에 동일 연령대에 비해 인지기능, 특히 기억력이 떨어져 있으나 일상생활을 수행하는 능력은 보존되어 있어 아직은 치매라고 할 정도로 심하지 않은 상태의 경우 경도인지장애로 판정된다.

경도인지장애는 정상적인 노화와 치매의 중간단계라고 할 수 있다. 역학연구에 의하면 경미한 인지장애는 알츠하이머병으로 이행될 수 있는 고위험 상태이며 병원에서 검사를 통해 발견할 수 있는 가장 초기단계로 치료효과를 극대화시킬 수 있다. 2015년 경도인지장애환자는 180만 명을 넘어선 것으로 나타났는데, 이 수치는 65세 이상 노인수 대비 27.9%에 해당한다.

〈표 4-2〉 치매유형별 및 경도인지장애환자의 현황(2015년) (단위 : 명, %)

치매 합계	알츠하이머형		혈관성		기타 유형		65세이상 추정 경도인지장애	
	환자수	유병률	환자수	유병률	환자수	유병률	환자수	유병률
648,224	463,330	7.0	108,605	1.6	76,289	1.2	1,846,857	27.9
100.0	71.5		16.8		11.8			

출처 : 보건복지부 중앙치매센터(2016). 대한민국 치매현황 2016.

〈표 4-3〉에 2015년 중증도별 치매환자 현황이 제시되어 있다. 중증도별 분류는 치매임상평가척도(CDR : Clinical Dementia Rating)를 이용한 것이다. CDR이 0.5이면 최경도, 1은 경도, 2는 중등도, 3 이상은 중증치매로 분류하고 있다. 2015년 전체 치매환자 중 최경도, 경도, 중등도, 중증 치매의 비율은 각각 17.1%, 40.7%, 26.4%, 15.8%로 경도 치매환자가 가장 많은 비중을 차지하고 있는 것을 알 수 있다.

〈표 4-3〉 중증도별 치매환자 현황(2015년)

(단위 : 명, %)

합계	최경도		경 도		중등도		중 증	
	환자수	유병률	환자수	유병률	환자수	유병률	환자수	유병률
648,224	110,888	1.7	263,847	4.0	171,101	2.6	102,389	1.5
100.0	17.1		40.7		26.4		15.8	

출처 : 보건복지부 중앙치매센터(2016). 대한민국 치매현황 2016.

2. 치매부담 현황

1) 국가 치매관리 비용

다음의 〈표 4-4〉에 연간 총 국가 치매관리 비용에 대한 자료가 제시되어 있다. 2015년 치매환자 연간 총 관리비용은 13조 2천억 원으로 GDP의 약 0.9%이며, 2050년에는 그 비용이 106조 5천억 원으로 GDP의 약 3.8%까지 증가할 것으로 추계되고 있다. 치매환자 1인당 관리비용은 2015년 2천만 원가량으로 나타났으며, 연도별 지속적인 증가추이를 보이고 2050년에는 약 4천만 원에 이를 것으로 전망되고 있다.

〈표 4-4〉 치매환자 연간 치매관리 비용 추이(2015~2050년)

구 분	2015년	2020년	2030년	2040년	2050년
치매환자 총관리비용(조원)	13.2	18.8	34.3	63.9	106.5
치매환자 1인당 관리비용(만원)	2,033	2,234	2,697	3,255	3,929
GDP 대비 총관리비 비율(%)	0.9	1.3	1.8	2.7	3.8

주1) 국내총생산(GDP)은 한국은행의 국민계정 자료(2014년) 및 국회예산정책처의 치매관리사업의 현황과 개선과제(2014) 보고서에 제시된 금액 기준
출처 : 보건복지부 중앙치매센터(2016). 대한민국 치매현황 2016.

〈표 4-5〉에 총 국가 치매관리비 중 연간 총 치매진료비에 대한 자료가 제시되어 있다. 연간 총 진료인원은 2010년 38만여 명에서 2014년 66만 명 이상으로 1.5배 이상 증가했다. 그리고 연간 총 치매진료비는 2010년 7,854억 원에서 2014년 1조 6,148억 원으로 2.1배 증가한 것을 알 수 있다. 이후로도 연간 총 치매진료비는 치매환자의 증가에 따라서 지속적으로 늘어날 전망이다.

〈표 4-5〉 연간 총 치매진료비(2010~2014년)

구 분	2010년	2011년	2012년	2013년	2014년
총진료인원(명)	379,008	450,165	527,204	600,825	667,877
총진료비(억원)	7,854	9,682	11,584	13,823	16,148

주1) 전 연령(65세 이상과 64세 이하 모두 포함) 치매환자의 의료이용 현황임
주2) 진료인원은 연간 외래, 입원, 약국 모두 이용 가능하여 중복인원이 포함되므로, 진료형태별 치매환자의 합이 전체의 합과 다를 수 있음
주3) 이 자료는 치매환자 의료 · 장기요양 이용 분석 및 주요국 정책 비교(국민건강보험공단 · 국민건강보험정책연구원, 2015)에서 정리함
출처 : 보건복지부 중앙치매센터(2016). 대한민국 치매현황 2016.

〈표 4-6〉에 국가 치매관리비용 중에서 치매 노인장기요양보험 급여비용에 관한 자료가 제시되어 있다. 2010년 총 노인장기요양보험 급여비용은 2조 7,686억 원에서 2014년 4조 296억 원으로 1.5배 증가한 것을 확인

할 수 있다. 그리고 연간 총 치매 노인장기요양보험 급여비용은 2010년 1조 4,898억 원에서 2014년 2조 4,133억 원으로 1.6배 증가했다. 2014년 전체 노인장기요양보험 급여비용 중 치매환자가 차지하는 비중은 59.9%이다.

〈표 4-6〉 연간 치매 노인장기요양보험 급여비용 (단위 : 억원, %)

구 분	2010년	2011년	2012년	2013년	2014년
요양보험 총급여비용(A)	27,686	29,724	31,467	35,663	40,296
치매 요양보험 총급여비용(B)	14,898	16,864	18,638	21,475	24,133
치매 요양보험의 비율(B/A)	53.8	56.7	59.2	60.2	59.9

출처 : 보건복지부 중앙치매센터(2016). 대한민국 치매현황 2016.

2) 개인 치매관리 비용

〈표 4-7〉에서 치매환자 1인당 연간 진료비에 관한 자료를 확인할 수 있다. 의료기관을 이용한 치매환자는 2010년 26만 6,396명에서 2014년 44만 2,855명으로 1.7배 증가했다. 치매환자 총 진료비는 2010년 7,854억 원에서 2014년 1조 6,141억 원으로 2.1배 증가했다. 치매환자 1인당 연간 진료비는 2010년 294만 9천 원에서 2014년 364만 5천 원으로 1.2배 증가했다.

〈표 4-7〉 치매환자 1인당 연간 진료비

구 분	2010년	2011년	2012년	2013년	2014년
치매환자 총진료인원(명)	266,396	317,792	360,194	402,414	442,855
치매환자 총진료비(억원)	7,854.7	9,682.7	11,584.7	13,822.9	16,141.8
환자 1인당 진료비(만원)	294.9	304.7	321.6	343.5	364.5

주1) 진료인원 : 전 연령(65세 이상과 64세 이하 모두 포함) 치매환자의 건강보험과 의료급여 이용 인원 총계
주2) 진료비 : 건강보험과 의료급여 비용의 합이며 외래, 입원, 약국(약제비)을 포함
출처 : 보건복지부 중앙치매센터(2016). 대한민국 치매현황 2016.

〈표 4-8〉에 치매 중증도별 치매환자 1인당 연간 관리비용에 관한 자료가 제시되어 있다. 치매중증도는 치매임상평가척도를 이용하여 산출한 점수를 기준으로 최경도, 경도, 중등도, 중증으로 분류된다. 자료의 수치들을 보면 2010년과 2015년 동일하게 치매중증도가 높아질수록 1인당 연간 치매관리비용이 증가하는 것을 확인할 수 있다. 그리고 중증도별 치매환자의 2010년의 관리비용은 2015년에 모두 소폭 증가한 것을 알 수 있다.

〈표 4-8〉 **치매 중증도별 치매환자 1인당 연간 관리비용**

중증도	2010년 관리비용(만원)	2015년 관리비용(만원)
최경도(CDR=0.5)	1,351	1,484
경도(CDR=1)	1,584	1,740
중등도(CDR=2)	2,341	2,571
중증(CDR≥3)	2,902	3,187

출처 : 보건복지부 중앙치매센터(2016). 대한민국 치매현황 2016.

〈표 4-9〉에 치매환자 1인당 연간 노인장기요양보험 급여비용에 대한 자료가 제시되어 있다. 노인장기요양보험을 이용한 치매환자는 2010년 17만 3,191명에서 2014년 23만 5,844명으로 1.4배 증가했으며, 치매환자의 노인장기요양보험 총 급여비용은 2010년 1조 4,898억 원에서 2014년 2조 4,133억 원으로 1.6배 증가했다. 치매환자 1인당 연간 노인장기요양보험 급여비용은 2010년 860만 원에서 2014년 1,023만 원으로 1.2배 증가했다.

〈표 4-9〉 치매환자 1인당 연간 노인장기요양보험 급여비용

구 분	2010년	2011년	2012년	2013년	2014년
치매환자 총이용인원(명)	173,191	188,050	201,738	220,600	235,844
치매환자 총급여비용(억원)	14,898	16,864	18,638	21,475	24,133
환자 1인당 급여비용(만원)	860	897	924	973	1,023

주1) 전 연령(65세 이상과 64세 이하 모두 포함) 치매환자로 사망자 포함
주2) 이 자료는 치매환자 의료 · 장기요양 이용 분석 및 주요국 정책 비교(국민건강보험공단 · 국민건강보험정책연구원, 2015)의 내용을 정리함
출처 : 보건복지부 중앙치매센터(2016). 대한민국 치매현황 2016.

제6절 치매의 대책

노인복지론

정부는 최근 증가하고 있는 치매환자에 대한 치매관리종합계획을 세워서 치매관리대책을 실시하고 있다(보건복지부, 2015). 2008년에 '치매와의 전쟁'을 선포하고 제1차 치매종합관리대책(2008~2014)을 발표했다. 이 계획에 따라서 치매의 조기발견과 꾸준한 관리를 통한 중증화 진행의 지연을 위하여 치매검진사업과 치매진료 약제비지원사업 등을 시작했다. 그리고 지역사회 치매관리사업의 효과적인 수행을 위하여 전국 보건소에 치매상담센터를 설치했다.

2012년에는 치매관리법을 제정하고 제2차 치매관리종합계획(2012~2015)을 수립했다. 치매관리법 제정을 통해 치매 관련 정책수립 및 사업수행의 국가적 당위성을 마련했다. 중앙광역치매센터와 치매상담콜센터를 설치하고 공립요양병원 치매기능보강지원 등 치매관리사업의 전달체계와 인프라를 확충했다. 또한 '치매극복의 날(9월 21일)'을 지정하였고 치매극복 걷기대회 등을 개최하여 치매에 대한 부정적 인식과 막연한 두려움을 개선하는 운동을 실시했다.

2014년에는 '치매환자 가족의 간병부담 경감을 위한 치매관리대책'을 발표했다. 치매환자 간병에 지친 가족이 단기간의 휴식을 취할 수 있도록 주야간보호시설을 이용한 '치매가족휴가제'를 도입하였다. 경증 치매환자도 인지활동형 프로그램, 방문간호 등의 서비스를 이용할 수 있도록 노인장기요양 5등급을 추가했다.

2014년 '생활 속 치매대응전략-치매예방 돌봄체계 강화를 중심으로'라는 대책을 제시했다. 이 대책은 생활 속에서 건강한 습관의 실천을 통해 치매발병 위험요인을 사전 관리할 수 있도록 치매예방수칙의 일부와 '치매예방운동법'을 보급하고 확산시켰다. 그리고 요양병원과 요양시설 등의 소방 등 시설기준 강화 등을 통해 치매환자의 안전한 돌봄체계를 구축했다.

최근 정부에서 제시한 '제3차 치매종합관리대책(2016~2020)'을 중심으로 치매종합관리대책의 내용을 살펴보기로 한다.

1. 제3차 치매종합관리대책의 비전과 목표

비전	치매환자와 가족이 지역사회에서 편안하고 안전하게 살아갈 수 있는 사회 구현

↓

핵심 목표	• 지역사회 중심의 치매 중증도별 치매치료 · 돌봄 • 치매환자의 권리 · 안전보호와 가족 부담경감 중심의 지원체계 마련

↓

추진영역	지역사회 중심 치매 예방 및 관리 (전 국민 → 고령자 → 고위험군)	• 전 구간 대상 치매예방 실천지원 (치매발병위험 사전관리, 치매예방실천지수 개발 · 확산, 인지훈련 콘텐츠 개발 · 확산) • 치매에 대한 부정적 인식 개선 및 치매친화적 환경 조성(치매파트너즈, 치매안심마을, 치매극복의 날 활용)	3개 영역 11개 과제

		• 치매상담센터 중심의 치매발생 3대 고위험군(경도 인지저하자, 치매진료중단자, 75세 이상 독거노인) 관리 및 치매 조기발견 지원	
	편안하고 안전한 치매환자 진단 · 치료 · 돌봄 (경증 → 중등도 → 중증 → 생애말기)	• (치매치료) 치매 정밀검진항목 급여화, 치매가족 상담수가 신설, 치매전문병동 시범운영 • (경증치매 돌봄) 장기요양 5등급 개선, 치매노인 가정생활 안전지침 개발 · 확산, 치매노인 실종방지 지원 • (중증치매 재가 · 시설돌봄) 24시간 단기 방문요양시설 · 주야간보호센터 내 치매유니트 설치 · 운영 등 • (중증 · 생애말기 지원) 저소득 독거치매노인 공공후견제도 도입 검토	3개 영역 15개 과제
	치매환자 가족의 부양부담 경감	• 치매환자 가족 상담 · 교육 · 자조모임 등 지원 • 치매환자 가족 심리검사 및 상담지원, 여행 · 여가 기회 확대 • 치매환자 가족 세제지원 및 취업지원 관련 제도안내 · 홍보강화	3개 영역 8개 과제
	연구 · 통계 및 기술을 통한 지원	• 치매 연구 · 통계연보 발간 등 연구 · 통계 통합관리 역량강화 • 치매 관련 현황 및 연구결과 등 근거기반 치매관리 정책 수립 • 치매질환 관리 및 돌봄지원의 기술개발 및 상용화	1개 영역 4개 과제

| 그림 4-1 | 비전, 핵심목표, 추진영역

2. 주요 정책과제

1) 지역사회 중심의 치매예방 및 관리

(1) 생활 속 치매예방 실천 지원(대상 : 전 국민)

① 일상 속 습관의 실천을 통한 치매발생 위험요인의 사전관리

치매발생의 위험요인은 음주, 흡연, 운동부족, 뇌손상, 사회적 소통부족 등이다. 치매예방수칙 333 및 생애주기별(청년기, 장년기, 노년기) 실천수칙의 인지도 및 일상 속 실천율을 제고하기 위해 매체홍보를 확대한다.

일반운동을 하기 어려운 노인들을 대상으로 개발된 '치매예방운동법' 개선을 통해 건강한 노인까지 운동실천율을 향상시키도록 지원한다. 치매예방운동법 '활기차게 따라 하기' 버전을 개발한다. 기존 치매예방운동법에 신나는 음악과 다소 빠른 스텝을 추가하여 건강한 노인들의 흥미를 높인다. 치매예방운동법을 건강백세운동교실(경로당 중심)과 보건소, 노인복지관, 근린공원 등을 통해 전국으로 확산시킨다. 건강백세운동교실의 확대를 목표로 하여 2015년 3,748개소(239,088회)에서 2016년 3,990개소(255,744회), 2020년 4,300개소(281,376회)로 증설한다.

장기요양기관용 뇌건강 운동을 개발하고 확산하여 시설입소 노인들도 뇌건강 및 잔존기능을 유지하도록 지원한다. 치매위험을 높이는 비만, 고혈압, 당뇨병 등은 고혈압과 당뇨병 등록관리사업과 의원급 만성질환관리사업 등을 통해 자가 관리하도록 지원한다.

② 치매예방실천지수의 개발(2016년)

치매예방실천지수(dementia-free index)는 기본정보(성별, 연령, 교육수준, 생활습관병 여부 등)와 치매예방 실천여부(금연, 금주, 운동, 건강한 식사, 꾸준한 사회적 소통 및 인지훈련 프로그램 참여 등)를 종합적으로 고려하여 점수화한 것이다. 인터넷 어플리케이션 등을 통해 보급하여 평소 치매예방에 도움이 되는 생활습관 실천 및 자가 관리하도록 유도한다.

③ 건강한 노인을 대상으로 한 인지훈련 및 치매예방 콘텐츠의 확산

인지훈련 프로그램인 두근두근 뇌운동(중앙치매센터)의 신규 콘텐츠를 추가적으로 개발하고 보급한다. 2005년부터 매년 1권(6문항)씩 개발하여 2018년까지 총 4권의 교재를 개발한다. 인지훈련 프로그램의 지속적인 활용 및 노출증대를 위하여 일간지, 보건복지부 중앙치매센터, 치매정보 365 홈페이지, 보건소 소식지 등을 활용한다.

(2) 치매에 대한 부정적 인식 개선 및 치매친화적 환경 조성

① 전 국민 대상 치매교육 실시 및 인식 제고

초·중등 교육과정, 체험활동 및 봉사활동 시간 등을 활용하여 학생, 학부모, 교사를 대상으로 치매교육을 확산한다. 건강증진 및 질병예방, 고령화사회에서의 가족 및 노인문제, 고령화 문제 등 현대 한국사회의 당면과제, 고령화사회의 문제점과 노인공경 등 내용과 연계하여 치매교육을 실시한다. 전 학생과 교직원이 치매교육에 참여하고 치매파트너로 가입한 치매극복선도 중·고교를 확산한다. 대학 내에서도 이론과 실습이 포함된 구체적 커리큘럼을 확보한 치매 전문교육과정을 개설하여 운영을 확산한다. 치매 관련 교육과정을 운영 중인 치매극복선도대학을 확산한다. 그리고 직장교육 및 사내방송 등을 활용하여 치매에 대한 이해를 증진시킨다.

대중에게 치매전문교육 온라인 강의를 공개하여 치매교육 기회를 확대하고 전문정보에 대한 욕구를 충족시킨다. 이를 위해 중앙치매센터 홈페이지나 SNS 등을 통해 온라인 대중강좌를 제공하고 현행 온라인 강좌를 실시 중인 기관(서울대학교 온라인 공개강좌, 강남대학교 치매강좌, 각 사이버대학교, 한국보건복지인력개발원 등)과 연계한다. 온라인강좌 수강인원 목표는 2018년 1만명, 2019년 5만명, 2020년 10만 명으로 정한다.

② 치매파트너즈 50만 명 모집 확산을 통한 인식개선

치매파트너즈는 치매 관련 정보습득 및 인식개선을 통해 치매환자와 가족에 대한 지지활동과 자원봉사를 수행한다. 치매파트너즈 홈페이지를 기반으로 지역사회 파트너즈를 모집하고 교육 및 정보를 제공하며, 활동지원 등의 지속적인 관리를 실시한다. 치매파트너즈 모집인원 목표수치는 2015년 10만명, 2018년 30만명, 2020년 50만 명으로 정한다.

③ '치매안심마을' 운영계획 수립(2016년) 및 시범사업 도입

치매환자가 자주 접하는 지역사회 필수서비스 공급자들(경찰서나 은행 등의 관공서, 사회복지시설, 대중교통의 종사자, 종교인, 의료인 등)이 치매교육을 받고 파트너로 가입하여 치매환자의 사회활동을 지원한다. 치매안심마을로 지정된 기초지방자치단체에는 장관 및 시도지사의 표창과 현판구조물 설치 등의 혜택을 제공한다. 운영목표는 2017년 3개(시범사업), 2018년 17개(광역별 각 1개), 2020년 51개(광역별 각 3개)로 설정한다.

④ 지역사회 치매인식개선 활동의 지속적인 활용

기존 '치매극복의 날' 행사를 활용하여 지방자치단체별 학교, 병원, 노인복지관 등 민간자원과 연계하여 실시한다. 치매극복 걷기대회(5월), 치매관리 워크숍(11월) 등 중앙과 광역 지방자치단체의 공통 슬로건하에 다양한 치매 인식개선 활동을 지속한다.

⑤ 치매에 대한 부정적 인식을 유발하는 법령 및 사회적 용어 정비

부정확하거나 부적절한 치매 관련 용어를 사용하고 있는 법령 또는 규제나 사회적 표현들을 정비한다. 예를 들면, 산업안전보건법 시행규칙 제116조(질병자의 근로금지) 제1항 제2호 및 국립문화재연구소 연구실 안전관리규정 제24조(연구활동 금지자)의 "마비성 치매" 등이다.

아울러 단순히 치매진단만으로 치매환자의 운전과 근로 등을 금지하는 것이 아니라 치매중증도 또는 신체 및 인지기능에 따라 기회를 제한하는

합리적 기준을 마련한다. 이를 위해 고령운전자에게 적합한 2016년 인지기능검사도구를 개발하여 2017년 표준화한다.

(3) 3대 치매 고위험군 관리 및 지속적 치매 조기발견 지원(대상 : 고령자와 치매 고위험군)

① 치매상담센터 중심의 치매발생 3대 고위험군 관리

경도인지저하자들(2014년 진료인원 105,598명)에게 치매예방수칙, 운동법, 인지훈련 프로그램, 치매상담소식지 등을 주기적으로 송부하고 치매상담센터를 통해 지속적으로 관리한다. 보건소 치매상담센터를 통해 인지기능저하자(2014년 18만명)들을 찾아가서 치매선별검진을 실시하고 지속적으로 관리하고 있다. 치매진료중단자(69,848명)는 우편발송, 의료급여 사례관리사 등을 통해 치매상담센터로 연계하고 치매를 꾸준히 치료하고 관리하도록 지원한다. 치매진료중단자는 건강보험 수급자 56,717명이고 의료급여 수급자 13,131명이다.

75세 이상 독거노인에 대해서는 찾아가는 치매검진(치매상담센터)과 노인돌봄서비스(독거노인지원센터) 등을 통해 사회적으로 소통하도록 지원한다. 보건소 치매상담센터를 통해 75세 이상 독거노인과 당해 75세가 되는 노인(2014년 34만 6천명)에 대해 찾아가는 치매선별검진을 실시하고 방문간호와 연계하여 지속으로 관리하고 있다. 독거노인 22만 명을 대상으로 생활관리사 8천 명을 주 1회 이상 파견하여 안부와 안전을 확인하고 있다.

② 지속적인 치매 조기발견의 지원

국가건강검진의 인지기능저하 검사도구 및 검진대상을 개편하고(2016년) 검사결과에 따른 인지저하자를 보건소 치매검진으로 연계한다. 기존의 검사도구는 보호자가 작성하는 것으로 본인 적용 시에 타당도가 낮다. 본인을 대상으로 수행하고 정확성이 검증된 단축형 검사도구를 개편하는 안을 '검진도구 표준화 위원회'에서 확정하였고(2014년) 국가건강검진위원회에서 추가적으로 논의한 이후에 확정하여 시행한다. 기존에는 66, 70, 74세의 노인들을 대상으로 실시하였는데, 70세부터 2년 주기로 검사를 희망하는 노인을 대상으로 한다.

보건소에서 만 60세 이상 노인을 대상으로 치매선별검사를 하여 고위험군은 병원에서 정확한 진단을 받을 수 있도록 정밀검진비용을 지원한다. 대상은 전국가구평균소득 100% 이하이고 2014년에 75,648명을 실시한다. 비용은 병원 이용 시 8만 원이고 상급종합병원은 13만 원 이내로 한다.

③ 지역사회 치매관리사업의 허브(hub)로서 시 · 군 · 구 치매상담센터의 역량강화

치매상담센터의 업무역량 제고를 위하여 관내 노인 및 치매환자의 수와 직무 등에 비례하여 전담인력을 단계적으로 확대한다(2020년까지).

지역사회보장협의체를 통해 의료, 복지, 장기요양 등 지역사회 치매 관련 서비스를 조율하고 연계한다. 치매 고위험군, 인지저하자, 경증 치매환자는 치매상담센터를 중심으로 관리하고 중증화 진행에 따라 노인장기요양서비스로 연계한다.

〈표 4-10〉 **시 · 도별 관내 보건소당 평균 치매상담전문요원수(2015년)** (단위 : 명)

서울	인천	울산	대구	대전	경기	충남	전북	경북	부산	강원	경남	광주	충북	전남	제주	세종	평균
11	6.4	3.2	3.1	2.2	1.8	1.8	1.6	1.4	1.4	1.2	1.2	1.0	0.7	0.4	0.2	0.0	2.56

2) 편안하고 안전한 치매환자 치료 · 돌봄서비스 제공

(1) 지역사회 중심의 치매치료 관리체계의 확립 및 전문성 제고(대상 : 경증 · 중등도 치매)

① 치매 검사항목 급여화를 통한 치매검진 접근성 제고
치매 정밀검진의 일부 비급여항목(신경인지검사)을 2016년부터 급여로 전환한다.

② 신경과, 정신건강의학과 등 전문의의 치매가족 상담수가를 신설하여(2017년) 지역사회 치매환자의 꾸준한 치매치료를 관리하고 지원한다. 치매는 타 질환과 달리 진료 시 가족의 동행이 필요하며, 가족에게 치매 대응요령, 복약지도, 돌봄기술 등을 장시간 설명해야 한다. 신경과와 정신건강의학과는 수련과정에서 치매 관련 내용(신경인지기능장애, 뇌혈관질환, 신경심리평가, 작업치료 등)을 전문적으로 습득하도록 한다. 치매확진 후 보건소에 치매환자로 등록 시 치매진료약제비를 지원한다. 대상은 전국 가구평균소득 100% 이하이고 2014년 10.2만 명에 대해 지원한다. 월 3만 원 이내의 진료약제비를 실비로 지급한다.

③ 공립요양병원(2015년 전국 78개소)을 중심으로 치매환자의 행동심리증상을 효과적으로 관리하면서 신체적 합병증도 효과적으로 치료하는 치매전문병동의 운영모델을 개발하고(2016년) 시범사업을 계획하여 운영한다(2017년). 운영모델의 핵심내용은 시설 · 인력기준, 행동심리증상의 치료, 인지활동프로그램 운영 등에 대한 보상체계의 마련이다. 치매전문병동 운영수가를 시행하고 모니터링 체계를 구축한다(2018년).

④ 치매진료지침 표준화 및 체계적 치매 유형별 진료 가이드라인 제공을 통한 치매진료의 정확성 및 전문성 제고 : 국내외 유관 연구에 대한 메타분석 및 체계적 고찰, 국내외 치매 진료지침에 대한 분석을 기반으로 한 지침을 개발하여 유관 학회의 검증을 받는다.

⑤ 근거중심의 치매 관련 비약물 치료법 개발 및 실용화 지원

치매 중증도 및 단계별 증상에 따른 비약물 치료법을 개발하고 비약물 치료 수행인력에 대한 교육과정을 개발한다(2016년).

(2) 치매 관련 종사자의 치료 · 돌봄 전문성 제고

① 치매 관련 종사자 전문교육과정 운영의 내실화

의사, 간호사, 작업치료사, 사회복지사, 요양보호사 등의 관련 종사자의 직무에 적합한 교육과정을 개발하여 제공한다. 치매전문교육 이력관리 시스템을 내실화하여(2015년) 교육이력관리 및 역량제고를 지원한다. 치매종사자 전문교육(2015년)은 유관 단체와 기관 등을 통해 의사(150명), 간호사(350명), 보건소 치매상담전문요원(150명), 치매 5등급 프로그램관리자(4,855명), 요양보호사(11,250명) 등에 대해 교육을 실시하였다.

(3) 치매환자 재가 및 시설 돌봄 지원(대상 : 경증 · 중등도 · 중증 치매)

① 장기요양 5등급 제도개선을 통한 대상자의 선정절차 합리화, 서비스 질 만족도 제고 등 추진

대상자 선정 시에 치매진료 및 투약기록을 활용하여 객관성 강화, 인지활동형 프로그램의 효과성 평가, 가사서비스 지원방안 검토 등 제도개선을 추진한다.

② 요양시설 · 주야간보호센터 내 치매유니트 설치 · 운영(2016년 하반기)

치매환자와 비치매환자를 분리하고 전문인력을 배치하여 치매노인의 신체 · 인지기능을 개선하기 위한 맞춤형 프로그램을 제공한다. 전문인력은 요양시설의 경우 입소자 2명당 요양보호사 1명을, 주야간보호는 이용자 4명당 요양보호사 1명을 배치한다.

③ 치매환자 맞춤형 요양서비스 제공 매뉴얼 개발 보급

2017년 관련 교재를 개발하여 교육을 통해 2018년부터 시설 및 종사자의 치매에 특화된 서비스의 제공역량을 강화한다.

④ 치매환자 맞춤형 재가서비스의 다양화

가족이 단기간 부재 시에 치매환자가 평소에 생활하는 가정환경에서 보호받을 수 있도록 2016년 상반기에 1~2등급 중증수급자에 대해 연간 6일 이내 24시간 방문요양 제공방안을 설계하고 2017년 시범사업을 실시한다. 이용대상은 재가서비스를 이용하는 (치매)환자 1등급 1만 3천 명과 2등급 2만 5천 명이다. 효율적인 치매관리를 위하여 장기요양서비스의 요양·간호 통합형 재가서비스를 확대하여 치매환자에 대한 복약관리 및 가족교육 서비스를 제공한다.

⑤ 치매노인 낙상방지 및 주거환경 지침개발 등을 통해 주거생활의 안정성과 편리성 지원(2017년부터)

주택 내 장애물 제거, 욕실이나 벽에 손잡이 설치, 전열기구 이용 편의 및 안전강화 등을 지원한다.

⑥ 치매노인 실종예방을 위한 배회인식표와 배회감지기 등 홍보확대, 경찰청, 국민건강보험공단 등 유관 기관 및 지역 파출소와 노인복지관 등 협조체계 강화

실종예방 배회인식표 발급목표 : 2015년 10천건 → 2017년 15천건 → 2019년 20천 건으로 한다.

(4) 중증 생애말기 치매환자의 권리보호 및 학대방지 등 지원체계 마련(대상 : 중증 · 생애말기의 치매환자)

① 저소득 독거치매환자 대상 공공후견제도 도입 검토(2016년)

자력 또는 가족을 통한 후견제도의 이용이 어려운 저소득 독거 치매 환자를 위하여 치매관리법상 후견제도 활용지원 근거를 마련한다. 후견 심판청구절차 지원, 후견활동 지원 및 모니터링 등 사업실시를 검토한다. 중앙 광역치매센터 및 치매상담콜센터(1899-9988), 노인보호전문기관 등을 통하여 후견제도에 대한 교육 및 홍보를 확대한다.

② 장기요양시설 등 기관에서 치매환자 보호의 어려움을 이유로 부적절한 조치(결박, 감금, 폭행 등)를 하는 사례의 방지

2015년부터 시설종사자에 대한 인권교육, 인권 매뉴얼 작성 및 배포, 노인시설 인권지킴이 배치 등을 강화하고 시설 내 학대여부를 판정하는 '학대사례조사판정위원회'를 구성하여 감독 및 조사권을 부여한다.

학대사례조사판정위원회는 경찰, 국민건강보험공단, 법조인, 관계 공무원 및 전문가, 광역치매센터, 지역노인보호기관 등 시설 외부인만으로 구성한다.

③ 중장기적 관점에서 치매환자의 생애말기 포괄적 지원체계의 구축에 대한 사회적 저변을 확대하고 연구를 통한 근거 마련

2018년 자신의 욕구를 효과적으로 표현할 수 없는 생애말기 치매환자에 대한 후기의료 및 돌봄 관련 교육과정을 개발하여 2019년부터 확산시킨다. 치매를 포함한 비암성 말기환자가족 지원을 위한 5개년 종합계획 수립 TF를 구성하고 추진한다.

3) 치매환자 가족에 대한 지원 확대

(1) 치매환자 가족을 위한 상담 · 교육 · 자조모임 등 지원

① 온 · 오프라인 치매환자 가족 치매교육 실시

가족의 부양부담 완화 및 환자 대처기술 향상에 효과가 검증된 프로그램을 바탕으로 치매환자의 교육커리큘럼을 개발한다(중앙치매센터). 교재 및 교과 활용에 대한 강사를 양성(광역치매센터, 2016년)하며, 미국의 REACH II, Savvy Caregiver Program, ESP 등을 활용하여 주돌봄자의 특성(배우자, 자녀 등)과 치매특성(종류 및 중증도)에 따른 맞춤형 교재를 개발한다. 중앙치매센터 홈페이지에 온 · 오프라인 교육과정 공유시스템을 구축하고 교육일정을 홍보한다. 교육 신청접수 및 만족도조사 등을 실시한다(2016년부터).

정신건강증진센터(7개소) 및 국민건강보험공단 장기요양센터(5개소)를 통해 가족상담지원서비스 시범사업을 실시하고(2015년), 평가 및 모델을 개발한다(2016년부터). 장기요양이용자(치매환자 50%) 가족의 간병역량 강화 및 스트레스 완화를 위하여 지지프로그램을 개발한다. 치매 관련 기관과 단체를 통해 치매환자 가족에게 교육 및 상담을 제공한다. 2007~2011년 치매가족협회, 2013~2015년 대한치매협회 등을 통해 치매환자 가족교육을 실시 중이다.

② 온 · 오프라인 치매환자가족 자조모임 활성화

치매교육을 이수한 가족에 대하여 중앙(광역)치매센터 홈페이지, 동행 어플리케이션, 치매상담콜센터(1899-9988)를 이용하여 웹, 앱, 전화 통합자조모임 운영을 지원한다. 동행 어플리케이션(2013년 개발)은 치매환자 돌봄방법 등 가족이 필요한 정보제공을 위한 앱프로그램이다.

치매환자 가족 자조모임(1개)당 광역별 치매파트너즈(5명)를 연계하여 치매상담콜센터가 전담한다. 상담원(1인) 결연서비스를 제공하여 자조모임이

꾸준히 운영될 수 있도록 관리한다. 오프라인 자조모임결연 목표는 2016년 32개(광역 평균 2개) → 2018년 160개(10개) → 2020년 320개(20개)로 설정한다.

③ **치매상담콜센터(1899-9988)를 통한 24시간 치매환자 가족상담 및 지원역량 강화**

치매 관련 기관에 걸려오는 근무시간 외의 전화(야간, 공휴일)를 치매상담콜센터로 착신 전환하여 24시간 상담을 제공하는 '하나로' 서비스를 시범적으로 운영하고(2015년~) 본 사업을 확대한다(2016년~). 하나로 서비스는 광역치매센터 7개소, 치매상담센터 27개소에서 이용 중이다(2015년 12월). 광역치매센터와 치매상담센터의 하나로 서비스 이용률 목표는 2015년 10% → 2018년 30% → 2020년 50%이다.

치매환자 가족 자조모임별 담당 상담사를 지정하고 일정 기간마다 아웃바운드 전화로 관리한다(2016년~). 치매 돌봄부담이 커진 위기단계의 가족에게 정기적으로 아웃바운드 전화를 하여 사례관리를 진행하고 위기대처를 돕고 돌봄부담을 경감한다(2016년~). 콜센터 상담목표는 2015년 30천건 → 2018년 86천건 → 2020년 120천 건이다. 치매환자 가족, 관련 종사자의 의견을 수집·정리하고 치매 관련 사업조사 및 모니터링에 참여하여 정책 만족도를 조사한다(2016년~).

(2) 치매환자 가족의 간병부담 경감을 위한 사회적 지원 확대

① **치매환자 가족 온라인 자가 심리검사 및 상담지원**

중앙치매센터 홈페이지를 통해 치매환자 가족의 온라인 자가심리검사 체계를 구축한다(2017년). 온라인 심리검사(우울감 등) 누적시행 목표는 2018

년 12,000건 → 2020년 24,000건이다. 지역정신건강증진센터 연계를 통해 치매환자 가족 사례관리 및 상담을 지원한다(2017년~).

② 치매환자 가족 여행 및 여가생활 지원

지역자율형 사회서비스 투자사업의 일환으로 치매환자와 가족에 대한 여행바우처 지원사업 모델을 개발(2016년)하고 확산시킨다(2017년). 주야간 보호센터를 병설 운영하고 있는 사회복지관과 노인복지관을 치매환자를 위한 주간보호서비스와 함께 가족을 위한 문화여가서비스를 동시에 제공하는 복합서비스 공간으로 활용한다(2017년~).

사회복지관의 경우에는 가족기능사업의 한 종류로 치매환자 가족을 위한 서비스를 제공할 수 있다. 노인복지관의 경우에는 60세 이하 치매가족의 회원가입 및 서비스이용 특례조항을 신설하고(2016년~), 치매가족을 위한 서비스를 가족지원 사업종류로 명시한다(2017년~).

(3) 치매환자 가족의 간병부담 경감을 위한 경제적 지원 확대

① 연말정산 인적 소득공제의 '장기치료를 요하는 자(장애인)' 항목에 치매환자도 포함된다는 것을 홍보한다. 인적 소득공제액(장기치료를 요하는 자)은 200만 원이다.

② 치매환자 가족의 취업지원을 위하여 시간선택제 근무 적용 사업장 및 고용노동부, 보건복지부 등의 취업 및 일자리 지원사업을 연계하고 홍보한다. 고용노동부 청년취업지원(청년취업아카데미, 청년인턴제 등), 중견인력 재취업 및 전직지원(장년취업인턴제), 고령자 취업지원(고령자인재은행, 인생이모작지원센터), 여성가족부 취업지원(여성 새로일하기센터, 여성 시간선택제일자리사업), 한국산업인력공단의 중장년 취업아카데미, 보건복지부 노인일자리지원(사회활동사업, 지역자활센터, 시니어클럽) 등이 그 예이다.

4) 연구 · 통계 및 기술을 통한 인프라 확충

(1) 치매 관련 연구 · 통계 관리역량 강화

① 치매연구사업의 국내외 추세 및 수요예측, 계획작성 등에 관한 통합 관리 역량강화, 격년으로 치매연구 통계연보 발간(2017년~) 등의 사업을 실시한다.

② 여러 기관에서 분절적으로 관리 중인 데이터를 통합하여 통합 치매 정보분석 보고서를 작성하여 발간한다(2016년~). 이 보고서의 분석자료를 치매연구에 활용한다.

③ 질병관리본부 임상연구정보서비스(cris.nih.go.kr)를 통한 민관 치매임상연구 통합관리를 강화한다(2016년~).

(2) 치매진단 치료 등을 위한 영상, 바이오마커, 치료제 개발 등을 위한 임상연구 지속 추진(2016년~)

① 한국형 치매 예방 등을 위한 노인 치매 코호트 구축(2016~2017년) : 12억원
- 지역사회 중심의 노인 코호트 구축, 실태조사, 위험인자 파악 및 고위험군 발견
- 중개연구를 위한 피험자 확보, 한국형 치매예방 관리지침과 모형 개발 연구 등 포함

② 치매예방 및 조기진단을 위한 바이오마커, 체외분자 진단제 개발 (2016~2018년) : 60억원
- 알츠하이머 치매의 예후와 경과 예측에 유효한 뇌영상(MRI, PET) 정보 및 생물학적 표지자(혈액, 뇌척수액) 자료수집과 분석기술 표준화 연구

- 뇌구조적, 기능적 영상진단법 개발 및 영상진단 기술을 이용한 imaging surrogate marker 개발

③ 한국형 치매환자의 특징에 부합한 맞춤형 치료제 개발(2016~2020년) : 46.8억원

- 타깃 중심의 단순한 신약개발연구가 아닌 한국인 유전학적 · 임상학적 특징을 고려한 맞춤형 치료제 개발을 위한 중개연구
- 치매, 인지장애 등 사회문제 해결을 위해 치매 치료제 개발연구 등

④ 뇌과학원천기술 개발(2014~2018년) : 약 300억원

- 뇌영상혈액기반 치매발병예측기술 개발, 한국인 표준 치매뇌지도(60, 70, 80대) 구축 등

(3) 근거 기반 치매관리정책 수립을 위한 치매 관련 연구 확대

① 치매역학조사(5년) 및 치매 관련 시설 및 돌봄지원 현황분석(3년) 등을 주기적으로 실시한다.

② 치매 인식도 조사(3년), 치매환자 가족의 사회경제적 부담연구 등 치매 관련 실태분석을 통한 근거중심정책을 수립한다.

(4) 편리한 기술 개발을 통한 치매환자 · 가족 지원

- 100세 사회 대응 고령친화제품 연구개발, 사물인터넷(IoT) 기반 치매지원 기술개발 등 치매환자 돌봄을 지원하는 기술의 개발추진 및 평가강화
  : 복지부 100세 사회 대응 고령친화제품 연구개발사업 내 고령화 대응 기술개발, active aging을 위한 고령자 자립생활지원 등을 활용한다(15억원, 2015년~).

Chapter 05 노인학대

제 1 절 노인학대의 개념과 유형

노인복지론

노인학대는 노인에 대하여 신체적 · 정신적 · 정서적 · 성적 폭력 및 경제적 착취 또는 가혹행위를 하거나 유기와 방임을 하는 것을 말한다(노인복지법). 노인학대는 세부적으로 신체적 학대, 정서적 학대, 성적 학대, 경제적 학대, 방임, 자기방임, 유기 등으로 분류된다(중앙노인보호전문기관, 2016).

신체적 학대는 물리적인 힘 또는 도구를 이용하여 노인에게 신체적 혹은 정신적 손상, 고통, 장애 등을 유발시키는 행위를 의미한다. 정서적 학대는 비난, 모욕, 위협 등의 언어 및 비언어적 행위를 통하여 노인에게 정서적으로 고통을 유발시키는 행위이다. 성적 학대는 성적 수치심을 유발하는 행위 및 성폭력(성희롱, 성추행, 강간) 등 노인의 의사에 반하여 강제적으로 행하는 모든 성적 행위이다. 경제적 학대는 노인의 의사에 반하여 노인으로부터 재산 또는 권리를 빼앗는 행위로서 경제적 착취, 노인 재산에 관한 법적 권리의 침해, 경제적 권리와 관련된 의사결정에서의 통제 등을 하는 행위를 의미한다.

방임은 부양의무자로서의 책임이나 의무를 거부, 불이행 혹은 포기하여 노인의 의식주 및 의료를 적절하게 제공하지 않는 행위(생활비, 병원비 및 치료, 의식주를 제공하지 않는 행위)를 말한다. 자기방임은 노인 스스로가 의식주 제공 및 의료처치 등 최소한의 자기보호 관련 행위를 의도적으로 포기 또는 비의도적으로 관리하지 않아 심신이 위험한 상황이나 사망에 이르게 하는 행위이다. 유기는 보호자 또는 부양의무자가 노인을 버리는 행위를 의미한다.

노인학대는 발생공간에 따라서 가정학대, 시설학대, 기타 학대로 분류되기도 한다(중앙노인보호전문기관, noinboho.or.kr). 가정학대는 노인과 동일가구에서 생활하고 있는 노인의 가족구성원인 배우자, 성인자녀뿐만 아니라 노인과 동일가구에서 생활하지 않는 부양의무자 등 기타 친족에 의한 학대를 말한다. 시설학대는 노인에게 비용(무료 포함)을 받고 요양서비스를 제공하는 요양원 및 양로원 등의 생활시설, 재가복지시설, 관련 시설 등에서 발생하는 학대로서 시설 관련 종사자 등에 의해서 발생하는 학대를 의미한다. 학대발생장소가 노인복지생활시설이라도 학대행위자가 가족구성원인 경우에는 가정학대로 분류된다. 기타 학대는 가정 및 시설 외의 공간 및 기타 학대행위자에 의해 발생하는 학대이다.

제2절 노인학대의 대표적 행위들

노인학대의 세부적인 행위들을 노인학대의 유형인 신체적 학대, 정서적 학대, 성적 학대, 경제적 학대, 방임, 유기 등으로 구분하여 제시하고자 한다(noinboho.or.kr).

1. 신체적 학대에 해당하는 행위

1) 노인을 폭행하는 행위

- 노인을 밀치거나 넘어뜨린다.
- 노인을 발로 찬다.
- 노인을 주먹으로 폭행한다.
- 노인의 몸을 벽에 박거나 바닥에 내리치는 행위 등을 가한다.
- 노인의 머리나 목 또는 몸을 강하게 잡거나 흔든다.
- 노인의 목을 조른다.
- 노인을 손 또는 몸으로 강하게 억압하며 짓누른다.
- 노인의 몸을 발로 밟는다.
- 노인을 질질 끌고 다닌다.
- 노인의 머리채를 잡아당기거나 움켜잡아 뽑는다.
- 노인을 할퀴거나 꼬집는다.
- 노인을 입으로 물어뜯는다.
- 몽둥이, 빗자루 등의 도구로 노인을 폭행한다.
- 물건을 던져 노인에게 상해를 입힌다.
- 칼이나 흉기를 사용하여 노인에게 상해를 입힌다.
- 담뱃불 또는 도구를 이용하여 노인에게 화상을 입힌다.

2) 노인을 제한된 공간에 강제로 가두거나 노인의 거주지 출입을 통제하는 행위

- 노인을 집 안의 제한된 공간에서 나가지 못하게 통제한다.
- 노인을 집 밖으로 나가지 못하게 통제한다.

- 노인을 제한된 공간에 장치(자물쇠 등)를 설치하여 출입을 통제한다.
- 노인을 집 밖으로 끌어낸다.
- 노인을 집 밖으로 쫓아낸다.
- 노인을 집에 들어오지 못하게 한다.
- 노인의 거주지 주변 출입을 통제한다.

3) 노인의 신체를 강제로 억압하는 행위

- 노인을 침대 등에 묶어 움직이지 못하게 한다.
- 노인의 신체 일부 또는 모두를 사용하지 못하게 장치를 설치한다(예 끈으로 묶어두기, 수갑 채우기, 손·발목 묶기 등).

4) 신체적 해를 가져올 위험성이 큰 노인을 협박하거나 위협하는 행위

- 칼이나 가위 등 흉기를 사용하여 노인을 협박하거나 위협한다.
- 물건을 던지거나 기물파손을 하는 등의 행위로 노인을 협박하거나 위협한다.

5) 노인의 신체적 생존을 위협할 수 있는 행위

- 노인을 기본 생존유지에 필요한 장치(가스, 난방, 전기, 수도)로부터 단절시킨다.
- 노인을 기본 생존유지에 필요한 식사 또는 음료를 보관하는 물품(밥통, 냉장고)으로부터 단절시킨다.
- 노인을 기본 생존유지에 필요한 식사 또는 음료로부터 단절시킨다.
- 노인을 치료 및 생존유지에 필요한 약물(심장 관련, 당뇨, 혈압 등)로부터 단절시킨다.

6) 약물을 사용하여 노인의 신체를 통제하거나 저해하는 행위

- 노인에게 의료적으로 불필요한 약물이나 주사를 강제로 복용 · 투입하게 한다.

7) 노인이 원하지 않거나 수행하기 어려운 노동을 하게 하는 행위

- 노인이 원치 않는 의사를 보였음에도 불구하고 일(노동)을 하도록 강요한다.
- 노인을 강제로 수감하거나 위협하여 일(노동)을 강요한다.
- 노인이 일을 수행하기 어려운 정신 및 신체적 상황임에도 불구하고 일(노동)을 하도록 강요한다.
- 노인에게 정신 및 신체적 악화를 가져올 수 있는 일 또는 조건에서 일(노동)을 하도록 강요한다.

2. 정서적 학대에 해당하는 행위

1) 노인과의 접촉을 기피하는 행위

- 노인을 쳐다보지 않고 무시한다.
- 노인에게 말을 걸지 않거나 대화를 하지 않는다.
- 노인의 말과 행동을 지속적으로 무시하고 반응을 보이지 않는다.
- 노인의 일상생활(식사, 일상물품 사용 등)을 타 가구원과 별도로 하게 한다.

2) 노인의 사회관계 유지를 방해하는 행위

- 노인이 친구나 친지들과 만나거나 연락하는 것을 방해한다.

- 노인의 친구나 친지 등이 방문하는 것을 싫어한다.
- 비방이나 폭력적 행동 등으로 타인이 노인과의 관계를 유지하는 것을 싫어하게 만든다.
- 노인의 일상적인 사회활동이나 종교활동을 방해한다.
- 비방이나 유언비어로 노인의 경제활동을 저해한다.
- 노인의 이성교제를 방해한다.

3) 노인을 위협 · 협박하는 언어적 표현이나 감정을 상하게 하는 행동

- '죽이겠다'고 협박한다.
- '시설로 보낸다' 또는 '집에서 나가라' 등의 위협 · 협박을 한다.
- 노인의 요구를 무시한다.
- 노인에게 고함을 지르거나 욕을 한다.
- 노인에게 혐오스러운 말을 한다.
- 노인이 수치심을 느끼게 하는 모욕적인 말을 한다.
- 자존심을 상하게 하는 말을 한다.
- 노인에게 창피를 준다.
- 노인을 비웃거나 조소한다.
- 노인을 재앙을 가져오는 사람으로 취급한다.

4) 노인과 관련된 결정사항에 대해서 의사결정 과정에서 소외시키는 행위

- 노인의 거취 결정에서 노인을 배제시킨다.
- 노인의 소지품 처분을 결정할 때 노인의 의사를 반영하지 않는다.
- 노인을 집안 경조사에 참여시키지 않는다.

3. 성적 학대에 해당하는 행위

1) 노인에게 성폭력을 가하는 행위 등

- 노인이 원치 않음에도 불구하고 강제적으로 성관계를 갖는다.
- 노인이 원치 않음에도 불구하고 강제적으로 성관계를 강요 또는 시도한다.
- 노인이 원치 않음에도 불구하고 입맞춤, 애무 등을 요구한다.
- 노인이 원치 않음에도 불구하고 가슴이나 엉덩이 등 신체 일부를 만진다.
- 판단능력이 없거나 의사표현을 할 수 없는 노인을 성폭행한다.

2) 노인에게 성적 수치심을 주는 표현이나 행동

- 노인의 신체를 빗대어 혐오감을 주는 언행을 한다.
- 성적 언행 등으로 노인에게 굴욕감이나 혐오감을 느끼게 한다.
- 사람들이 보고 있음에도 불구하고 노인의 성적 부위를 드러내고 옷 또는 기저귀를 교체한다.
- 사람들이 보고 있음에도 불구하고 노인을 알몸으로 목욕시킨다.
- 원하지 않거나 판단능력이 부족한 노인임에도 불구하고 성적 신체부위를 몰래 촬영한다.
- 노인이 원치 않음에도 불구하고 학대행위자의 성기 및 자위행위를 보게 한다.
- 노인이 원치 않음에도 불구하고 포르노 잡지나 비디오를 보게 한다.
- 원하지 않거나 판단능력이 부족한 노인임에도 불구하고 노인의 성적 신체부위 전체 또는 일부를 노출시켜 놓는다.

4. 경제적 학대에 해당하는 행위

1) 노인의 소득 및 재산, 임금을 가로채거나 임의로 사용하는 행위

- 노인의 허락 없이 임금, 연금, 임대료, 재산 등을 가로챈다.
- 의사표현 능력이 없는 노인의 연금과 재산 등을 가로챈다.
- 노인의 허락 없이 저축과 주식 등을 임의로 사용한다.
- 공적부조(예 국민기초생활보장 수급자 생계비) 급여를 가로채거나 임의로 사용한다.
- 노인의 허락 없이 노인명의의 은행계좌로부터 현금을 인출하여 사용한다.
- 노인의 허락 없이 노인 소유의 귀중한 물건을 빼앗는다.
- 노인 소유의 귀중한 물건을 파괴하는 등 재산적 피해를 준다.
- 노인에게 빌린 돈을 갚지 않거나 귀중한 물건을 돌려주지 않는다.
- 노인의 노동에 대한 대가를 정당하게 지급하지 않는다.

2) 노인의 재산에 관한 법률적 권리를 침해하는 행위

- 노인 소유의 부동산을 노인의 동의 없이 임의로 사용하거나 강제로 명의를 변경한다.
- 노인의 허락 없이 수표 및 기타 금융·법적 서류에 서명을 날조한다.
- 노인의 허락 없이 노인의 신용을 이용하여 이익을 취한다(명의 도용).
- 노인의 허락 없이 노인명의로 은행 등에서 대출을 받는다.
- 노인의 허락 없이 노인명의의 은행계좌와 보험 등을 해약한다.
- 사기나 강압, 부당한 위력으로 유언장, 계약서, 위임장 등에 서명을 허위로 작성하거나 변조한다.
- 대리권을 노인이 원하지 않는 방법으로 악용한다.

- 노인부양을 전제로 재산상속을 약속 또는 증여하였으나 부양의무를 이행하지 않는다.

3) 노인의 재산 사용 또는 관리에 대한 결정을 통제하는 행위

- 노인이 희망하는 재산사용을 이유 없이 제한하거나 강요한다.
- 노인 자신의 돈을 일상생활에서 마음대로 사용하지 못하게 한다.
- 노인의 재산을 노인이 원하지 않는 방법으로 사용하도록 강요한다.
- 노인의 재산관리 관련 결정을 제한하거나 강요한다.
- 노인명의의 재산을 불법적으로 소유하려고 협박한다.
- 수표 및 기타 금융 · 법적 서류에 서명을 강요한다.

5. 방임에 해당하는 행위

1) 거동이 불편한 노인의 의식주 등 일상생활 관련 보호를 제공하지 않는 행위

- 스스로 식사하기 힘든 노인을 방치한다.
- 스스로 배변처리가 어려운 노인을 방치한다.
- 노인 스스로 청결유지(목욕, 빨래 등) 또는 환경관리(청소 등)가 불가능함에도 불구하고 이를 방치한다.
- 심각한 질환(치매 등)이 있는 노인을 홀로 거주하게 한다.
- 노인에게 안정된 주거공간을 제공하지 않고 떠돌게 한다.
- 노인이 부적절한 주거공간(컨테이너 등)에 거주하는 것을 방치한다.

2) 경제적 능력이 없는 노인의 생존을 위한 경제적인 보호를 제공하지 않는 행위

- 경제적 능력이 없는 노인의 기본적 생존을 위한 생활비를 지원하지 않거나 중단한다.
- 경제적 능력이 없는 노인의 생활 관련 업무(세금 및 각종 요금납부)를 방치한다.
- 경제적 능력이 없는 노인의 사회적 활동(용돈, 종교 활동비, 경조사비 등)을 위한 경제적 지원을 제공하지 않는다.

3) 의료 관련 욕구가 있는 노인에게 의료적 보호를 제공하지 않는 행위

- 노인에게 필요한 보장구(틀니, 보청기, 돋보기, 지팡이, 휠체어 등)를 제공하지 않는다.
- 노인에게 필요한 의료적 처치를 제공하지 않고 거부·방해하거나 소홀히 한다.
- 질병으로 인해 거동이 불편한 노인의 간병을 소홀히 한다(악취, 욕창, 염증 등 발생).

4) 자기방임

• 자신을 돌보지 않거나 돌봄을 거부하여 노인의 생명이 위협받는 행위

- 노인 자신이 의료처치 또는 약복용 등 의사의 지시에 따른 치료행위를 거부한다.
- 건강, 생활, 환경 등의 위험한 상황에서 노인이 도움을 요청하지 않거나 거부한다.

- 노인 스스로 생존을 위해 필수적인 의식주 관련 행위를 거부함으로써 생명이 위협받는다.
- 일상생활 수행을 위한 신체적 · 정신적 능력을 상실한 노인이 돌봄을 거부함으로써 생명이 위협받는다.
- 건강에 치명적임에도 불구하고 노인이 약물이나 알코올 남용을 지속한다.
- 노인이 자살을 시도한다.

6. 유기에 해당하는 행위

- 의존적인 노인을 유기하는 행위

- 노인과 연락을 두절하거나 왕래를 하지 않는다.
- 노인을 시설이나 병원에 입소시키고 연락과 왕래를 두절한다.
- 인지기능을 상실한 노인(치매, 약물중독, 알코올중독, 정신질환 등)을 고의적으로 가출 또는 배회하게 한다.
- 노인을 낯선 장소에 버린다.
- 배회하는 상태에서 발견된 노인에 대하여 부양의무자가 부양의무 이행을 거부한다.

제3절 노인학대의 판정지표와 징후

〈표 5-1〉에 제시된 노인학대의 유형별 판정지표와 징후에 관한 내용을 살펴보기로 하자(임병우 외, 2017). 노인학대의 유형은 신체적 학대, 정서적 학대, 성적 학대, 경제적 학대, 방임, 자기방임, 유기 등으로 분류된다.

〈표 5-1〉 노인학대의 유형과 판정지표 및 징후

신체적 학대	
유형	물리적인 힘 또는 도구를 이용하여 노인에게 신체적 혹은 정신적 손상, 고통, 장애 등을 유발시키는 행위
판정지표	• 노인을 폭행한다. • 노인을 제한된 공간에 강제로 가두거나 거주지 출입을 통제한다. • 노인의 신체를 강제로 억압한다. • 신체적 해를 가져올 위험성이 큰 행위로 노인을 협박하거나 위협한다. • 노인의 신체적 생존을 위협할 수 있는 행위를 한다. • 약물을 사용하여 노인의 신체를 통제하거나 생명을 저해한다. • 노인이 원하지 않거나 수행하기 어려운 노동을 하게 한다.
징후	• 설명할 수 없는 상처 • 설명과 일치하지 않는 상처 • 치료를 받지 못한 상처(잘린 상처, 찔린 상처, 생채기, 출혈, 골절 등) • 신체부상(얼굴, 목, 가슴, 복부, 골반, 팔, 다리 등) • 외관상 나타나지 않는(옷이나 신체의 일부분에 의해 가려진) 상처 • 머리카락이 뽑힌 흔적이나 머리부분의 출혈 흔적 • 화상(담뱃불이나 질산 혹은 로프나 체인의 마찰로 야기된 화상 등) • 영양부족 상태 또는 질병과 관계없는 탈수상태 • 비정상적인 체중감소 • 행동이나 활동 수준이 변화

정서적 학대	
유형	비난, 모욕, 위협 등의 언어 및 비언어적 행위를 통하여 노인에게 정서적으로 고통을 유발시키는 행위
판정 지표	• 노인의 사회관계 유지를 방해한다. • 노인을 위협 · 협박하는 언어적 표현이나 감정을 상하게 하는 행동을 한다. • 노인과 관련된 결정사항의 의사결정 과정에서 소외시킨다. • 노인과의 접촉을 기피한다.
징후	• 반응하려고 하지 않는다. • 질문을 해도 '네', '아니요'라는 짧은 답변 외에는 응답이 없다. • 표정이 없다. • 정서상태 : 우울, 공포, 혼돈상태, 부정, 분노, 흥분, 수동성 • 무기력하다. • 말하기를 꺼려하거나 주저한다. • 고개를 숙이고 있다. • 웃는 모습이 아니다. • 눈물을 머금고 있다, 운다, 절망한다, 동요를 보인다. • 대화에 참가하지 않는다. • 걱정되는 듯한 모습을 하고 있다. • 눈이 쑥 들어가 있다. • 가족의 안색을 살핀다. • 가족을 피하려고 한다. • 집에 돌아가려 하지 않는다.

성적 학대	
유형	성적 수치심의 유발행위 및 성폭력(성희롱, 성추행, 강간) 등 노인의 의사에 반하여 강제적으로 행하는 모든 성적 행위
판정 지표	• 노인에게 성적 수치심을 주는 표현이나 행동을 한다. • 노인에게 성폭력을 행한다.
징후	• 걸을 때 혹은 앉을 때의 어려움 • 속옷이 찢어짐 • 외부 성기부분이나 항문부위의 타박상이나 하혈 • 성병 • 우울, 사회관계의 단절 • 수면장애 • 분노 또는 수치심

경제적 학대	
유형	노인의 의사에 반(反)하여 노인으로부터 재산 또는 권리를 빼앗는 행위로서 경제적 착취, 노인의 재산에 관한 법률적 권리 위반, 경제적 권리와 관련된 의사결정에서의 통제 등을 하는 행위
판정 지표	• 노인의 소득 및 재산, 임금을 가로채거나 임의로 사용한다. • 노인의 재산에 관한 법률적 권리를 침해하는 행위를 한다. • 노인의 재산 사용 또는 관리에 대한 결정을 통제한다.
징후	• 자신의 생활이나 보호를 위한 충분한 돈을 가지고 있지 않다. • 필요한 물건을 살 수 없다. • 체납된 공과금 및 세금고지서가 발견된다. • 은행계좌의 현저한 혹은 부적절한 거래가 있다. • 노인의 서명이 아닌 노인의 서명과 유사하게 서명된 수표나 서류가 있다. • 개인 소지품이 없어졌다. • 노인의 재산이 타인의 명의로 갑자기 전환되었다.
방 임	
유형	부양의무자로서의 책임이나 의무를 거부, 불이행 혹은 포기하여 노인에게 의식주 및 의료를 적절하게 제공하지 않는 행위(필요한 생활비, 병원비 및 치료, 의식주를 제공하지 않는 행위)
판정 지표	• 거동이 불편한 노인의 의식주 등 일상생활 관련 보호를 제공하지 않는다. • 경제적 능력이 없는 노인의 생존을 위한 경제적 보호를 제공하지 않는다. • 의료 관련 욕구가 있는 노인에게 의료적 보호를 제공하지 않는다.
징후	• 오물, 대소변 냄새, 노인 주변 환경에 있어서 건강이나 안전과 관련하여 위험한 증후가 있다. • 머리, 수염, 손톱 등이 자라서 지저분해져 있다. • 욕창이 있다. • 땀띠, 염증, 이(기생충)가 있다. • 악취가 난다. • 의치, 보청기, 안경 등이 없다. 또는 부서져 있다. • 영양실조나 탈수상태에 있다. • 필요한 의료서비스를 받지 않거나 필요한 약을 먹지 않고 있다. • 의복을 착용하지 않았다. • 언제나 같은 의복이나 더럽고 찢어진 옷 또는 계절에 맞지 않는 옷을 입고 있다. • 오물로 침대나 이불이 더럽혀져 있다. • 기저귀가 교체되지 않고 있다. • 전기, 가스, 전화, 수도가 단절되어 있다. • 식사를 거르고 있다.

자기방임	
유형	노인 스스로가 의식주 제공 및 의료 처치 등 최소한의 자기보호 관련 행위를 의도적으로 포기 또는 비의도적으로 관리하지 않아 심신이 위험한 상황이나 사망에 이르게 하는 행위
판정 지표	• 자신을 돌보지 않거나 돌봄을 거부함으로써 노인의 생명이 위협받는다.
징후	• 필요한 치료와 약복용을 중지 또는 이로 인해 건강상태가 악화된다. • 의도적으로 죽고자 하는 모든 행위를 한다. • 스스로 식사와 수분을 섭취하지 않는다.
유 기	
유형	보호자 또는 부양의무자가 의존적 상태의 노인을 버리는 행위
판정 지표	• 의존적인 노인을 유기한다.
징후	• 노인이 낯선 장소에서 오랜 시간 배회하며 자신의 주거지 및 연락처를 모른다. • 주거지가 아닌 장소에서 불결한 신변상황에 있거나 식사를 제대로 하지 못한 상태에 방치되어 있다. • 자녀들이 전혀 연락이 되지 않고 주거지를 옮기거나 이민을 떠났다. • 노인의 신상정보를 전혀 알 수가 없다.

제4절 노인학대의 위험요인

노인학대를 발생시키는 위험요인은 매우 다양하게 제시되고 있다. 노인학대의 위험요인은 크게 피해노인 관련 요인, 부양자 관련 요인, 가족상황적 요인, 사회적 요인 등으로 분류할 수 있다(임병우 외, 2017).

1. 피해노인 관련 요인

노인학대의 피해노인 관련 요인에는 피해자인 노인의 성별, 연령, 성격, 신체적 특성, 정신적 건강, 배우자의 여부, 성인자녀와의 동거여부, 세대간 관계, 의존성, 고립성, 음주여부 등이 포함된다. 남성노인에 비해 여성노인의 피해학대 위험이 더 크고 연령이 증가할수록 학대의 위험성이 더 높다. 배우자가 없는 노인과 성인자녀와 동거하는 노인의 학대피해 가능성이 높고 교육수준과 경제적 소득수준이 낮을수록 피해가능성이 더 높은 것으로 나타나고 있다.

신체적 · 정신적 건강이 좋지 않은 노인의 경우에 노인학대 피해의 가능성이 더 높다. 성격적으로 참을성이 많고 체념을 잘하는 노인들이 학대피해에 처할 위험이 더 높고 타인에게 자신의 부양을 의존하는 경향이 높을수록 학대가능성이 높다. 고립된 상태에 처하여 타인에게 도움을 요청하지 못하는 노인들의 피해가능성이 훨씬 높다. 과거에 가족구성원들과의 관계가 좋지 않은 경우에도 학대위험성은 높아진다.

학습된 무기력감에 익숙한 노인들이 학대문제를 해결하기 위해 노력하지 않아서 학대에 노출될 가능성이 높다. 노인이 자신의 삶을 실패한 것으로 간주하고 그 책임을 타인에게 돌리고 불평을 하면 타인의 분노와 학대행위를 유발할 수 있다. 그리고 자아존중감이 낮은 노인들은 가정에서 무기력한 상태에 빠져 학대피해의 가능성이 높아지게 된다.

2. 부양자 관련 요인

노인학대의 주요 가해자는 부양자인 가족들이다. 노인학대 행위자의 조사결과를 보면, 아들, 배우자, 딸, 며느리의 순으로 나타나고 있다. 부양자와 관련된 노인학대 위험요인은 성별, 연령, 배우자 유무, 교육수준, 직업, 장애 유무, 알코올중독 등으로 제시되고 있다.

학대행위자의 성별은 남성이 여성에 비해서 매우 높게 나타나고 있다. 학대행위자 중 남자 비율이 높은 것은 학대행위자 유형에서 아들 비율이 가장 높기 때문인 것으로 보인다. 학대행위자의 연령대에 관한 조사결과를 보면, 50대가 가장 높고 그 다음은 70대 이상, 40대의 순서로 나타나고 있다. 70대 이상의 학대행위자는 주로 노인부부 간에 이루어지는 노인학대인 것으로 볼 수 있다.

학대행위자의 배우자 유무를 보면, 배우자가 있는 경우가 배우자가 없는 경우보다 다소 높게 나타나고 있다. 교육수준을 보면 고졸이하가 전문대졸 이상에 비해 3배가 훨씬 넘는 학대가해 비율을 보이고 있어 저학력인 부양자의 학대가해 가능성이 높은 것으로 나타나고 있다. 학대행위자의 직업을 보면 무직인 경우에 학대행위의 가능성이 매우 높고 단순노무종사자의 학대가해 가능성도 다소 높게 나타나고 있다. 부양자가 각종 장애를 가지고 있거나 알코올중독 상태에 있는 경우에도 노인학대의 가능성이 높다.

노인 관련 요인과 동일하게 부양자가 자녀와 동거하는 경우에 학대가능성이 매우 높다. 부양자와 피해노인이 동거하는 경우에 신체적 학대와 심리적 학대의 가능성이 커지고 동거하지 않는 경우에는 방임과 유기의 노인학대 가능성이 높아진다. 부양자가 어린 시절 부모로부터 학대경험이 있거나 스트레스를 많이 받는 경우에도 학대가해의 가능성이 크다. 부양자가 부양경험이 적을수록, 그리고 자기중심적인 사고를 가지고 있는 경우에도 학대가능성이 높다. 부양자의 성격적 측면에서 무절제하고 충동적인 성격을 가지고 있으면 학대가능성이 증가한다.

3. 가족상황적 요인

노인학대의 가족상황적 요인으로는 어려운 생활주기, 의료비용 등의 과중한 경제적 부담, 동의하지 않는 노인부양, 부족한 가족지원, 부부간의 갈등 등이 제시될 수 있다.

부양자가 노인부양 시기가 어려운 생활주기에 놓여 있을 경우에 노인학대의 가능성이 높아진다. 노인의 의료비를 비롯한 생활비용에 대한 지출부담이 클수록 학대가능성이 증가하게 된다. 부양자가 원하지 않는 노인부양의 책임을 떠맡고 있거나 부양자 부부의 갈등상태 또는 부양받는 노인과 배우자 간의 갈등상태에서도 노인학대의 가능성이 높다.

부양자가 노인에 대한 보호과정에서 신체적 · 정신적으로 과도한 스트레스를 받는 경우에도 학대가능성이 증가한다. 노인이 부양자에게 과도한 부양기대를 하는 경우에도 부양자의 부양부담이 증가하고 노인과 부양자 간의 기대수준의 불일치로 인해 학대발생의 가능성이 커지게 된다. 노인과 부양자 간에 오랜 시간 동안 감정적으로 대립관계를 유지했을 경우에도 학대가능성이 증가한다.

가족구성원 간에 긴밀한 애착관계가 형성되어 있고 상호 간에 지지도가 높을수록 학대가능성은 낮아지게 된다. 가족구성원 상호 간에 가정폭력이나 학대경험이 있으면, 노인학대의 가능성이 커지게 된다.

4. 사회적 요인

노인학대의 사회적 요인으로 가족구조의 변화, 가치관의 변화, 사회서비스 체계의 인지와 이용의 정도, 노인복지시설의 부족, 노인차별주의의 확산, 가족주의 등이 있다.

전통사회에서의 다산문화가 이제 현대사회의 소자녀 출산으로 변경되면서 노인을 부양할 자녀의 수가 감소하고 산업이 농업 등 1차산업에서 2차 · 3차산업 중심으로 바뀌면서 도시화 현상이 지속되고 있다. 이러한 사회변화는 노인을 부양할 수 있는 가족기능을 약화시키고 이러한 상황에서 노인을 부양하는 성인자녀들이 노인을 학대하는 사회문제가 발생하고 있다. 노인학대를 예방하고 감소시킬 수 있는 요양시설 등 사회서비스 체계가 발전된 사회에서는 가족의 노인학대의 발생가능성이 낮다.

전통사회의 경로효친 문화가 산업사회에서는 통용되지 않고 오히려 노인들이 가진 경험과 지식이 유용하지 않게 되면서 노인차별주의가 확산되고 있다. 이러한 가치관의 변화로 인해 노인들이 사회적으로 열등한 지위를 갖게 되고 부적절한 처우를 받고 있다. 이러한 인식과 가치의 변화는 가정에서도 동일하게 적용되어 노인학대 문제가 발생하고 있다. 그리고 가족주의 가치관이 노인학대의 은폐와 지속에 영향을 미칠 수 있다. 한국의 전통적인 가족중심의 가치관은 학대를 당한 노인들이 학대문제를 외부에 알리는 것을 막기 때문이다.

제5절 노인학대의 현황

1. 노인학대의 신고 및 학대유형의 현황

노인학대가 심각한 사회문제로 대두되면서 2004년 노인복지법에서 노인학대를 규정하고 노인보호전문기관이 운영되기 시작하면서 본격적으로 노인학대에 대한 개입이 이루어지기 시작했다. 그러나 노인학대에 대한 개입의 역사가 오래 되지 않았고 효를 중시하는 등의 전통으로 인해 노인학대의 정확한 실태조사가 어려운 상황이다(이윤경 · 김미혜, 2008).

노인학대에 대한 신고가 이루어지기 시작한 것은 전국적인 노인보호전문기관의 설치와 운영(2004년 17개소 → 2015년 29개소)에서 비롯되었다고 할 수 있다. 노인보호전문기관의 활발한 교육 및 홍보활동으로 인하여 학대신고가 접수되고 신고건수가 증가했다.

〈표 5-2〉에 2005~2015년에 집계된 전국의 노인보호전문기관에 대한 신고접수사례 관련 자료가 제시되어 있다. 전체 사례는 학대사례와 학대 이외의 일반 신고접수를 포함한다. 전체적인 신고접수는 2005년 3,549건, 2010년 7,503건, 2015년 11,905건으로 매 5년마다 큰 폭으로 증가한 것을 확인할 수 있다. 이 가운데 학대사례는 2005년 2,038건에서 2015년 3,818건으로 증가한 것을 볼 수 있다.

한국형사정책연구원(1999)의 조사결과 노인 중 심리적 학대를 경험한 노인이 17.5%, 신체적 학대를 경험한 노인이 9.9%인 것으로 드러났다. 조애저 등(1999)의 조사연구에서도 노인학대 발생률을 9.9%로 추정하고 있다(이윤경 · 김미혜, 2008). 그러나 각종 조사에서 보고되는 노인학대의 실태보다 실상은 훨씬 심각한 것으로 추정되고 있다. 이것은 한국사회에서 가족의 문제를 외부에 알리려고 하지 않고, 특히 노인의 경우 자신의 자녀와 관련된 문제를 감추려는 경향이 강하기 때문이다(김대원 외, 2004).

〈표 5-2〉 노인학대 신고접수 건수

(단위 : 건)

구 분	2005년	2010년	2015년
전체 사례	3,549	7,503	11,905
학대사례	2,038	3,068	3,818
일반사례	1,511	4,435	8,087

출처 : 중앙노인보호전문기관(2016). 2015 노인학대현황보고서.

〈표 5-3〉에 연도별 학대유형 건수에 대한 자료가 제시되어 있다.

2015년의 수치들을 보면, 이전 자료들과 달리 점차 감소하는 비율을 보이고 있지만, 여전히 정서적 학대가 37.9%로 가장 높게 나타나고 있다. 그 다음은 2010년과 유사하게 신체적 학대, 방임, 자기방임, 경제적 학대, 성적 학대, 유기 등의 순서로 나타났다. 이전 자료들과 비교할 때 자기방임의 신고접수 비율이 크게 증가한 것을 알 수 있다.

〈표 5-3〉 연도별 학대유형 건수

(단위 : 건, %)

구분	신체학대	정서학대	성적학대	경제학대	방임	자기방임	유기	계
2005년	665	1,499	18	425	816	36	22	3,481
	19.1	43.1	0.5	12.2	23.4	1.0	0.6	100.0
2010년	1,304	1,981	39	574	891	196	91	5,076
	25.7	39.0	0.8	11.3	17.6	3.9	1.8	100.0
2015년	1,591	2,330	102	542	919	622	48	6,154
	25.9	37.9	1.7	8.8	14.9	10.1	0.8	100.0

출처 : 중앙노인보호전문기관(2016). 2015 노인학대현황보고서.

2. 학대신고자의 현황

〈표 5-4〉에 학대신고자의 유형별 신고건수와 비율이 제시되어 있다. 학대신고 건수가 점차 증가하는 경향을 보이고 있는 가운데, 2015년 신고의무자와 비신고의무자의 신고비율은 각각 18.5%와 81.5%로 비신고의무자의 신고비율이 훨씬 높은 것을 알 수 있다. 주목할 점은 비신고의무자의 신고건수가 2005년 대비 2010년과 2015년에 큰 폭으로 증가한 것이다.

노인복지법에 규정된 노인학대 신고의무자는 노인복지시설종사자, 장애인복지시설(장애노인) 관련 종사자, 가정폭력 관련 종사자, 사회복지전담공무원, 사회복지관 · 부랑인 및 노숙인 보호시설 관련 종사자, 구급대의 대원, 재가장기요양기관종사자, 건강가정지원센터종사자 등이 포함된다(중앙노인보호전문기관, 2016). 비신고의무자는 신고의무자를 제외한 모든 자로 친족, 타인, 관련 기관, 학대행위자 본인, 학대피해노인 본인 등을 포함한다.

2015년을 기준으로 신고자 비율이 가장 높은 것은 비신고의무자 중 관련 기관 39.1%, 학대피해노인 본인 18.9%, 친족 14.9%의 순서이다. 관련 기관의 경우 2005년 이후 큰 폭으로 신고건수가 증가하고 있는 것을 알 수 있다. 반면 학대피해노인 본인과 친족의 경우 전체에서 차지하는 비율은 점차 감소하는 경향을 보이고 있다.

〈표 5-4〉 학대신고자 유형별 신고 건수

(단위 : 건, %)

구 분		2005년	2010년	2015년
신고의무자	의료인	29(1.4)	38(1.2)	44(1.2)
	노인복지시설 종사자	41(2.0)	265(8.6)	178(4.7)
	장애인복지시설 종사자	5(0.2)	10(0.3)	16(0.4)
	가정폭력 관련 종사자	20(1.0)	37(1.2)	101(2.6)
	사회복지전담공무원	74(3.7)	332(10.8)	290(7.6)
	사회복지관, 부랑인 및 노숙인보호시설 관련 종사자	–	–	31(0.8)
	구급대의 대원	–	–	9(0.2)
	재가장기요양기관 종사자	–	–	38(1.0)
	건강가정지원센터 종사자	–	–	
	소계	169(8.3)	682(22.2)	707(18.5)
비신고의무자	학대피해노인 본인	646(32.2)	773(25.2)	722(18.9)
	학대행위자 본인	–	7(0.2)	8(0.2)
	친족	729(36.3)	640(20.9)	567(14.9)
	타인	255(12.7)	329(10.7)	320(8.4)
	관련기관	207(10.3)	637(20.8)	1,494(39.1)
	129 연계	–	–	–
	기타	32(1.6)	–	–
	소계	1,837(91.7)	2,386(77.8)	3,111(81.5)
총 계		2,006(100.0)	3,068(100.0)	3,818(100.0)

출처 : 중앙노인보호전문기관(2016). 2015 노인학대현황보고서.

3. 학대피해자의 현황

〈표 5-5〉에 학대피해노인의 성별 자료가 제시되어 있다. 2015년 전국 노인보호전문기관에 신고·접수된 사례 중 학대사례로 판정된 3,818건의 성별비율을 보면 남성노인이 1,091건(28.6%), 여성노인은 2,727건(71.4%)으

로 나타났다. 여성노인의 비율이 남성노인보다 2배 이상 높게 나타났으며, 65세 이상 노인인구의 성별 비율이 남성이 42.1%, 여성이 57.9%인 부분을 감안할 경우에도 여성의 노인학대피해 비율이 더 높은 것을 알 수 있다.

〈표 5-5〉 학대피해노인의 성별 분포 (단위 : 명, %)

구 분	65세 이상 인구수	비율	학대피해 노인수	비율
남자	2,850,403	42.1	1,091	28.6
여자	3,924,698	57.9	2,727	71.4
계	6,775,101	100.0	3,818	100.0

출처 : 중앙노인보호전문기관(2016). 2015 노인학대현황보고서.

〈표 5-6〉에 학대피해노인의 가구형태에 대한 자료가 제시되어 있다. 2010년 학대피해노인의 가구형태 중 가장 높은 비율은 자녀동거가구 31.3%로 자녀 · 손자녀동거가구의 비율과 합산하면 42.1%에 이를 정도로 높다. 그 다음은 노인단독가구 28.0%, 노인부부가구 13.4%, 기타, 손자녀동거의 순서로 집계되었다.

2015년의 경우에는 2010년의 자료와 다르게 노인단독가구가 34.5%로 가장 높게 나타났다. 그 다음은 자녀동거가구 26.7%로 자녀 · 손자녀동거가구 4.8%를 합산하면 31.5%에 이른다. 그 다음은 노인부부가구 21.2%, 기타, 손자녀동거의 순으로 집계되었다.

〈표 5-6〉 연도별 학대피해노인의 가구형태 (단위 : 건, %)

구 분		노인단독	노인부부	자녀동거	손자녀 동거	자녀 · 손자녀동거	기타	계
2010년		858	412	960	190	331	317	3,068
		28.0	13.4	31.3	6.2	10.8	10.3	100.0
2015년		1,318	808	1,021	139	185	347	3,818
		34.5	21.2	26.7	3.6	4.8	9.1	100.0

출처 : 중앙노인보호전문기관(2016). 2015 노인학대현황보고서.

〈표 5-7〉에 학대피해노인의 생활수준에 관한 자료가 제시되어 있다. 2015년에도 2010년과 유사한 경향을 보이고 있다. 무소득, 수급자, 저소득 노인의 학대피해 건수의 비율이 64.7%로 2010년에 비해 다소 높은 비율을 기록하고 있다. 일반과 고소득은 35.3%로 2010년에 비해 다소 낮은 수치이다. 따라서 노인빈곤을 노인학대의 중요한 원인으로 볼 수 있다.

〈표 5-7〉 연도별 학대피해노인의 생활수준 (단위 : 건, %)

구 분	무소득	수급자	저소득	일반	고소득	기타	파악 안됨	계
2010년	613	679	591	1,154	28	–	3	3,068
	20.0	22.1	19.3	37.6	0.9	–	0.1	100.0
2015년	922	870	678	1,319	29	–	–	3,818
	24.1	22.8	17.8	34.5	0.8	–	–	100.0

출처 : 중앙노인보호전문기관(2016). 2015 노인학대현황보고서.

〈표 5-8〉에 학대피해노인의 치매에 관한 자료가 제시되어 있다. 학대피해노인의 치매정도는 학대피해노인이 병원에서 "치매진단"을 받은 경우와 상담원이 상담과정에서 파악한 객관적 · 주관적 정보와 함께 치매간이조사지표를 활용하여 치매가 의심된다고 판단된 "치매의증"으로 분류된다.

이렇게 치매를 진단받았거나 치매가 의심되는 사례는 2005년 204건에서 2015년 1,030건으로 5배가량 증가했다. 학대사례 대비 치매의증 및 진단 사례의 비율도 2005년 10.0%에서 2015년 27.0%로 큰 폭의 증가율을 보이고 있다.

수명증가에 따른 고령화 및 노인인구 증가와 함께 치매환자수도 폭발적인 증가추세를 보이고 있다. 보건복지부가 발표한 「2012년 치매유병률 조사」에 따르면 65세 이상의 노인 중 치매환자가 9.18%로 54만 명으로 추정되며 2030년에는 127만명, 2050년에는 약 271만 명으로 매년 빠른 속도로 증가할 것이라고 한다. 이러한 치매노인의 증가는 최근 치매노인의 부양부담, 치매노인에 대한 학대와 인권침해 및 치매노인의 실종 등 다양한 사회문제를 야기하고 있다.

〈표 5-8〉 연도별 학대피해노인 치매 추이

(단위 : 건, %)

구 분		2005년	2010년	2015년
전체 학대사례		2,038	3,068	3,818
치매정도	치매의증	157	386	561
	치매진단	47	191	469
	계	204	577	1,030
학대사례 대비 치매의증 및 진단사례 비율		10.0	18.8	27.0

출처 : 중앙노인보호전문기관(2016). 2015 노인학대현황보고서.

〈표 5-9〉에서 학대피해노인과 학대행위자와의 동거여부에 대한 자료를 확인할 수 있다. 학대피해노인이 학대행위자와 동거 중인 비율이 62.4%로 절반을 훨씬 넘는 것으로 나타났다. 일반적으로 학대행위자와 동거하는 노인일수록 학대피해의 위험이 높은 것으로 나타났다.

여기에서 주목해야 할 점은 이러한 현실에도 불구하고 현재 노인장기요양보험 제도가 재가복지에 우선순위를 두고 있다는 사실이다. 현재 "노인장기요양보험법 제3조(장기요양급여 제공의 기본원칙)"에서 장기요양급여는 노인이 가족과 함께 생활하면서 가정에서 장기요양을 받는 재가급여를 우선적으로 제공하여야 한다는 원칙을 제시하고 있다. 그러나 노인학대의 주요 가해자들이 대부분 가족들이며, 학대행위자와 동거하는 관계에서 노인학대가 높은 비율로 발생하고 있다. 따라서 현재의 노인장기요양보험 제도의 방향을 개선할 필요성이 제기된다고 할 수 있다.

〈표 5-9〉 학대행위자와의 동거여부 (단위 : 명, %)

동 거	비동거	합 계
2,381	1,437	3,818
62.4	37.6	100.0

출처 : 중앙노인보호전문기관(2016). 2015 노인학대현황보고서.

4. 학대행위자의 현황

학대행위자와 학대피해노인과의 관계를 살펴보면 크게 피해자 본인, 친족, 타인, 기관으로 분류된다. 친족은 다시 배우자, 아들, 며느리, 딸, 사위, 손자녀, 친척의 세부항목으로 분류되며, 타인은 동거인, 이웃, 친구, 기타 타인으로, 기관은 의료인, 노인복지시설종사자, 기타기관 관련 종사자로 분류된다.

2015년 접수된 학대사례의 학대행위자와 학대피해노인과의 관계를 분석한 결과를 살펴보면 아들이 전체 학대행위자 4,224명 중 1,523명으로 36.1%를 차지하였고 배우자가 652명(15.4%), 딸이 451명(10.7%)으로 나타났다. 그리고 배우자, 아들, 딸, 며느리 등 친족이 학대행위자인 경우는 총

2,940명으로 전체 학대행위자의 69.6%를 차지하고 있다. 학대행위자 중 아들이 가장 높게 나타나는 것은 매년 지속되는 현상으로 한국사회의 전통적인 관습에 의해 노부모의 부양의무가 아들에게 부여되고 이에 대한 아들의 부양부담이 노인학대를 야기하는 것으로 보인다.

학대행위자가 본인인 경우는 622명(14.7%)으로 이는 자신을 돌보지 않거나 돌봄을 거부함으로써 노인의 건강과 생명이 위협받는 자기방임을 의미한다.

〈표 5-10〉 학대행위자와 학대피해노인과의 관계

(단위 : 명, %)

피해자 본인	친 족							타인	기관	계
	배우자	아들	며느리	딸	사위	손자녀	친척			
622	652	1,523	183	451	21	64	46	283	379	4,224
14.7	15.4	36.1	4.3	10.7	0.5	1.5	1.1	6.7	9.0	100.0

출처 : 중앙노인보호전문기관(2016). 2015 노인학대현황보고서.

〈표 5-11〉에 학대행위자의 생활수준에 관한 자료가 제시되어 있다.

2015년 자료는 2010년과 유사한 경향을 보이고 있다. 무소득, 수급자, 저소득자의 학대행위 건수의 비율이 45.3%로 2010년과 비슷한 수치를 기록하고 있다. 일반과 고소득자는 54.8%로 2010년에 비해 다소 낮아졌다. 학대행위자인 경우 학대피해노인의 자녀인 경우가 많기 때문에 빈곤계층의 학대행위 비율이 40%를 넘는다는 것은 빈곤이 노인학대 가해의 주요한 원인이라는 사실을 의미한다.

〈표 5-11〉 연도별 학대행위자의 생활수준 (단위 : 건, %)

구분		무소득	수급자	저소득	일반	고소득	기타	파악 안됨	계
2010년		451	369	677	1,783	193	-	7	3,480
		13.9	10.6	19.5	51.2	5.5	-	0.2	100.0
2015년		692	546	674	2,203	109	-	-	4,224
		16.4	12.9	16.0	52.2	2.6	-	-	100.0

출처 : 중앙노인보호전문기관(2016). 2015 노인학대현황보고서.

5. 연도별 학대발생장소

〈표 5-12〉에 학대발생장소에 관한 자료가 제시되어 있다. 2015년 학대발생장소에서 가장 많은 비중을 차지하고 있는 것은 가정 내이며, 그 비율이 85.8%에 이른다. 가정 내 학대의 경우 2005년 92.9%에서 2010년 85.6%와 2015년 85.8%로 전반적으로 감소추세에 있다. 반면에 학대발생장소가 생활시설인 경우 2005년 2.3%에서 2015년 5.4%로 비중이 다소 증가했으며 지속적으로 증가하고 있는 추이를 확인할 수 있다.

생활시설에서의 학대비율 증가는 2008년 7월 노인장기요양보험법이 시행됨에 따라 노인요양시설이 증가하면서 생활시설 학대건수가 증가하는 것으로 추정된다. 특히 제도 시행 이후 시점인 2010년에는 생활시설 학대신고건수가 2배 이상 증가했으며, 이후에도 지속적으로 증가추이를 보이고 있다.

〈표 5-12〉 연도별 학대발생장소 (단위 : 건, %)

구분	가정 내	생활시설	이용시설	병원	공공장소	기타	계
2005년	1,893	46	5	36	10	48	2,038
	92.9	2.3	0.2	1.8	0.5	2.4	100.0

2010년	2,625	127	22	88	87	119	3,068
	85.6	4.1	0.7	2.9	2.7	3.9	100.0
2015년	3,276	206	57	88	80	111	3,818
	85.8	5.4	1.5	2.3	2.1	2.9	100.0

출처 : 중앙노인보호전문기관(2016). 2015 노인학대현황보고서.

제6절 노인학대예방사업의 체계도

노인복지론

현재 노인학대예방사업은 아래의 | 그림 5-1 |에 제시된 체계도에 따라서 진행되고 있다. 노인학대예방사업의 내용은 중앙노인보호전문기관 홈페이지(noinboho.or.kr) 자료와 노인복지법의 내용을 중심으로 기술하였다.

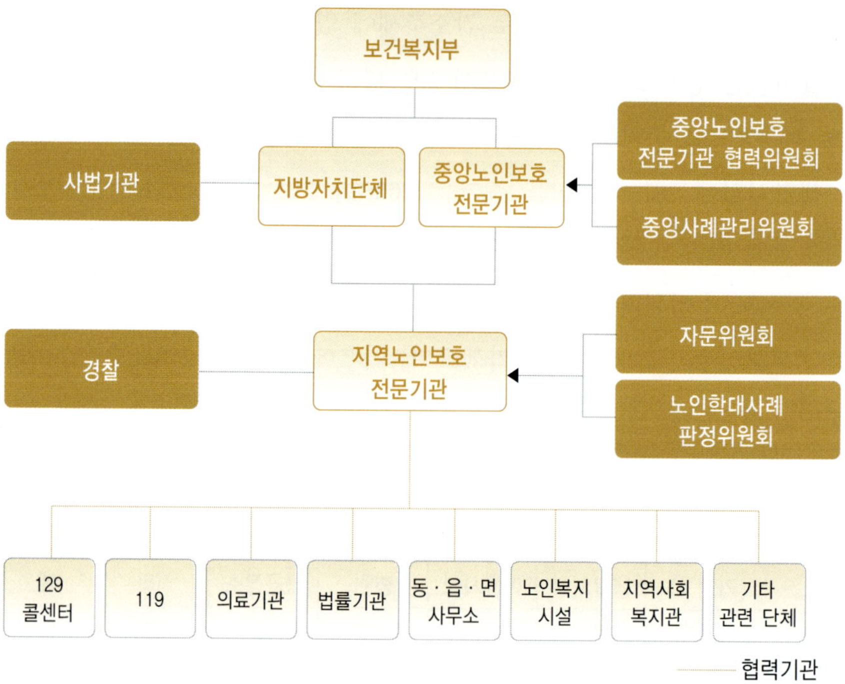

| 그림 5-1 | 노인학대예방사업 체계도

1. 중앙정부와 지방자치단체

1) 보건복지부

중앙정부의 보건복지부는 노인보호업무와 관련한 법, 제도, 정책 등을 수립하고 중앙노인보호전문기관을 지정하여 운영되도록 한다. 그리고 중앙 및 지역노인보호전문기관의 업무를 지도하고 감독하며, 관계 중앙행정기관과의 협력체계 구축을 지원한다.

2) 지방자치단체

(1) 광역시 · 도

광역시와 도는 지역노인보호전문기관을 지정하여 운영하고 분관의 설치를 지원한다. 그리고 지정한 노인보호전문기관에 대해 업무를 지도하고 감독한다. 격리보호가 필요하여 보호조치를 의뢰받은 피해노인에 대해 행정적인 조치를 취한다. 학대피해노인의 보호와 지원을 위한 지역사회 내의 보호체계를 구축한다. 노인학대예방과 노인보호전문기관의 활동에 대해 홍보하고 지원한다.

특별시장 · 광역시장 · 도지사는 가족으로부터 긴급격리보호가 필요한 학대피해노인의 일시보호를 위하여 관내 노인복지시설 중 시 · 군 · 구별로 최소 1개소 이상을 학대피해노인 보호를 위한 기관(학대피해노인 전용쉼터)으로 지정하여 운영해야 한다.

(2) 시 · 군 · 구

2006년 3월에 위기상황에 처한 자에 대한 긴급복지지원법이 시행되어 시 · 군 · 구는 전문적 서비스 지원이 필요한 사람에 대해 지역노인보호전문기관과 연계하여 적극적으로 서비스를 지원한다. 노인보호전문기관에 학대피해노인, 피해노인의 가족 및 학대행위자에 대한 인적사항 확인을 위한 주민등록등본 발급 등의 제반 업무를 협조하고 학대행위자의 연락처를 제공한다.

격리보호가 필요하여 보호조치를 의뢰받은 학대피해 노인에 대한 행정적인 조치를 실시한다. 빈곤으로 인한 노인학대 발생가정 및 부양가족으로부터 격리와 보호가 필요한 피해노인을 기초생활보장 수급자로 선정한다. 관할지역 내에서 시설학대 발생의 경우에 피해노인의 전원조치 등 시설학대 개입을 지원하고 협조한다. 노인학대예방과 노인보호전문기관의 활동을 홍보 및 지원하며, 노인보호전문기관의 분관설치를 지원한다.

2. 사법기관

사법기관인 경찰은 노인보호전문기관과 노인학대사례 개입을 위해 협력체계를 구축하고 112에 신고된 노인학대사례를 노인보호전문기관에 의뢰한다. 노인보호전문기관에 접수된 신고사례에 대해 현장조사 시에 동행하여 협조하고 학대행위자와의 분리조치 지원을 협조한다.

노인학대행위자의 형사재판을 요하는 사례에 대해 수사를 전담한다. 응급조치를 요하는 노인학대사례를 일시보호시설 또는 의료기관에 조치하고 의뢰한다. 노인보호전문기관으로부터 의뢰받은 사례에 대한 현장조사 및 조사 이후 현장조사서 사본을 관할 노인보호전문기관에 송부한다.

3. 중앙노인보호전문기관

국가는 지역 간의 연계체계를 구축하고 노인학대를 예방하기 위하여 다음의 업무를 담당하는 중앙노인보호전문기관을 설치하고 운영해야 한다.

중앙노인보호전문기관은 2006년 5월에 개관하였으며, 업무내용은 다음과 같다.

① 노인인권보호 관련 정책제안
② 노인인권보호를 위한 연구 및 프로그램의 개발
③ 노인학대예방의 홍보, 교육자료의 제작 및 보급
④ 노인보호전문사업 관련 실적의 취합, 관리 및 대외자료 제공
⑤ 지역노인보호전문기관의 관리 및 업무지원
⑥ 지역노인보호전문기관 상담원의 심화교육
⑦ 관련 기관 협력체계의 구축 및 교류
⑧ 노인학대 분쟁사례 조정을 위한 중앙노인학대사례판정위원회 운영
⑨ 학대받은 노인의 단기보호와 노인인권보호를 위하여 보건복지부에서 위탁하는 업무 등

4. 지역노인보호전문기관

학대받는 노인의 발견·보호·치료 등을 신속히 처리하고 노인학대를 예방하기 위하여 지역노인보호전문기관을 특별시·광역시·도·특별자치도에 둔다. 지역노인보호전문기관은 2004년 8~12월 동안에 전국 16개 광역시·도에 17개소가 지정되어 운영되기 시작했다. 2017년 기준 전국에 29개소의 지역노인보호전문기관이 설치되어 운영 중이다. 지역노인보호전문기관의 핵심업무는 다음과 같다.

① 노인학대 신고전화의 운영 및 사례접수
② 노인학대 의심사례에 대한 현장조사
③ 피해노인 및 노인학대자에 대한 상담
④ 피해노인 가족 관련자와 관련 기관에 대한 상담

⑤ 상담 및 서비스 제공에 따른 기록과 보관

⑥ 일반인을 대상으로 한 노인학대예방교육

⑦ 노인학대행위자를 대상으로 한 재발방지 교육

⑧ 노인학대사례 판정을 위한 지역노인학대사례판정위원회 운영 및 자체사례회의 운영

⑨ 기타 노인의 보호를 위하여 보건복지부에서 정하는 사항 등

- 피해노인을 일시적으로 보호하기 위한 시설의 운영
- 피해노인의 의료기관 치료의뢰 및 노인복지시설 입소의뢰
- 지역사회의 보건복지서비스가 피해노인 등에게 제공되도록 관련 기관과의 협력체계 구축
- 노인학대신고의무자 등에 대한 노인학대 예방교육의 실시
- 노인학대예방을 위한 홍보
- 노인학대 예방 및 방지 등을 위해 보건복지부나 시 · 도지사가 위탁한 사업의 수행

5. 자문위원회

지역노인보호전문기관에 자문위원회를 두는데, 자문위원회는 노인보호전문기관의 효과적인 운영을 위한 자문과 각 분야의 협력체계를 구축하여 노인권익의 증진방안을 모색하는 역할을 한다.

6. 협력기관

1) 의료기관

의료기관은 협력기관으로서 의료행위 시에 학대가 의심되는 사례를 노

인보호전문기관에 신고한다. 의료체계 내에 정형외과, 내과, 산부인과, 신경정신과, 의료사회사업가로 구성된 학대피해노인 보호팀을 구성하고 운영하며, 노인학대로 의심되는 노인에게 종합적인 의료서비스 제공을 권장한다. 노인학대 판정을 위한 의학적 진단, 소견 및 증언 등을 진술한다.

2) 사회복지시설

노인복지시설 등 사회복지시설에서는 노인학대 의심사례를 조기에 발견하여 노인보호전문기관에 신고한다. 시설이용자 중 학대피해노인 및 학대행위자에 대한 상담 및 개입에 협조한다. 노인보호전문기관의 보호가 필요한 피해노인의 입소의뢰 시에 신속한 보호를 실시한다. 입소의뢰에 대한 보호실시의 여부를 추후 시설평가에 반영하고 시설 내 종사자 및 이용자 등을 대상으로 노인학대예방교육을 실시한다.

3) 법률기관

각 법률기관은 "노인에 대한 최선의 이익 우선 원칙"에 따라 사법적 소송을 진행한다. 피해노인의 법률적 보호 및 학대행위자에 대한 보호처분은 노인보호전문기관과의 긴밀한 협조관계 속에서 진행한다. 학대행위자의 처벌 및 보호처분을 포함한 판정, 후견인의 지정, 가족으로부터의 노인의 격리 등의 업무를 수행한다. 기타 노인보호전문기관의 업무수행에 따른 법률자문을 실시한다.

법률기관은 학대행위자로부터 노인보호전문기관 상담원의 신변을 보호한다. 노인학대행위로 고소 · 고발된 사례에 대하여 상담원이 증인으로 출석하여 조사받을 경우에 관련 조서에 상담원의 인적사항을 기재하지 않음으로써 상담원의 개인정보 노출가능성을 차단하고 학대행위자의 위협으로부터 보호한다. 상담원의 법정 출석 시 학대행위자의 협박 · 보복의 우려가 있을 경우 담당 검사에게 신변보호를 요청하면 적극적으로 협조한다.

상담원의 법정신문 시에도 학대행위자와의 대면을 방지하기 위해 법정 외 제3의 장소에서 신문을 받거나 비디오 등 중계장치 또는 차폐시설을 이용한 신문을 받을 수 있도록 법원에 요청하면 적극적으로 협조한다. 학대행위자가 공판조서 및 재판확정기록에 대한 열람 · 등사를 요청할 경우에 상담원의 인적사항이 공판조서에 기재되었다면 열람이나 등사를 거부하거나 상담원의 개인정보는 열람이나 등사를 가능범위에서 제한한다.

4) 119 구급대

119 구급대는 노인학대사례 신고의무자로서 노인보호전문기관과 노인학대사례 개입을 위한 협력체계를 구축한다. 119에 신고된 노인학대사례를 지역노인보호전문기관에 의뢰한다. 응급조치를 요하는 노인학대사례를 일시보호시설이나 의료기관에 이송조치한다.

제7절 노인학대 의심사례에 대한 업무진행

노인학대 의심사례에 대한 업무진행 사항은 | 그림 5-2 | 에 제시되어 있다. 이 내용은 중앙노인보호전문기관 홈페이지 자료와 노인복지법의 내용을 중심으로 기술하였다.

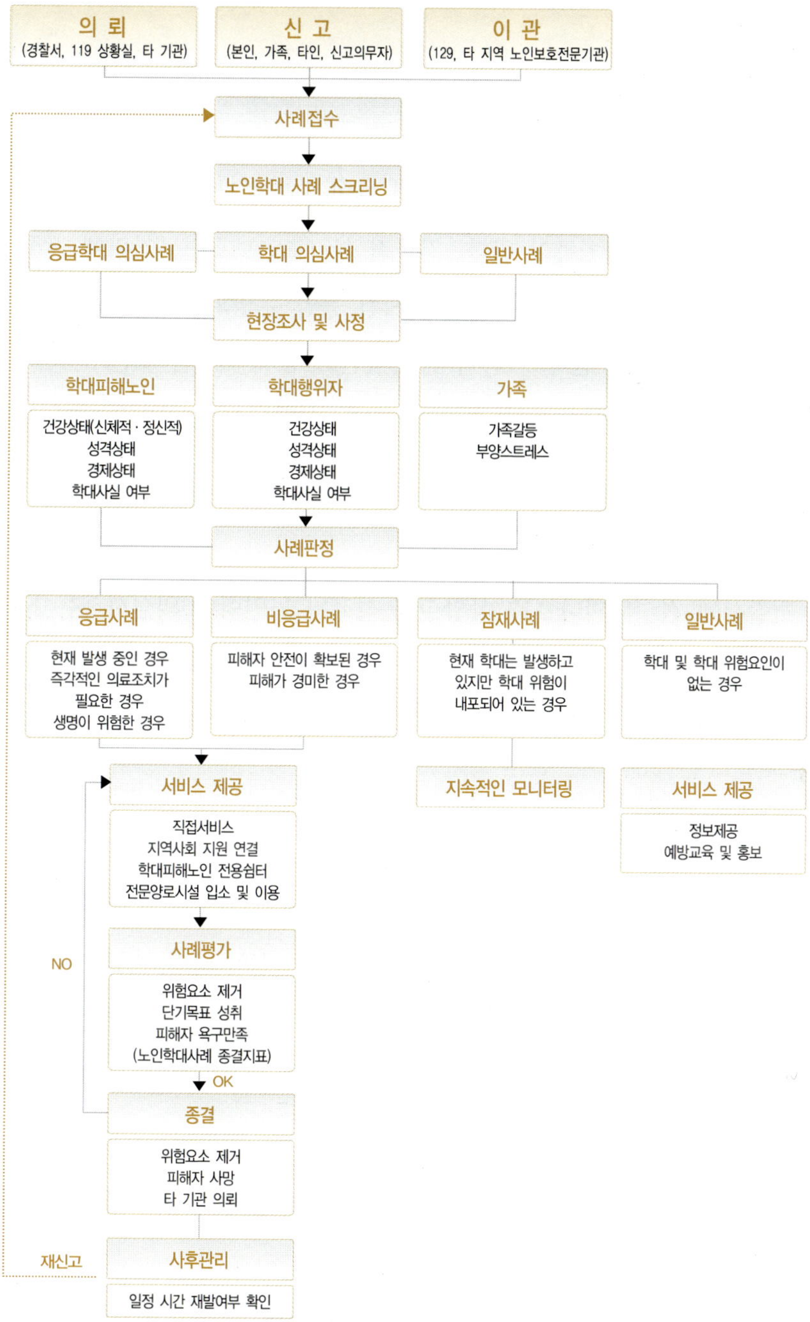

| 그림 5-2 | 노인보호전문기관의 노인학대 의심사례 업무진행도

1. 노인학대의 신고

1) 긴급전화의 설치와 운영

국가 및 지방자치단체는 노인학대를 예방하고 수시로 신고를 받을 수 있도록 긴급전화를 설치해야 한다. 긴급전화는 노인보호전문기관에 전국적으로 통일된 번호로 설치하여 매일 24시간 동안 운영되도록 한다. 노인학대 신고용 긴급전화는 전국 어디서나 지역번호 없이 129번 또는 1577-1389번만을 눌러 사용한다. 이동전화(핸드폰)로 신고하는 경우에도 동일하다.

2) 노인학대의 의뢰 및 이관

경찰서에 접수되거나 119 상황실에 신고된 노인학대 의심사례는 노인보호전문기관에 접수된다. 그리고 129나 타 지역에 소재한 노인보호전문기관에 신고접수된 사례도 해당 노인보호전문기관에 이관된다.

3) 노인학대의 신고

노인학대를 알게 된 모든 사람은 노인보호전문기관 또는 수사기관에 신고할 수 있다. 학대피해자인 노인 본인, 노인의 가족, 타인, 신고의무자 등이 신고할 수 있다. 아래에 해당하는 사람은 신고의무자로서 직무상 노인학대를 알게 된 때에는 즉시 노인보호전문기관 또는 수사기관에 신고해야 한다.

① 의료기관에서 의료업을 행하는 의료인 및 의료기관의 장

② 방문요양서비스나 안전확인 등의 서비스 종사자, 노인복지시설의 장과 그 종사자 및 노인복지상담원

③ 장애인복지시설에서 장애노인에 대한 상담 · 치료 · 훈련 또는 요양업무를 수행하는 사람

④ 가정폭력 관련 상담소 및 가정폭력피해자 보호시설의 장과 그 종사자

⑤ 사회복지전담공무원 및 사회복지관, 부랑인 및 노숙인 보호를 위한 시설의 장과 그 종사자

⑥ 장기요양기관 및 재가장기요양기관의 장과 그 종사자

⑦ 119 구급대의 구급대원

⑧ 건강가정지원센터의 장과 그 종사자

⑨ 다문화가족지원센터의 장과 그 종사자

⑩ 성폭력피해상담소 및 성폭력피해자보호시설의 장과 그 종사자

⑪ 응급구조사

⑫ 의료기사

2. 노인학대 사례접수

1) 노인학대의 신고접수

노인보호전문기관에서 노인학대 의심사례를 신고접수받을 경우에는 다음과 같은 사항을 파악해야 한다.

① 신고자의 인적사항

② 신고자에 대한 비밀보장 여부 파악

③ 신고목적의 파악 : 노인보호에 대한 욕구, 정보파악 혹은 상담을 위한 욕구, 노인학대 판정을 위해 현장조사 실시에 대한 욕구 등

④ 피해노인과 학대행위자의 인적사항 파악

⑤ 학대의 정확한 내용 파악 : 학대의 정도와 심각성, 발생빈도, 지속성, 방법, 학대유형 등

⑥ 피해노인의 현재상황 파악 : 노인의 위기상황 평가, 긴급분리보호 여부, 현재 보호되고 있는 곳, 노인의 심신상태, 가정환경 등

2) 노인학대의 상담

노인학대의 의심사례가 접수되면 노인학대 상담이 진행된다. 노인학대 상담은 자격을 갖춘 상담원이 실시하여야 한다. 상담원은 신고자가 편안한 마음으로 상담에 응할 수 있도록 최대한 친절하게 응대해야 한다. 상담원은 24시간 신고접수, 상담 및 현장조사가 가능하도록 배치하여야 한다. 다만, 기관실정에 따라 다음과 같은 조치가 가능한 경우 일과시간(평일 09:00~18:00, 토요일 09:00~13:00) 이외의 시간에는 재택근무를 할 수 있다. 재택근무자가 신고전화의 접수 및 상담이 가능하고 응급사례 발생 시 즉시 현장조사가 가능한 경우에는 근무자용 이동전화의 확보와 착신통화 전환 조치 등 통신연락체계를 강구해야 한다. 상담원이 재택근무 시에는 일과시간 종료시부터 일정 시간(21시까지) 사무실에서 대기근무를 실시한다. 재택근무자는 사적 용무로 주거지를 이탈해서는 안 된다.

상담원은 노인학대사례로서의 적합성을 판단하는데, 사례의 학대여부와 심각성 등을 고려하여 일회성 노인상담으로 종결하여야 할 것인지, 노인학대사례로 접수하여 현장조사 및 지속적 상담을 할 것인지 등을 결정해야 한다.

상담원은 응급한 학대사례로 판단되는 경우 12시간 내에 현장조사를 실시하되, 가능하면 경찰관이 동행하여 협조를 받고 단순노인학대사례는 48시간 내에 현장조사를 실시해야 한다. 응급한 사례로 판단되나 신고접수한 노인학대예방센터에서 12시간 내에 현장조사가 어려운 경우에는 관할 경찰서의 경찰관, 시·군·구 위기가정SOS상담소 상담원 및 읍·면·동사무소의 사회복지전담공무원에게 협조하여 사례의 응급성 여부를 판단할 수 있도록 우선적으로 지원을 요청한다.

3. 현장조사의 실시

신고접수된 노인학대 의심사례에 대해서 상담원이 현장조사를 실시할 때 노인학대행위조사원증을 제시한 후 현장조사에 임하여야 한다. 현장조사는 다음 사항, ① 노인학대사례로서의 적합성 판정, 노인의 안전 및 응급성 여부 확인, ② 피해자 노인에 대한 신변보장과 안전조치, ③ 충분한 자료 및 정보 수집 등에 초점을 두고 진행되어야 한다.

노인학대에 대한 현장조사의 내용은 학대피해노인의 건강상태, 성격상태, 경제상태, 학대사실 여부 등이 포함된다. 학대행위자의 경우에도 건강상태, 경제상태, 성격상태, 학대사실 여부 등을 조사한다. 가족의 갈등과 부양스트레스 등에 대해서도 조사를 실시한다.

4. 노인학대의 사례판정

노인학대의 사례판정은 크게 응급사례, 비응급사례, 잠재사례, 일반사례 등으로 구분하여 이루어진다. 응급사례는 현재 노인학대가 발생 중이며, 즉각적인 의료조치가 필요하거나 생명이 위험한 경우에 해당된다. 비응급사례는 학대피해자의 안전이 확보되거나 피해가 경미한 경우가 해당된다. 응급사례와 비응급사례에 대해서는 노인학대 서비스가 제공되어야 한다.

잠재사례는 현재 학대가 발생하고 있지 않지만 학대위험이 내포된 경우이다. 잠재사례에 대해서는 지속적인 모니터링을 실시한다. 일반사례는 학대나 학대의 위험요인이 없는 사례이다. 일반사례에 대해서는 노인학대와 관련된 정보를 제공하거나 예방교육과 홍보를 실시한다.

5. 노인학대 서비스의 제공

노인보호전문기관은 노인학대 응급사례와 비응급사례에 대해서 관련 서비스를 제공한다. 제공하는 서비스의 유형은 직접서비스, 지역사회 자원의 연결, 학대피해노인에 대한 전용쉼터, 전문양로시설의 입소나 이용 등이다.

일정 기간 동안 서비스를 제공한 이후에 사례평가를 실시한다. 사례평가의 내용은 위험요소의 제거, 단기목표의 성취, 피해자의 욕구만족 등이다. 사례를 평가하여 위험요소가 제거되는 경우, 피해자가 사망하는 경우, 노인학대피해자를 타 기관에 의뢰하는 경우에는 서비스를 종결하게 된다. 그리고 서비스의 종결 이후에도 사후관리를 실시하여 일정 기간 동안 노인학대의 재발여부를 확인한다. 노인학대가 다시 발생한 경우에는 다시 사례를 접수하여 노인학대사례의 업무를 진행할 수 있다.

Chapter 06 노인자살

제 1 절 노인자살의 개념과 특징

노인복지론

최근 한국의 사망원인 중에서 자살이 4위를 차지할 정도로 높은 비율을 차지하고 있다(김형숙 외, 2013). 자살은 자신의 목숨을 스스로 마감하는 행위라고 할 수 있다(임병우 외, 2015). 뒤르켐(Durkheim, 1951)은 자살을 자신의 삶이 중단될 것이라는 사실을 인지하면서도 자신의 행위로 인해 발생하는 죽음으로 정의하였다. 자살은 대개 생명이 끊기는 결과적인 측면에서 정의되는 것이 일반적이다. 그러나 자살을 자살의 과정을 포함하는 포괄적인 개념으로 제시하는 경우도 있다. 허평화(2011)는 자살에 자살시도와 함께 자살생각이나 자살계획 등을 포함시켜 자살을 폭넓은 개념으로 제시한 바 있다.

한국의 자살률이 최근 크게 증가하고 있다. 2001년 인구 10만 명당 자살자수가 14.4명에서 10년 뒤인 2011년 31.7명으로 크게 증가했다(통계청, 2012b). 10년간 자살자수가 2배 이상 증가했으며, 자살증가가 사회문제로 제기되고 있다. 특히 전체 인구 가운데 노인인구의 자살률이 매우 높으며, 노인자살률의 증가추이도 매우 빠르게 진행되고 있다. 이에 따라 노인자살이 중요한 사회문제로 지목되고 있다(박석돈 외, 2015).

다른 연령층에 비해서 노인자살률이 높은데 노인자살과 관련된 몇 가지 특징을 제시하고자 한다(임병우 외, 2015).

첫째, 연령차별주의적 관점에 기초하여 노인자살에 비해 청소년자살을 더 비극적인 사건으로 인식한다. 우울증 등으로 인해 발생하는 노인자살을 비극적 선택이 아닌 자연스러운 노화과정의 하나로 간주하는 경향이 있다.

둘째, 자살원인의 측면에서 노인이 아닌 연령계층은 노인에 비해 비교적 단순요인에 의해서 발생한다. 한편 노인자살은 자연스러운 노화과정이라고 할 수 있는 건강악화, 만성질환, 신체 및 정신상의 장애, 상실감과 소외감, 경제적 어려움 등의 사회적 · 환경적 · 심리적 원인들이 복합적으로 작용하여 발생하게 된다.

셋째, 자살을 행동으로 옮기는 노인들은 대개 주변에 도움을 요청하지 않고 그러한 생각을 알리지 않는 경향이 있다. 노인들은 자신의 자살에 관한 생각이나 의도 등을 다른 사람들에게 이야기하는 것과 자살에 대한 개입을 피하려는 경향이 있다. 노인들은 자살을 피하기 위한 유용한 지원에 대한 정보가 부족하여 위기전화, 정신과병원, 상담센터 등을 이용하지 않는 편이다.

넷째, 노인인구가 지속적으로 증가하는 상황에서 노인 혼자서 생활하는 독거노인의 수가 증가하고 있다. 독거노인은 사회적 관계가 단절되기 쉽기 때문에 독거노인이 자살을 시도하면 발견하여 구조하기가 어렵다. 따라서 자살시도가 사망이라는 결과로 이어질 가능성이 매우 높다.

다섯째, 노인들의 자살시도는 오랫동안 계획하여 치명적인 방법으로 진행되기 때문에 쉽게 자살로 이어지는 경향이 있다. 비노인계층의 경우에는 충동적이고 자신의 마음을 표현하기 위한 행동으로 자살을 시도하는 경향이 있기 때문에 자살이라는 결과로 이어질 가능성이 상대적으로 낮은 편이다. 외국의 사례들을 보면,

노인계층이 자살을 시도하여 사망하는 확률은 4 : 1인 반면에, 다른 연령집단은 8 : 1에서 20 : 1의 확률을 보이며 청소년계층은 200 : 1의 확률을 보이는 것으로 나타났다. 물론 이러한 확률의 차이는 노인의 경우 신체적으로 다른 계층에 비해 약하므로 자살이 사망으로 이어질 가능성이 높기 때문이기도 하다.

제2절 노인자살의 원인

1. 사회학적 이론

1) 교환이론

노인자살에 관한 사회학적 이론으로 교환이론과 사회통합이론을 제시할 수 있다(조추용 외, 2015). 교환이론은 행위자 간에 물질적 · 비물질적 자원이나 보상을 상호 교환하는 과정에 초점을 둔다. 산업사회의 진전으로 노인의 지위는 하락하게 되는데, 노인들이 보유하고 있던 재산의 감소, 전통적인 지식과 기술의 노후, 노동력의 저하, 건강의 악화 등으로 자신의 가치가 하락하게 되기 때문이다. 이로 인해 타인과의 상호작용에서 기여할 수 있는 부분이 제한되는 반면, 타인과의 관계에서 도움을 받아야 하는 상황에 처하게 되어 자신의 사회적 지위가 낮아지게 된다. 이러한 과정을 통해 결국에는 타인과의 상호 교환과정에서 호혜성의 원칙을 유지하기가 어려워져서 타인과의 상호작용 자체가 축소될 수밖에 없다.

노인의 사회적 관계는 가족, 친구, 이웃, 지인 등과 다양하게 이루어질 수 있다. 이러한 사회적 관계 속에서 상호작용을 하게 되는데, 전체적인 사회적 지위의 상실은 상호작용의 감소로 이어지고 노인의 삶의 질과 정신건강에 부정적인 영향을 주게 된다(이희완 · 유현숙, 2011). 노인이 각종 스트레스와 상실감을 경험하고 있을 때 이러한 관계에서 충분한 사회적 지지를 얻을 수 있다면 자살률을 상당 부분 감소시킬 수 있다.

노인의 다양한 사회적 관계에서도 특히 가족과의 긍정적인 상호작용을 통해서 노인은 많은 안정감을 얻을 수 있다. 노년기의 생활범주는 가족으로 제한되는 경향이 있으며 가장 긴밀한 정서적인 관계를 유지할 수 있기 때문에 가족 간의 관계가 매우 중요하다. 그러나 가족 간의 관계가 긍정적이지 못할 경우에는 노인의 상실감과 우울증을 유발하여 자살이라는 결과를 가져올 수 있다(김형수, 2002; 배지연, 2005; 이희완 · 유현숙, 2011).

2) 사회통합이론

자살과 관련하여 주요한 사회학적 이론을 제시한 뒤르켐(Durkheim)은 사회적 규제와 통합이 약해지면 자살률이 증가한다는 의견을 제시했다. 개인과 사회의 통합정도가 매우 중요한데, 사회 내에서 개인주의적 가치가 증가하고 사회의 도덕적 규제가 약해지면 사회통합 수준이 낮아져 전체적인 자살이 증가한다는 것이 핵심이다(이소정, 2010). 이러한 논의는 커트라이트와 펀키스트(Cutright & Fernquist, 2000)에 의해 실증적으로 증명된 바 있다.

사회통합의 수준은 사회적 신뢰, 정치적 신뢰, 삶의 만족도 등으로 측정될 수 있는데, 예를 들어 국민의 삶의 수준이 전체적으로 저하되면 사회적 신뢰도가 약해지고 상대적 박탈감을 초래하여 사회통합이 어려워진다(Brown & Vinokur, 2003). 사회통합이 잘 이루어지지 않은 사회에서는 우울증과 신체 및 정신상의 질환 등을 야기한다. 그러나 사회통합이 잘 이루어진 사회에서는 이와 반대로 노인의 심리적 안정으로 인해 자살률을 크게 낮출 수 있다. 사회통합이 잘 이루어진 사회는 노인에 대한 복지수준이 높은 경우가 많은데, 이러한 사회에서 노인이 제공받는 각종 지원은 노인의 삶의 만족도를 높여서 자살률을 감소시킬 수 있다.

2. 심리학적 이론

자살에 관한 심리학적 이론은 개인의 성격, 인지과정, 발달경험 등을 자살의 주요한 원인으로 제시하고 있다. 심리학의 자살에 대한 입장은 대부분 자살이 인간의 표준행동에서 이탈된 행위이며 심리적인 기능장애의 결과로 보는 것이다(임병우 외, 2015).

인간은 불가피하게 다양한 노화과정을 경험하게 되는데, 심리적인 측면에서도 노화과정이 발생하게 된다(정상수 외, 2014). 심리적 노화는 감각기능, 인지기능, 정서 및 성격 등의 측면에서 다양하게 진행되는 것이 일반적이다. 노년기에 접어들게 되면 신체상태에 대한 정보를 뇌에 전달하는 감각기관의 기능이 저하되기 마련이다. 감각기관의 저하는 감각기관이 수집한 정보를 처리하고 평가하는 지각기능의 반응속도를 저하시킨다. 이로 인해 환경의 변화에 대처할 수 있는 능력이 감소하게 된다.

노년기에 인지기능이 모두 저하되는 것은 아니지만 전체적으로 인지기능의 저하라는 심리적 변화를 경험하게 된다. 노년기에 기억능력이 약화되고 학습능력은 점차 감소하는 것으로 알려져 있다. 사고능력은 학습과 지각에 의해 받아들인 정보를 분류하고 개념화하는 과정이며, 문제해결 능력은 사고과정에서 만들어진 개념에 기초하여 추론하고 결정을 내리는 능력이다. 노년기에 이러한 사고능력과 문제해결 능력은 점차 감소하게 된다.

노년기에는 정서와 성격에서도 많은 변화가 발생한다(윤 진, 1996; Ruth, 1996; 정상수 외, 2014). 노년기에 발생하는 성격변화의 특징을 정리하면 다음과 같다.

① 내향성 및 수동성의 증가 : 외부환경에 관심을 기울이기보다는 내적인 측면에 주의를 기울인다. 자신의 사고나 감정으로 상황을 판단하고 능동적인 자세로 스스로 문제를 해결하지 않으며, 타인에게 의존하려고 한다.

② 조심성의 증가 : 도전보다는 정확하게 일을 처리하려고 하며, 감각능력이 저하되고 자신감이 떨어져서 매사에 주의를 기울이는 경향이 증가한다.

③ 경직성의 증가 : 그동안 자신에게 익숙해진 습관, 태도, 삶의 방식들을 고수하게 된다. 이로 인해 학습능력과 문제해결 능력이 저하되는 경향이 높다.

④ 우울성향의 증가 : 각종 질환, 경제적 능력의 감소, 배우자의 사망, 사회적 지위의 약화, 일상생활의 어려움, 과거에 대한 기억 등에서 오는 우울성향이 증가한다. 이러한 우울성향은 불면, 무감각, 강박관념, 증오심 등의 부정적인 심리적 변화를 가져온다.

⑤ 친근한 사물에 대한 애착의 증가 : 지속적으로 사용하는 물건에 대한 애착심이 강해지며, 이러한 심리에서 마음의 안정을 기하고 과거를 회상하는 경향이 커진다.

⑥ 성역할 지각의 변화 : 남성노인은 친밀감, 의존감, 관계지향성이 높아지며, 여성노인은 공격성, 자기주장, 자기중심성, 권위주의적 성향이 증가하는 경향이 있다.

노년기는 경제활동에서 은퇴하는 시기로서 이 시기에 발생되는 노화과정인 심리적 특성의 변화는 사회적 고립감, 무력감, 절망감 등의 부정적인 심리적 부담을 가져오고 삶의 질을 저하시킨다. 노년기에 발생하는 심리적 부담과 삶의 질의 저하는 불가피하게 스트레스를 유발하게 된다. 그리고 일상생활에서의 어려움들이 이러한 스트레스를 가중시키고 자아존중감을 떨어뜨리고 우울감을 높이게 된다(오병훈, 1999; 이소정 외, 2009; 오현숙, 2003; 김미경, 2015). 이러한 여러 가지 심리적 특성의 변화가 노인의 자살률을 높이는 결과를 초래하게 된다.

3. 경제적 요인

한국의 노인계층은 노후보장을 제대로 준비하지 못한 상태에서 노후를 보내고 있으며, 공적인 노후보장제도가 제대로 정착되지 않은 상태이다. 따라서 많은 노인들이 자녀의 부양에 의존하거나 빈곤상태에 놓여 있다. 최근 한국 노인의 경제적 상황은 다음과 같이 제시할 수 있다(박광준 외, 2011).

첫째, 노인은 직장 등 경제활동에서 은퇴한 이후에 재취업의 기회가 제한되어 빈곤상태에 처하게 되며, 평균수명의 지속적인 증가로 인해 빈곤하게 생활하는 시기가 연장되고 있다. 선진국의 경우 연금제도 등의 경제적 보장이 잘 구축되어 있지만, 한국의 경우 노후소득보장의 수준이 훨씬 낮은 상황이다.

둘째, 전체적으로 핵가족화가 진행되고 노인인구가 급증하는 가운데 노인가구수가 크게 증가하고 노인빈곤의 문제가 심화되고 있다. 전통적으로 한국의 노인들은 자녀들에게 경제적 지원을 받았지만, 사회변화와 핵가족화로 인해 자녀들로부터 부양을 기대하기 어려워져 빈곤한 노인들이 크게 증가하고 있다.

셋째, 노인계층은 다른 계층에 비해 유병률이 높아 의료비의 지출이 많다. 2015년 노인 1인당 연간진료비는 362만 원으로 전체 인구 113만 원에 비해 3배 이상 높다. 노인은 진료비를 비롯하여 의료서비스를 받는 데 많은 지출을 할 수밖에 없어 빈곤상태에 빠지기 쉽다(국민건강보험공단 · 건강보험심사평가원, 2016).

이러한 한국 노인의 경제적 특성으로 인해 2011년 경제개발협력기구의 회원국들 중에서 소득을 기준으로 한국의 노인빈곤율이 1위를 차지하는 것으로 나타났다(한국보건사회연구원, 2011). 최근 조사결과에 의하면, 노인이 겪는 가장 어려운 문제에 대한 응답 중 경제적 어려움이 50.7%로 다른 응답들에 비해 압도적으로 높은 것으로 나타났다(박선태 외, 2015).

노인의 낮은 경제적 수준은 노인의 우울증에 주요한 영향요인이다(김혜령, 2012). 월소득 300만 원 이상인 고소득 노인과 50만 원 미만의 저소득 노인 간에 무려 27.7%의 우울증 유병률의 차이가 보고된 바 있다(보건복지가족부, 2009). 국민기초생활보장 수급 노인을 대상으로 우울증을 조사한 김현미와 최연희(2011)는 69.90%, 이승희와 양순옥(2010)은 69.86%의 높은 우울 유병률을 보고했다.

이처럼 경제적 요인이 노인의 의존감을 높이고 자아존중감을 떨어뜨려 각종 스트레스와 우울증을 유발하게 한다. 이러한 심리상태가 노인의 자살로 이어질 수 있다. 2014년 보건복지부의 노인실태조사 자료에서도 노인들이 자살을 생각하는 이유 중 경제적 어려움이 40.4%를 차지하여 가장 높은 것으로 밝혀진 바 있다(보건복지부, 2014).

4. 건강요인

노년기에 경험하게 되는 노화과정은 불가피하게 신체적인 변화를 가져오게 된다. 신체구조에서 체중과 신장의 감소, 치아의 손실, 뼈질량의 감소, 내장중량의 감소, 피부탄력성의 저하 등의 변화가 발생한다. 신체기능의 측면에서는 체온조절 능력의 저하, 면역능력의 저하, 운동능력의 저하, 혈액순환 기능의 약화, 각종 내부장기 기능의 약화, 성적 기능의 감퇴 등 다양한 변화를 가져오게 된다(박현식 외, 20015).

이렇게 노화과정에서 발생하는 신체구조와 기능의 약화는 노인들에게 다양한 노인성 질환을 발생시켜 건강수준을 낮추게 된다. 최근 조사결과를 보면, 65세 이상 노인의 88.5%가 한 가지 이상의 만성질환을 보유하고 있는 것으로 나타났다. 따라서 노인계층은 다른 계층에 비해 유병률이 높아지게 된다.

건강은 자신이 독립적인 일상생활을 유지하고 사회생활을 유지하기 위해 필수적인 요소이며, 개인의 삶의 질에 가장 중요한 요소라고 할 수 있다. 그러나 노년기에 접어들게 되면, 전체적인 신체기능이 저하되고 유병률이 증가하여 노인의 삶의 질 수준은 낮아질 수밖에 없다(정상수 외, 2014). 노인들의 건강수준이 떨어지게 되면 자신감의 결여, 스트레스의 증가, 자아존중감의 감소, 우울증의 증가 등으로 인해 자살률이 높아지게 된다.

제3절 노인자살의 현황

자살은 다양한 요인들이 복합적으로 작용하여 발생하는 사건이라고 할 수 있다. 2015년 자살이 각종 암, 뇌혈관질환, 심장질환과 함께 주요한 5대 사망원인 가운데 하나로 보고될 정도로 사망의 주요 원인이 되고 있다(통계청, 2016b).

한국의 자살률은 OECD 국가들 중 가장 높은 수준에 위치하고 있다. 2013년 한국의 인구 10만 명당 자살률은 28.7명(총 14,427명)으로 멕시코 5.2, 영국 7.5, 노르웨이와 독일 10.8, 호주 11.1, 미국 13.1, 체코 14.2, 핀란드 15.8, 일본 18.7 등에 비해 매우 높은 것으로 보고되었다(OECD, 2016).

한국인의 전체 자살률이 크게 증가하고 있는 가운데, 시급하게 해결되어야 할 노인문제로 지적되고 있다(Segal et al., 2004). 한국의 노인자살률은 OECD 회원국들 중에서 1위이며 자살비율이 다른 연령계층에 비해서 높고 자살시도가 자살로 연결되는 확률도 훨씬 높은 것으로 보고되고 있다(신복기 · 이성진, 2016). 한국 노인의 자살률은 인국 10만 명당 2015년 기준 58.6명으로 전체 인구 자살률 26.5명의 2배가 넘는다. 그리고 이 수치는 OECD 국가 평균의 3배에 달하며 최근 한국의 노인자살률은 10년 이상 세계에서 가장 높은 것으로 평가되고 있다.

〈표 6-1〉에 노인의 자살사망률에 관한 자료가 제시되어 있다. 1990년 노인자살사망률은 인구 10만 명당 14.3명으로 전체 7.6명에 비해 2배가량 높은 것을 확인할 수 있다. 1995년과 2000년에는 각각 23.6명과 35.5명으로 지속적으로 증가하는 경향을 보이고 있다. 2005년에도 80.3명으로 매우 큰 폭으로 증가했고 2010년에는 81.9명으로 소폭 증가했다. 2015년에는 58.6명으로 2010년에 비해 다소 감소한 것으로 보이지만, 전체 자살사망률인 26.5명에 비해 2배 이상 높은 수치를 보이고 있다. 결론적으로 노인자살사망률은 전체 자살사망률에 비해 매우 높은 수준이며, 증가속도도 더 빠른 것을 알 수 있다.

노인자살사망률을 성별로 살펴보면, 남자노인이 여자노인에 비해 압도적으로 높은 것을 알 수 있다. 1990~2015년의 기간 전체적으로 남자노인의 자살사망률이 여자노인에 비해 2배가 훨씬 넘는 것을 알 수 있다. 2015

년 남자노인이 95.2명으로 여자노인 32.1명에 비해 거의 3배가량 높은 자살사망률을 보이고 있다.

노인의 연령별 자살사망률을 살펴보면 흥미로운 사실을 발견할 수 있다. 1990~2015년 기간 동안 노인의 연령이 높아질수록 자살사망률은 증가하는 경향을 볼 수 있다. 그리고 2000년 이후에는 그 이전과 비교하면, 연령이 증가할수록 자살사망률이 증가하는 정도가 훨씬 크다는 점을 확인할 수 있다. 1990년과 1995년의 연령별 자살사망률의 차이는 그렇게 높지 않다. 1995년 65~69세의 자살사망률은 19.2명, 70~74세 24.6명, 75~79세 27.3명, 80세 이상 28.5명으로 연령구간별 증가인원은 6명 미만을 기록하고 있다. 그러나 2000년 이후에는 그 차이가 매우 커지고 있다. 2010년 65~69세의 자살사망률은 60.0명, 70~74세 76.1명, 75~79세 94.7명, 80세 이상 123.3명으로 연령구간별 증가인원은 10명을 초과하는 수치를 보이고 있다. 이러한 경향은 2000~2015년 기간 동안 매우 유사하게 나타나고 있다. 한편 2015년에는 2010년에 비해 전체 자살사망률이 낮아졌는데, 각 연령별 자살사망률도 전 연령구간에서 낮아지고 있는 현상을 발견할 수 있다.

이러한 차이는 한국이 1997년 후반 이후 심각한 경제위기 상황에 놓이게 되었고 이러한 경제위기의 여파가 노인들에게 지속적으로 영향을 미치고 있는 것으로 보인다. 앞에서 살펴본 것처럼 노인자살에 영향을 미치는 주요한 원인으로 경제적 요인이 제시되었고 노인의 자살생각에 가장 많은 영향을 주는 요인이 경제적 어려움이라는 사실을 상기하면 쉽게 이해할 수 있다.

〈표 6-1〉 노인의 자살사망률 (단위 : 인구 10만명당 인원수)

연도	전체 자살 사망률	노인 자살 사망률	성 별		연 령 별			
			남자	여자	65~69세	70~74세	75~79세	80세 이상
1990년	7.6	14.3	22.9	9.2	14.4	13.2	12.7	18.2
1995년	10.8	23.6	37.6	15.5	19.2	24.6	27.3	28.5
2000년	13.6	35.5	55.6	23.6	25.9	34.4	45.5	51.0
2005년	24.7	80.3	128.6	49.3	62.5	74.5	88.8	126.7
2010년	31.2	81.9	128.5	50.1	60.0	76.1	94.7	123.3
2015년	26.5	58.6	95.2	32.1	37.1	54.9	72.5	83.7

출처 : 통계청. 사망원인통계. 각 연도.

PART 03

노인복지시설

Chapter 07 노인주거복지시설과 노인의료복지시설

현재 노인복지법에 규정된 노인복지시설의 유형은 크게 노인주거복지시설, 노인의료복지시설, 재가노인복지시설, 노인여가복지시설, 노인보호전문기관, 노인일자리지원기관 등으로 분류된다. 여기에서는 노인복지시설 가운데 노인주거복지시설, 노인의료복지시설, 재가노인복지시설에 대한 내용을 보건복지부(2017a)의 노인보건복지사업안내 1권을 중심으로 살펴보기로 한다.

제 1 절 노인주거복지시설

1. 시설유형

① 양로시설

노인을 입소시켜 급식과 기타 일상생활에 필요한 편의를 제공하는 입소정원 10명 이상의 시설이다.

② 노인공동생활가정

노인들에게 가정과 같은 주거여건과 급식, 기타 일상생활에 필요한 편의를 제공하는 입소정원 5명 이상 9명 이하의 시설이다.

③ 노인복지주택

노인에게 주거시설을 분양하거나 임대하여 주거의 편의와 생활지도, 상담 및 안전관리 등 일상생활에 필요한 편의를 제공하는 30세대 이상의 시설이다.

2. 입소대상

1) 양로시설과 노인공동생활가정

(1) 무료 입소대상자

양로시설과 노인공동생활가정의 무료 입소대상자는 일상생활에 지장이 없는 65세 이상의 사람으로 다음의 조건을 갖추어야 한다. 단, 입소대상자의 배우자는 65세 미만의 경우에도 입소대상자와 함께 입소할 수 있다.

① 국민기초생활보장제도의 생계급여 수급자나 의료급여 수급자
- 노인장기요양보험의 장기요양등급 판정의 결과 장기요양급여 대상자로 판정받지 못한 사람에 대해서는 관할 시·군·구청장은 우선적으로 노인주거복지시설에 입소의뢰하여야 한다. 그리고 지역 내 노인주거복지시설이 없는 등 불가피한 사유가 있을 경우에만 노인의료복지시설로 입소조치할 수 있다.

② 국민기초생활보장제도의 생계급여 수급자나 의료급여 수급자가 아닌 자 중에서 생계를 같이하는 부양의무자로부터 적절한 부양을 받지 못하는 사람
- 학대피해로 노인보호전문기관의 입소의뢰를 받은 노인과 긴급조치대상자 등

(2) 실비 입소대상자

실비 입소대상자는 일상생활에 지장이 없는 65세 이상의 자로서 입소대상자의 당해 연도 월평균 소득액이 도시근로자 1인당 월평균 소득액 이하인 사람이 해당된다.

① 월평균 소득액 : 본인과 그 배우자 및 생계를 같이하는 부양의무자의 월소득 합산액을 가구원수로 나눈 소득액

② 도시근로자 1인당 월평균 소득액 : 통계청에서 고시하는 '2016년도의 도시근로자 가구 월평균 소득'을 2016년도 평균 가구원수로 나누어 얻은 1인당 월평균 소득액

③ 도시근로자 1인당 월평균 소득액은 국가통계포털(www.kosis.kr) → 주제별 통계 → 물가·가계 → 가계 → 가계소득지출 → 가계동향조사(신분류) → 도시(명목) → 가구당 월평균 가계수지(도시, 2인 이상)를 참고하면 된다.

(3) 유료 입소대상자

입소자로부터 입소비용의 전부를 수납하여 운영하는 양로시설 또는 노인공동생활가정의 경우는 60세 이상의 사람이 해당된다. 입소대상자의 배우자는 60세 미만인 경우에도 입소대상자와 함께 입소가 가능하다.

2) 노인복지주택

노인복지주택의 입소대상자는 모두 유료 대상자로 단독취사 등 독립된 주거생활을 하는 데 지장이 없는 60세 이상의 사람이 해당된다.

3. 입소절차

1) 무료 입소대상자

무료 입소대상자는 해당 시 · 군 · 구에 입소신청사유서 및 관련 증빙자료를 첨부하여 입소를 신청한다. 읍 · 면 · 동사무소에서 신청을 접수하면 이후 입소여부와 입소시설이 결정된다. 시 · 군 · 구는 신청인 및 당해 시설장에게 이 사항을 통보한다. 노인보호전문기관에서 학대피해노인으로 입소를 의뢰한 노인은 선입소 조치 이후 10일 이내에 증빙서류(건강진단서, 학대사례판정서 등)를 제출하면 된다.

2) 실비 입소대상자

시설장과 입소신청자가 협의하는 과정을 거쳐서 시설장이 입소신청자와 계약하고자 하는 경우에 관할 시 · 군 · 구에 입소심사를 의뢰한다. 관할 시 · 군 · 구는 심사결과를 시설장에게 통보하고 이후에 시설장과 입소신청자 간의 계약에 의하여 시설에 입소한다.

3) 유료 입소대상자

입소는 당사자 간의 계약에 의하여 이루어지며, 입소대상자가 계약을 체결할 수 없는 부득이한 사유가 있다고 시장 · 군수 · 구청장이 인정하는 때에는 입소대상자의 배우자나 부양의무자가 계약당사자가 될 수 있다.

4. 노인주거복지시설의 운영기준

1) 건강관리(노인복지주택은 제외)

① 노인주거복지시설에는 입소자의 건강관리를 위한 책임자를 두고 의사(한의사 포함), 간호사, 기타 자격이 있는 자가 그 임무를 수행해야 한다.
② 전담의사를 두지 않은 시설은 촉탁의사를 두거나 의료기관과 협약을 체결하여 의료 연계체계를 구축해야 한다.
③ 촉탁의사를 두거나 의료기관과 협약을 체결한 경우에 매월 시설을 방문하여 입소자의 건강상태를 확인하고 건강상태가 악화된 입소자에 대하여 적절한 조치를 취해야 한다.
④ 입소자와 직원은 연 1회 이상의 건강진단을 받아야 하며, 건강진단 결과 건강이 좋지 않은 경우 그 치료를 위하여 필요한 조치를 취해야 한다.
⑤ 입소자는 건강상태에 따라 적절한 훈련과 휴식을 하도록 해야 한다.
⑥ 시설환경을 항상 청결하게 하고 그 위생관리에 유의해야 한다.

2) 급식위생관리

① 시설장은 입소자가 필요한 영양을 섭취할 수 있도록 영양사가 작성한 식단에 따라 급식을 제공해야 한다. 영양사가 없는 시설은 소재지를 관할하는 보건소장이나 다른 시설의 영양사의 지도를 받아 식단을 작성하고 이에 따라 급식해야 한다.
② 전염성 질환이나 화농성창상 등이 있는 자는 입소자의 식사를 조리해서는 안 된다.
③ 시설에서 사용되는 음용수의 경우에는 정기적으로 수질검사를 받아야 한다.
④ 입소자의 식사를 조리하는 자는 항상 청결을 유지해야 한다.

3) 운영규정

① 시설장은 조직, 인사, 급여, 회계, 물품, 기타 시설운영에 관하여 필요한 규정을 작성하여 시장·군수·구청장에게 제출해야 한다.

② 양로시설·노인공동생활가정 및 노인복지주택의 운영규정에는 다음의 사항이 포함되어야 한다.

- 입소정원 및 모집방법 등에 관한 사항
- 입소계약에 관한 사항(계약기간, 계약목적, 입소보증금, 월 이용료, 기타 비용부담액, 신원인수인의 권리·의무, 계약의 해제, 입소보증금의 반환 등에 관한 사항을 포함)
- 입소보증금과 이용료 등 비용에 대한 변경방법 및 절차 등에 관한 사항
- 서비스의 내용과 그 비용의 부담에 관한 사항
- 특별한 보호를 필요로 하는 경우에는 그 서비스 기준과 비용에 관한 사항
- 의료를 필요로 하는 경우에는 그 구체적인 처리절차
- 시설물 사용상의 주의사항 등에 관한 사항
- 서비스 제공자의 배상책임과 면책범위에 관한 사항
- 운영규정의 개정방법 및 절차 등에 관한 사항
- 운영위원회 또는 운영간담회의 설치와 운영에 관한 사항

③ 시설장은 운영규정에서 정한 바에 따라 해당 시설을 운영해야 한다.

④ 모든 종사자는 시설장과 근로계약이 체결되어야 한다.

4) 보증금의 수납 및 반환

① 양로시설 및 노인공동생활가정을 설치한 자가 보증금을 수납하는 때에는 월 입소비용의 1년분 이내에서 수납해야 한다.
② 노인주거복지시설을 설치한 자는 입소자가 퇴소하는 때에는 지체 없이 수납한 보증금을 입소자나 부양의무자에게 반환해야 한다.

5) 시설에서의 기거자

① 시설장은 입소자의 침실 또는 침실이 있는 건물마다 요양보호사와 기타 직원 중 1명을 입소자와 함께 기거하도록 조치해야 한다.
② 시설 내에서는 입소자 외에 시설장, 직원, 그 가족이 아닌 자는 거주하지 못한다.

6) 사업의 실시

① 시설장은 입소자에 대하여 적극적으로 필요한 생활지도를 해야 한다.
② 시설장은 입소자의 연령, 성별, 성격, 생활력, 심신의 건강상태 등을 고려하여 수시로 입소자와 면담하거나 관찰지도하고 특이사항을 기록하고 유지해야 한다. 필요하면 다른 노인복지시설로의 전원 등의 조치를 취해야 한다.
③ 시설장이 생활지도 등을 할 때 입소자의 의사를 최대한 존중해야 한다.
④ 시설장은 노인교실 등의 기관과 제휴하여 입소자가 교양교육 등을 받도록 함으로써 건전하고 활력 있는 생활을 할 수 있도록 노력해야 한다.
⑤ 시설장은 시설종류별로 각 시설의 특성을 고려하여 적합한 사업을 실시해야 한다.

7) 운영위원회

사회복지사업법에 따라 운영위원회를 설치하여 운영해야 한다. 단, 입소자로부터 입소비용 전부를 수납하여 운영하는 노인주거복지시설은 시설장, 직원, 가족대표, 입소자대표 및 노인복지명예지도원으로 구성된 운영간담회를 설치하여 운영할 수 있고 시설장은 입소자의 상황, 서비스 제공 상황 등 시설의 운영과 관리비 등의 내용을 정기적으로 운영간담회에 보고해야 한다.

5. 유료 노인주거복지시설

1) 개 념

유료 노인주거복지시설은 일반노인을 대상으로 급식과 주거의 편의, 생활지도, 상담 및 안전관리 등의 서비스를 제공할 목적으로 민간사업자가 시설을 설치하고 운영비는 입소노인의 본인부담으로 조달하여 운영하는 시설이다. 유료 노인주거복지시설은 입소자로부터 입소비용의 전부를 수납하여 운영하는 양로시설 및 노인공동생활가정이 해당된다.

유료 양로시설은 입소노인에게 급식, 주거의 편의, 생활지도 등 일상생활에 필요한 각종 편의를 제공하여 노후에 편안하고 안정된 생활을 영위하도록 지원한다.

2) 연 혁

① 유료 양로시설 신설(1981. 6. 5) : 노인복지법 제정(1981. 6. 5) 시부터 도입

② 노인복지주택 신설(1989. 12. 30) : 실비 노인복지주택에 해당

③ 유료 노인복지주택 신설(1993. 12. 27)

- 종전 노인복지주택을 실비 노인복지주택으로 명칭 변경
- 유료 노인복지주택을 신설

  : 경제행정 규제완화시책의 일환으로 1993년 12월 27일 개정된 노인복지법에 의하여 종전 사회복지법인 이외에 민간기업체나 개인도 노인복지시설의 설치·운영이 가능

④ 유료 노인복지주택 분양 허용(1997. 8. 22)

- 유료 노인복지주택은 유료로 분양 또는 임대할 수 있도록 하여 분양을 허용

⑤ 유료 노인복지주택 분양형 폐지(2015. 1. 28)

3) 운 영

(1) 직원의 자격 및 배치 기준(30명 이상인 경우)

① 입소자 50명 이상인 경우에 시설장, 사무국장, 사회복지사, 의사 또는 촉탁의사, 사무원, 영양사 등을 배치한다.

② 조리원 2명을 배치하며, 입소자 100명 초과 시마다 1명을 추가한다.

③ 위생원은 입소자 50명당 1명을 배치하며, 관리인을 1명 배치한다.

④ 간호사 또는 간호조무사는 입소자 50명당 1명을 배치한다.

⑤ 요양보호사는 입소자 12.5명당 1명을 배치한다. 요양보호사는 입소자가 없더라도 1명을 배치한다.

⑥ 영양사 및 조리원이 소속되어 있는 업체에 급식을 위탁하는 경우에는 해당 직원을 배치하지 않아도 된다.

(2) 운영기준

시설장은 다음 사항이 포함된 운영규정을 두고 시설을 운영해야 한다.

① 입소정원 및 모집방법 등에 관한 사항
② 입소계약에 관한 사항(계약기간, 계약목적, 입소보증금, 월 이용료와 기타 비용부담액, 신원인수인의 권리와 의무, 계약의 해제, 입소보증금의 반환 등에 관한 사항 포함)
③ 입소보증금와 이용료 등 비용에 관한 변경방법 및 절차 등에 관한 사항
④ 서비스의 내용과 그 비용의 부담에 관한 사항
⑤ 특별한 보호를 필요로 하는 경우, 그 서비스 기준과 비용에 관한 사항
⑥ 의료를 필요로 하는 경우에는 구체적인 처리절차
⑦ 시설물 사용상의 주의사항 등에 관한 사항
⑧ 서비스 제공자의 배상책임과 면책범위에 관한 사항
⑨ 운영규정의 개정방법 및 절차 등에 관한 사항
⑩ 운영위원회의 설치와 운영에 관한 사항
⑪ 운영간담회의 설치와 운영에 관한 사항

운영간담회는 설치하지 않을 수 있으며, 노인공동생활가정인 경우 운영위원회 대신에 운영간담회만 설치할 수 있다.

시설장은 운영간담회를 설치할 경우에 다음과 같이 운영해야 한다.

① 시설장, 직원, 가족대표, 입소자대표 및 노인복지명예지도원으로 구성하고 운영한다.
② 시설장은 입소자의 상황, 서비스 제공 상황 등 시설의 운영과 관리비 등의 내용을 정기적으로 운영간담회에 보고하여야 하며, 입소자와 그 가족의 의견이 시설의 운영에 반영되도록 해야 한다.

6. 노인주거복지시설의 인력배치 기준

노인주거복지시설의 인력배치 기준이 〈표 7-1〉에 제시되어 있다. 노인주거복지시설의 유형과 시설규모에 따라서 직종별 배치인원이 정해져 있다. 시설장은 양로시설, 노인공동생활가정, 노인복지주택 등 모든 시설유형과 규모에 따라서 1명씩 배치된다. 시설장은 노인복지주택을 제외하고 사회복지사업법에 따른 사회복지사 자격증을 소지한 사람이나 의료법 제2조에 따른 의료인이 자격을 갖는다. 의료인은 보건복지부장관의 면허를 받은 의사 · 치과의사 · 한의사 · 조산사 및 간호사 등이 해당된다. 사무국장은 입소자 30명 이상의 양로시설에 1명이 배치되며, 입소자 10명 이상 30명 미만의 양로시설의 경우에는 사무국장 또는 사회복지사 1인을 배치하면 된다.

사회복지사는 입소자 30인 이상의 양로시설에 1명이 배치되며, 입소자 10명 이상 30명 미만의 양로시설에는 사무국장 또는 사회복지사 1인을 배치하면 된다. 노인복지주택의 경우에도 사회복지사 1명이 배치되어야 한다. 의사(한의사 포함)나 촉탁의사는 입소자 30명 이상의 양로시설에 1명이 배치된다. 간호사(또는 간호조무사)는 입소자 30명 이상의 양로시설에 1명이 배치되는데, 입소자 50명당 1명씩 배치되어야 한다. 요양보호사는 양로시설의 입소자 12.5명당 1명씩 배치되며, 소규모 양로시설인 노인공동생활가정의 경우 입소자 4.5명당 사회복지사, 간호사 또는 간호조무사, 요양보호사 중 1명이 배치된다.

그리고 입소자 30명 이상의 양로시설에 사무원은 입소자 100명 이상인 경우에 1명, 영양사는 입소자 100명 이상인 경우에 1명, 조리원은 2명(입소자 100명 추가 시마다 1명 추가 배치), 위생원은 입소자 50명당 1명으로 규정되어 있다. 입소자 10명 이상 30명 미만의 양로시설의 경우 조리원 1명과 위생원 1명이 배치된다. 노인복지주택은 관리인 1명이 배치되도록 규정되어 있다.

〈표 7-1〉 노인주거복지시설의 인력배치 기준

<table>
<tr><th colspan="2">구 분</th><th>시설장</th><th>사무국장</th><th>사회복지사</th><th>의사(한의사 포함) 또는 촉탁의사</th><th>간호사(간호조무사)</th><th>요양보호사</th><th>사무원</th><th>영양사</th><th>조리원</th><th>위생원</th><th>관리인</th></tr>
<tr><td rowspan="2">양로시설</td><td>입소자 30명 이상</td><td>1명</td><td>1명</td><td>1명</td><td>1명 이상</td><td>입소자 50명당 1명</td><td>입소자 12.5명당 1명</td><td>1명 (입소자 100명 이상인 경우)</td><td>1명 (1회 급식 인원이 50명 이상인 경우)</td><td>2명 (입소자 100명 초과별 1명 추가)</td><td>입소자 50명당 1명</td><td></td></tr>
<tr><td>입소자 10명 이상 30명 미만</td><td>1명</td><td colspan="2">1명</td><td></td><td>1명</td><td>입소자 12.5명당 1명</td><td></td><td></td><td>1명</td><td>1명</td><td></td></tr>
<tr><td colspan="2">노인공동생활가정</td><td>1명</td><td colspan="2"></td><td colspan="3">입소자 4.5명당 사회복지사, 간호사·간호조무사 또는 요양보호사 1명 이상</td><td></td><td></td><td></td><td></td><td></td></tr>
<tr><td colspan="2">노인복지주택</td><td>1명</td><td></td><td>1명</td><td></td><td></td><td></td><td></td><td></td><td></td><td></td><td>1명</td></tr>
</table>

제2절 노인의료복지시설

1. 노인의료복지시설의 유형

① 노인요양시설

치매 · 중풍 등 노인성 질환 등으로 심신에 상당한 장애가 발생하여 도움을 필요로 하는 노인을 입소시켜 급식, 요양, 기타 일상생활에 필요한 편의를 제공하는 시설이다. 노인요양시설의 입소정원은 10명 이상이다. 노인성 질환은 노인장기요양보험법 시행령 별표 1에 규정되어 있으며, 각 질환은 대부분 치매와 뇌혈관계 질환이다.

② 노인요양공동생활가정

치매 · 중풍 등 노인성 질환 등으로 심신에 상당한 장애가 발생하여 도움을 필요로 하는 노인에게 가정과 같은 주거여건과 급식, 요양, 기타 일상생활에 필요한 편의를 제공하는 소규모 요양시설이다. 노인요양공동생활가정의 입소정원은 5명 이상 9명 이하이다.

2. 입소대상

1) 노인장기요양보험제도의 수급자 중 시설급여 대상자

(1) 장기요양 1~2등급의 판정을 받은 사람

(2) 장기요양 3~5등급자 중에서 아래에 해당하는 사람

① 장기요양 3~4등급자로 판정받았으나 등급판정위원회에서 다음 사유에 해당하는 것으로 판단되어 시설입소를 희망하는 사람

가. 동일세대의 가족구성원으로부터 수발이 곤란한 경우
- 동일세대의 가족구성원으로부터 방임, 유기, 학대의 가능성이 높을 때
- 가정폭력 등으로 인해 가족과 함께 원만한 가정생활이 곤란하게 된 때

나. 주거환경이 열악하여 시설입소가 불가피한 경우
- 화재 및 철거 등 거주하는 주택 또는 건물에서 생활하기 곤란하게 된 때

다. 심신상태 수준이 재가급여를 이용할 수 없는 경우
- 배회나 폭행 등의 문제행동으로 보호자가 생계를 위해 직장에 있는 동안 하루 종일 밖에서 문을 잠가두어야 하는 상태에 있는 때

② 장기요양 5등급자
등급판정위원회에서 다음의 사유 중 1개 이상에 해당하고 의사소견서 치매진단 관련 보완서류의 영역이 일정 점수 이상인 것으로 판단되어 시설입소를 희망하는 사람

가. 동일세대의 가족구성원으로부터 수발이 곤란한 경우
나. 주거환경이 열악하여 시설입소가 불가피한 경우

2) 기타 시설급여 대상자

다음과 같은 사유로 반드시 시설입소가 필요한 노인은 먼저 양로시설에 보호조치한다. 양로시설의 입소가 불가능할 경우에는 관할 시 · 군 · 구청장이 판단하여 노인요양시설에 입소시켜 보호한다.

① 노인보호전문기관에서 학대피해노인으로 입소를 의뢰한 노인
② 기초수급자(65세 이상의 생계급여나 의료급여 수급자)나 긴급조치 대상자로서 거주지가 없어져 가정에서 생활이 불가능하거나 부양의무자가 부양을 거부하거나 실종되는 등의 사유로 수발할 사람이 없는 경우

3. 입소절차

1) 노인장기요양보험제도의 수급자 중 시설급여 대상자

노인장기요양보험의 노인장기요양인정의 절차와 동일하다. 다음 절에서 자세하게 기술한다.

2) 기타 시설급여 대상자

주소지를 관할하는 특별자치도지사 · 시장 · 군수 · 구청장에게 입소신청서 제출 → 입소여부 및 입소시설 결정 → 신청인 및 당해 시설에 통지의 순서로 진행된다.

4. 입소비용

1) 노인장기요양보험제도의 수급자 중 시설급여 대상자

노인장기요양보험 적용대상인 노인의료복지시설의 입소비용과 동일하다. 다음 절에서 자세하게 기술한다.

2) 기타 시설급여 대상자

국가와 지방자치단체가 전액을 부담한다.

3) 입소자로부터 입소비용의 전부를 수납하여 운영하는 노인요양시설 또는 노인요양공동생활가정의 입소대상자

입소자 본인이 전액 부담한다.

5. 노인의료복지시설의 폐지와 휴지

1) 신고기간

시설장은 노인의료복지시설을 변경 또는 폐지 · 휴지하고자 하는 경우 3개월 전까지 시 · 군 · 구청장에게 신고해야 한다.

2) 조치계획

시설장은 해당 시설을 폐지나 휴지하는 경우 시설이용자가 다른 시설을 이용할 수 있도록 조치계획을 수립하고 이행하는 등 시설이용자의 권익을 보호하기 위한 조치를 취해야 한다.

6. 서비스 제공의 기본원칙

① 인권보호

성, 연령, 종교, 건강상태 및 장애, 경제상태, 종교 및 정치적 신념, 개인적 선호도 등을 이유로 서비스 과정에서 수급자를 차별 또는 학대해서는 안 되며, 존엄한 존재로 대해야 한다.

② 자기결정

입소 및 퇴소, 일상생활, 사회참여, 종교생활 등 장기요양서비스 이용에 수급자의 자기결정권과 선택권을 최대한 존중한다.

③ 자립생활

수급자의 잔존기능, 장점 및 자원을 평가하여 가능한 한 수급자 스스로 자신의 삶을 영위할 수 있도록 지원해야 한다.

④ 재가요양 우선

가능한 한 수급자 자신이 살던 가정과 지역사회에서 오랫동안 생활할 수 있도록 한다.

⑤ 사례관리

수급자의 욕구, 문제, 장점과 자원에 대한 정확한 사정을 바탕으로 개인별로 차별화된 서비스 계획을 수립하여 수급자의 욕구에 적합한 서비스를 충분히 제공해야 한다.

⑥ 비밀보장

수급자의 사생활을 존중하고 업무상 알게 된 개인정보는 철저히 비밀을 보장한다.

⑦ 기록 및 공개

수급자의 생활과 장기요양서비스에 관한 모든 내용을 상세히 관찰하여 정확히 기록하고 수급자나 가족이 요구할 경우 기록을 공개해야 한다.

⑧ 사회통합

수급자와 가족, 친구 등과의 교류를 강화하고 사회참여를 적극적으로 지원하여 수급자의 사회통합을 촉진해야 한다.

⑨ 전문서비스와 효율성

충분한 전문인력과 시설을 확보하여 수급자에게 장기요양서비스를 제공하되, 서비스의 효율성을 제고하기 위해 노력해야 한다.

⑩ 부당청구 금지

수급자의 욕구와 문제, 기능상태를 고려하여 적정 수준의 서비스를 제공해야 하며, 과다 서비스의 제공과 부당청구를 해서는 안 된다.

⑪ 알선행위 등의 금지

영리를 목적으로 본인일부부담금을 면제하거나 할인하는 행위, 금품 등을 제공하는 등 수급자를 소개 · 알선 · 유인하는 행위 및 이를 사주하는 행위를 해서는 안 된다.

7. 노인의료복지시설의 인력배치 기준

〈표 7-2〉에 노인의료복지시설의 인력배치 기준이 제시되어 있다. 시설장은 노인요양시설에 1명이 배치된다. 시설장은 노인복지주택을 제외하고 사회복지사업법에 따른 사회복지사 자격증을 소지한 사람이나 의료법 제2조에 따른 의료인이 자격을 갖는다. 의료인은 보건복지부장관의 면허를 받은 의사 · 치과의사 · 한의사 · 조산사 및 간호사 등이 해당된다. 사무국장은 입소자 30명 이상인 노인요양시설에 1명 배치된다.

사회복지사는 입소자 30명 이상의 노인요양시설에 1명이 배치되며, 입소자가 100인을 초과할 때마다 1명씩 추가로 배치된다. 입소자 10명 이상 30명 미만의 노인요양시설에는 사무국장이나 사회복지사 1명이 배치되며,

소규모시설인 노인요양공동생활의 경우에는 시설장, 사무국장, 사회복지사 중에서 1명이 배치된다.

의사(한의사 포함)나 촉탁의사는 입소자 30인 이상의 양로시설에 1명 이상, 입소자 10명 이상 30명 미만의 경우에는 1명이 배치된다. 간호사나 간호조무사는 입소자 30명 이상의 요양시설은 입소자 25명당 1명, 입소자 10명 이상 30명 미만의 경우에는 1명이 배치된다. 물리치료사나 작업치료사는 입소자 30명 이상의 노인요양시설에 1명이 배치되며, 입소자 100명 초과 시마다 1명이 추가로 배치된다. 소규모시설인 노인요양공동생활가정의 경우에는 간호사(간호조무사)와 물리치료사(작업치료사) 가운데 1명이 배치된다.

요양보호사는 노인요양시설의 경우 입소자 2.5명당 1명이 배치되는데, 입소자 30인 이상일 경우 치매전담실을 운영하면 해당 입소자 2명당 1명의 요양보호사가 배치되어야 한다. 노인요양공동생활가정의 경우 입소자 3명당 1명의 요양보호사가 배치되며 치매전담실을 운영하면 해당 입소자 2명당 1명의 요양보호사가 배치되어야 한다. 요양보호사는 노인복지법에 규정된 요양보호사 1급 자격증 소지자가 해당된다.

입소자 30명 이상인 노인요양시설에는 입소자 50명 이상일 경우에 사무원 1명, 1회 급식인원 50명 이상일 경우에 영양사 1명, 입소자 25명당 조리원 1명, 위생원 1명(입소자 100명 초과 시마다 1명 추가), 입소자 50명인 경우에 관리인 1명 등이 배치된다. 입소자 10명 이상 30명 미만일 경우에 조리원 1명이 배치된다.

〈표 7-2〉 노인의료복지시설의 인력배치 기준

구 분		시설장	사무국장	사회복지사	의사(한의사 포함) 또는 촉탁의사	간호사(간호조무사)	물리치료사(작업치료사)	요양보호사	사무원	영양사	조리원	위생원	관리인
노인요양시설	입소자 30명 이상	1명	1명(입소자 50명 이상인 경우)	1명(입소자 100명 초과별 1명 추가)	1명 이상	입소자 25명당 1명	1명(입소자 100명 초과별 1명 추가)	입소자 2.5명당 1명(치매전담실 2명당 1명)	1명(입소자 50명 이상인 경우)	1명(1회 급식 인원이 50명 이상인 경우)	입소자 25명당 1명	1명(입소자 100명 초과별 1명 추가)	1명(입소자 50명 이상인 경우)
	입소자 10명 이상 30명 미만	1명	1명		1명	1명		입소자 2.5명당 1명			1명		
노인요양공동생활가정		1명				1명		입소자 3명당 1명(치매전담형 2명당 1명)					

제3절 노인장기요양보험의 적용대상인 노인의료복지시설 노인복지론

1. 장기요양기관으로의 지정

노인의료복지시설을 설치하여 운영하고 있는 자가 노인장기요양보험법에 따른 장기요양기관으로 지정받아 시설급여를 제공하고자 할 경우에는 해당 시설과 인력요건을 갖추어 관할 특별자치시장 · 특별자치도지사 · 시 · 군 · 구청장에게 신청한다.

2. 이용절차

노인장기요양보험의 적용대상인 노인의료복지시설에 입소하기 위한 절차는 다음과 같다. 이 입소절차는 노인장기요양보험의 적용대상인 재가노인복지시설에도 동일하게 적용된다.

1) 장기요양인정신청 및 조사

노인의료복지시설에 입소하거나 재가노인복지시설의 서비스를 받고자 하는 사람은 65세 이상의 노인 및 65세 미만이면서 노인성 질환을 가지고 있는 사람이 기본자격을 갖추게 된다. 그리고 노인장기요양보험의 가입자(피부양자 포함)나 의료급여 수급권자의 조건 중 하나를 충족해야 한다.

서비스를 받기 위해 자격조건을 갖춘 사람은 일차적으로 전국 건강보험공단의 지사(노인장기요양보험운영센터)에 '장기요양인정신청'을 해야 한다. 장기요양신청은 본인이 하며, 신체적 · 정신적인 사유로 직접 신청하기 어려운 경우에는 본인의 가족이나 친족, 기타 이해관계인이 이를 대리할 수 있다. 그리고 사회복지전담공무원이 관할지역 내에 거주하는 사람에 한해서 신청을 할 수 있는데, 수급희망자 본인이나 가족의 동의를 받아야 한다. 또한 본인이 장기요양인정신청 등을 할 수 없는 경우 특별자치시장 · 특별자치도지사 · 시장 · 군수 · 구청장이 지정하는 자가 신청을 대리할 수 있다.

장기요양인정 신청인은 건강보험공단에 장기요양인정신청서에 의사나 한의사가 발급하는 의사소견서를 첨부하여 제출해야 한다. 의사소견서는 공단이 장기요양등급판정위원회에 자료를 제출하기 전까지 제출할 수 있다. 단, 신청인이 65세 미만일 경우에는 노인성 질병을 확인할 수 있는 진단서 등의 증명서류를 첨부해야 한다. 그리고 거동이 현저하게 불편하거나 도서나 벽지 지역에 거주하여 의료기관을 방문하기 어려운 경우에는 의사소견서를 제출하지 않아도 된다.

2) 장기요양인정신청의 조사

건강보험공단은 신청서를 접수하면 소속직원(사회복지사, 간호사)을 파견하여 신청인의 심신상태와 신청인에게 필요한 장기요양급여의 종류 및 내용 등을 조사한다. 단, 지리적 사정 등으로 직접 조사하기 어려운 경우 또는 조사에 필요하다고 인정하는 경우 각 지방자치단체에 조사를 의뢰하거나 공동으로 조사할 것을 요청할 수 있다.

장기요양인정 신청내용을 조사하는 직원은 다음의 장기요양인정조사표에 따라 조사결과서를 작성해야 한다. 조사내용을 기초로 하여 장기요양인정점수를 산정해야 하는데, 조사내용은 아래와 같이 조사대상자의 심신상태를 반영한 5개 영역에 걸쳐 총 52개 항목이 제시되어 있다. 5개 영역은 신체기능(기본적 일상생활기능 12항목), 인지기능(7항목), 행동변화(14항목), 간호처치(9항목), 재활(10항목) 등이다. 이후 장기요양인정조사표에 따라 작성된 심신상태에 대한 조사결과서를 기초로 하여 장기요양인정점수를 산출한다.

〈표 7-3〉 장기요양인정조사표

영역	항 목	기능자립정도 (원점수)			증상여부 (원점수)		운동장애 정도 (원점수)			관절제한 정도 (원점수)		
		완전자립	부분도움	완전도움	예	아니오	운동장애 없음	불완전 운동장애	완전 운동장애	제한 없음	한쪽 관절 제한	양 관절 제한
신체 기능 (12 항목)	옷 벗고 입기	1	2	3								
	세수하기	1	2	3								
	양치질하기	1	2	3								
	식사하기	1	2	3								
	목욕하기	1	2	3								
	체위변경하기	1	2	3								
	일어나 앉기	1	2	3								
	옮겨 앉기	1	2	3								
	방밖으로 나오기	1	2	3								
	화장실 사용하기	1	2	3								
	대변 조절하기	1	2	3								
	소변 조절하기	1	2	3								
인지 기능 (7항목)	단기기억장애				1	0						
	지시불인지				1	0						
	날짜불인지				1	0						
	상황 판단력 감퇴				1	0						
	장소불인지				1	0						
	의사소통 · 전달 장애				1	0						
	나이 · 생년월일 불인지				1	0						

행동변화(14항목)	망상				1	0						
	서성거림, 안절부절 못함				1	0						
	물건 망가트리기				1	0						
	환각, 환청				1	0						
	길을 잃음				1	0						
	돈/물건 감추기				1	0						
	슬픈상태, 울기도 함				1	0						
	폭언, 위협행동				1	0						
	부적절한 옷입기				1	0						
	불규칙수면, 주야혼돈				1	0						
	밖으로 나가려 함				1	0						
	대/소변 불결행위				1	0						
	도움에 저항				1	0						
	의미없거나 부적절한 행동				1	0						
간호처치(9항목)	기관지 절개관 간호				1	0						
	경관 영양				1	0						
	도뇨관리				1	0						
	흡인				1	0						
	욕창간호				1	0						
	장루간호				1	0						
	산소요법				1	0						
	암성통증간호				1	0						
	투석간호				1	0						

재활 (10 항목)	우측상지						1	2	3			
	우측하지						1	2	3			
	좌측상지						1	2	3			
	좌측하지						1	2	3			
	어깨관절									1	2	3
	팔꿈치관절									1	2	3
	손목 및 수지관절									1	2	3
	고관절									1	2	3
	무릎관절									1	2	3
	발목관절									1	2	3

3) 장기요양등급판정

건강보험공단은 조사가 완료되면 조사결과서, 신청서, 의사소견서, 기타 심의에 필요한 자료를 장기요양등급판정위원회에 제출한다. 등급판정위원회는 신청인이 신청자격 요건을 충족하고 6개월 이상 동안 혼자서 일상생활을 수행하기 어렵다고 인정하는 경우 심신상태 및 장기요양이 필요한 정도 등 등급판정기준에 따라 장기요양급여 수급자로 판정한다. 등급판정위원회는 장기요양등급을 심의하고 판정할 때 관계인(신청인과 그 가족, 의사소견서를 발급한 의사 등)의 의견을 들을 수 있다. 요양등급은 장기요양인정 점수를 기준으로 1~5등급으로 분류되어 있으며, 구체적인 판정기준은 〈표 7-4〉에 제시되어 있다.

등급판정위원회는 신청인이 신청서를 제출한 날부터 30일 이내에 장기요양등급판정을 완료해야 한다. 단, 신청인에 대한 정밀조사가 필요한 경우 등 기간 이내에 등급판정을 완료할 수 없는 부득이한 사유가 있는 경우 30일 이내의 범위에서 기간을 연장할 수 있다.

〈표 7-4〉 등급판정기준

장기요양등급	기 준
1등급	심신의 기능상태 장애로 일상생활에서 전적으로 다른 사람의 도움이 필요한 자로서 장기요양인정 점수가 95점 이상인 자
2등급	심신의 기능상태 장애로 일상생활에서 상당 부분 다른 사람의 도움이 필요한 자로서 장기요양인정 점수가 75점 이상 95점 미만인 자
3등급	심신의 기능상태 장애로 일상생활에서 부분적으로 다른 사람의 도움이 필요한 자로서 장기요양인정 점수가 60점 이상 75점 미만인 자
4등급	심신의 기능상태 장애로 일상생활에서 일정 부분 다른 사람의 도움이 필요한 자로서 장기요양인정 점수가 51점 이상 60점 미만인 자
5등급	치매(노인성 질병에 해당하는 치매로 한정)환자로서 장기요양인정 점수가 45점 이상 51점 미만인 자

4) 장기요양인정신청서 송부

건강보험공단은 등급판정위원회가 장기요양인정 및 등급판정의 심의를 완료한 이후 장기요양인정서를 작성하여 수급자에게 송부한다. 장기요양인정서에는 장기요양등급, 장기요양급여의 종류 및 내용, 기타 장기요양급여에 관한 사항 등이 포함된다. 그리고 수급자로 판정받지 못한 신청인에게도 그 내용과 사유를 통보해야 한다. 공단은 장기요양인정서를 송부할 때 장기요양급여를 원활하게 이용할 수 있도록 급여의 월한도액의 범위 안에서 표준장기요양 이용계획서를 작성하여 이를 함께 송부한다. 장기요양인정서에 포함되는 장기요양급여의 종류와 내용을 정하는 때에는 수급자의 장기요양등급 및 생활환경, 수급자와 그 가족의 욕구 및 선택, 시설급여를 제공하는 경우 장기요양기관이 운영하는 시설현황 등을 고려해야 한다.

장기요양인정의 유효기간은 최소 1년이다. 단, 장기요양인정의 갱신 결과 직전 등급과 같은 등급으로 판정된 경우에는 그 갱신된 장기요양인정의 유효기간은 변경될 수 있다. 장기요양 1등급의 경우에는 3년이며, 장기요양 2등급부터 5등급까지의 경우에는 2년으로 연장된다. 그리고 장기요양 신청인의 심신상태 등을 고려하여 장기요양인정 유효기간을 6개월의 범위에서 증감할 수 있다. 하지만 이 경우에도 장기요양인정 유효기간을 1년 미만으로 할 수 없다.

장기요양인정의 유효기간이 만료된 이후 장기요양급여를 계속하여 받기 위해서 공단에 장기요양인정의 갱신을 신청한다. 갱신신청은 유효기간이 만료되기 전 30일까지 이를 완료해야 한다. 그리고 장기요양급여를 받고 있는 수급자는 장기요양등급, 장기요양급여의 종류나 내용을 변경하여 장기요양급여를 받고자 하는 경우 공단에 변경신청을 해야 한다.

3. 급여제공의 원칙

급여제공의 원칙은 노인장기요양보험의 적용을 받는 의료복지시설과 재가복지시설에 공통으로 적용되는 사항이다.

장기요양급여는 장기요양인정서의 장기요양급여의 종류 및 내용에 따른 표준장기요양 이용계획에 따라 필요한 범위 안에서 적정하게 제공한다. 수급자와 장기요양기관은 수급자의 가족을 위한 행위, 수급자 또는 그 가족의 생업을 지원하는 행위, 기타 수급자의 일상생활에 지장이 없는 행위를 요구하거나 제공해서는 안 된다.

장기요양기관은 다음과 같이 장기요양급여를 중복하여 제공해서는 안 된다.

① 다른 법령에 따른 사회복지시설에 입소 중인 수급자에게는 장기요양급여를 제공할 수 없다. 단, 노인복지주택에 입소 중인 수급자에게는 필요한 경우 재가급여를 제공할 수 있다.

② 의료기관에 입원 중인 수급자에게는 장기요양급여를 제공할 수 없다.
③ 시설급여를 제공하는 장기요양기관(노인요양시설과 노인요양공동생활가정)에 입소한 수급자에게는 재가급여를 제공하지 않는다.
④ 방문간호는 건강보험의 가정간호와 동일한 날에 제공해서는 안 된다.

4. 급여제공기관 및 종사자의 준수사항

급여제공기관 및 종사자의 준수사항도 노인장기요양보험의 적용을 받는 의료복지시설과 재가복지시설에 공통으로 적용되는 사항이다.

1) 장기요양급여 제공의 절차

① 장기요양기관 및 종사자는 수급자의 심신상태 · 생활환경과 수급자 및 그 가족의 욕구와 선택을 종합적으로 고려하여 필요한 범위 안에서 이를 적정하게 제공한다. 그리고 수급자의 심신상태나 건강 등이 악화되지 않도록 의료서비스와 연계하여 제공한다.
② 장기요양기관은 급여계약을 체결할 때에는 수급자별 급여제공계획을 수립하고 수급자 및 그 가족의 동의를 받아야 한다.
③ 장기요양기관은 규정에 따른 시설 및 인력기준을 갖추어 급여를 제공하고 다음의 원칙을 준수해야 한다.

가. 장기요양기관 종사자는 해당 기관의 장(법인의 대표자)과 문서에 의한 근로계약을 체결하고 관할 지방자치단체장에게 신고한 직종으로 해당 기관에서 근무해야 한다.
나. 시설장은 상근해야 하며 상근시간 외에도 응급상황 등에 대처할 수 있도록 대비해야 한다.
다. 방문요양, 방문목욕, 방문간호의 급여를 제공하는 장기요양기관의 시설장은 해당 기관에서 요양보호사로 근무할 수 없다.

④ 장기요양기관은 규정에 명시된 장기요양급여의 제공기준과 절차 및 방법 등에 따라 장기요양급여를 제공해야 한다. 종사자는 급여제공을 위하여 필요한 방법 및 절차 등 요령을 숙지하여 수급자에게 안전한 방법으로 급여를 제공해야 한다.

2) 비밀보장 및 학대행위의 금지

① 장기요양기관에 종사하고 있거나 종사하였던 자는 업무수행 중에 알게 된 수급자 및 그 가족의 개인정보 등의 비밀을 다른 사람에게 누설하거나 직무상 목적 외의 용도로 이용하여서는 안 된다.

② 장기요양기관 종사자는 성, 연령, 건강상태 및 장애, 경제상태, 종교 및 정치적 신념 등의 사유로 급여제공 과정에서 수급자를 차별하거나 학대해서는 안 된다.

3) 전문인배상책임보험 가입

장기요양기관은 종사자가 장기요양급여를 제공하는 과정에서 발생할 수 있는 수급자의 상해 등에 대비하여 법률상 배상해야 하는 손해를 보상하는 전문인배상책임보험에 가입해야 한다.

5. 급여의 제공기준 및 급여비용 산정기준

1) 급여의 제공기준

① 노인장기요양보험의 적용을 받는 노인의료복지시설의 급여기관은 수급자를 장기간 보호하면서 수급자의 기능상태 및 욕구 등을 반영하

여 신체활동 지원 및 심신기능의 유지와 향상을 위한 교육 및 훈련 등을 제공해야 한다.

② 시설급여기관은 입소정원 및 모집방법, 입소계약, 이용료 등 비용에 대한 변경방법 및 절차, 서비스의 내용과 그 비용의 부담에 관한 사항 등의 운영규정을 마련해야 한다.

③ 시설급여기관은 급여제공 과정에서 수급자를 격리하거나 억제대 등을 사용하여 묶는 등 신체를 제한해서는 안 된다. 단, 수급자나 시설급여기관 종사자 등의 생명이나 신체에 위험을 초래할 가능성이 현저히 높은 경우에 한해 수급자 본인의 치료 또는 보호를 목적으로 신체적 제한이 행해질 수 있다. 이 경우 시설급여기관의 장은 수급자 본인이나 가족에게 이 사실을 통지하여 동의를 받아야 하며, 수급자의 심신상태, 신체적 제한을 가한 시간, 신체적 제한의 사유 등을 급여제공기록지에 자세히 기재 · 관리한다.

④ 시설급여기관은 수급자의 건강상태 등을 고려하여 식사, 구강관리, 목욕, 배변관리, 이동지원 등의 급여를 아래와 같이 제공한다.

- 하루에 3회 이상 영양, 수급자의 기호 및 건강상태 등을 고려하여 규칙적인 식사의 제공
- 주 1회 이상 목욕서비스의 제공
- 수급자가 청결한 생활을 유지할 수 있도록 배변 및 구강관리 등을 제공
- 수급자의 신체적 건강상태를 고려하여 적절한 이동지원 및 체위변경 등을 제공
- 기타 일상생활지원과 관련한 서비스의 적절한 제공

⑤ 시설급여기관은 수급자의 신체 · 인지기능 유지 및 향상, 여가지원을 위해 프로그램을 제공하고 심리정서적 안정을 위해 정기적으로 상담

을 실시한다.

⑥ 시설급여기관은 수급자의 건강관리를 위해 다음의 급여를 제공한다.
- 촉탁의를 배치하거나 협약의료기관과의 협력을 통해 수급자의 심신상태나 건강이 악화되지 않도록 적절한 의료서비스를 제공한다.
- 의사협회 · 한의사협회 · 치과의사협회의 추천을 받아 배치한 촉탁의가 수급자를 월 2회 이상 정기적으로 진찰하도록 한다.
- 진찰대상은 1일 최대 50명까지로 한다.
- 수급자의 건강상태를 정기적으로 관찰 기재하고, 수급자의 투약 관련 정보를 숙지하며 의약품의 정기적인 점검을 실시한다.

⑦ 시설급여기관은 수급자의 낙상 및 욕창 등을 예방하고 시설 내 안전사고를 방지할 수 있도록 노력하며, 화재발생 등 응급상황에 신속히 대처하기 위한 매뉴얼을 구비하고 정기적인 직원교육을 실시한다.

⑧ 시설급여기관은 수급자의 감염병 예방 및 확산을 막기 위하여 식품 등에 대한 위생관리 및 소독관리를 적극적으로 수행한다.

⑨ 월중 단기보호급여를 이용한 수급자에게는 해당 월에 시설급여를 제공할 수 없다.

2) 급여비용의 산정기준

시설급여비용은 신체활동지원 및 심신기능 유지 · 향상을 위한 교육 · 훈련비용 등을 포함하며, 이를 별도로 수급자에게 요구해서는 안 된다. 2017년 장기요양등급 1등급과 2등급의 1일당 급여비용은 다음과 같다. 노인요양시설이 노인요양공동생활가정에 비해 급여비용이 더 많고 동일 시설유형 내에서는 1등급이 2등급에 비해 급여비용이 더 높은 것을 알 수 있다. 시설급여 중에서 20%는 수급자 본인이 부담한다.

분 류		금액(원)
노인요양시설	장기요양 1등급	59,330
	장기요양 2등급	55,060
노인요양공동생활가정	장기요양 1등급	52,940
	장기요양 2등급	49,120

장기요양등급 3등급부터 5등급까지의 수급자가 시설급여를 이용하는 경우 1일당 급여비용은 다음과 같다. 3~5등급 간에 급여비용의 차이는 없으며, 노인요양시설이 노인요양공동생활가정에 비해 급여비용이 더 높은 것을 알 수 있다. 3~5등급 수급자의 시설급여비용이 1등급과 2등급 수급자에 비해 낮게 책정되어 있다.

분 류	금액(원)
노인요양시설	50,770
노인요양공동생활가정	45,280

3) 급여비용의 산정방법

시설급여비용 산정은 일일 단위로 산정하며 1일이라 함은 0시부터 24시까지이다. 입·퇴소 당일 급여제공 시간이 12시간 이상인 경우에는 해당 급여비용의 100%를 산정하고, 12시간 미만인 경우에는 50%만 산정한다. 수급자가 외박한 경우 급여비용은 다음과 같이 산정한다.

① 수급자가 의료기관에 입원하거나 시설장의 허가를 받아 외박을 한 경우 : 급여비용의 50%를 산정하되, 1회당 최대 10일(1개월에 15일)까지 산정할 수 있다.

② 외박비용은 1일을 기준으로 수급자가 의료기관이나 가정 등에서 지낸 경우(기준시간은 밤 12시)에 산정한다.

4) 급여기관의 정원 운영

① 시설급여기관은 수급자가 외박하는 경우 최초 10일간은 외박자를 대신하여 시설급여가 가능한 다른 수급자를 입소시킬 수 없다.
② 외박기간이 10일을 초과한 때부터 외박자를 대신하여 다른 수급자(특례입소자)를 입소시킬 수 있다. 특례입소자의 수는 해당 시설급여기관 정원의 5%(소수점 이하 반올림, 정원 10명 미만인 시설은 1인) 범위 내로 한다.
③ 특례입소자의 입소 후 외박자의 복귀로 인해 일시적으로 정원이 초과된 경우에는 특례입소자의 입소일부터 90일이 되는 날, 입소계약 만료일 또는 다른 입소자의 퇴소로 인해 정원초과가 해소되는 날 중 먼저 도래하는 날까지 정원을 초과하여 운영할 수 있다.
④ 특례입소자에 대한 급여비용은 90일까지 산정할 수 있다. 단, 외박자의 장기외박이 지속될 경우에는 180일까지 산정할 수 있다.

제4절 요양보호사

1. 요양보호사의 배치와 자격

1) 요양보호사의 배치

노인복지시설을 설치하여 운영하는 사람은 노인 등의 신체활동 또는 가사활동 지원 등의 업무를 전문적으로 수행하는 요양보호사를 두어야 한다. 요양보호사는 노인주거복지시설, 노인의료복지시설, 재가노인복지시설에 공통적으로 배치되는 인력이다. 그리고 요양보호사는 노인복지시설에 배치된 인력 중에서 매우 큰 비중을 차지하고 있으며, 노인에 대한 직접서비스를 담당하는 주요한 인력이다.

2) 요양보호사의 교육과정

요양보호사 자격을 취득하기 위해 요양보호사교육기관에서 교육과정을 마치고 시·도지사가 실시하는 요양보호사 자격시험에 합격해야 한다.

(1) 요양보호사의 교육과정

① 교육과정

가. 표준교육과정과 교육시간

<table>
<tr><th rowspan="2">구분</th><th rowspan="2">과목</th><th rowspan="2">교육내용</th><th rowspan="2">세부내용</th><th colspan="2">교육시간</th></tr>
<tr><th>이론</th><th>실기</th></tr>
<tr><td rowspan="5">이론 강의 (80 시간) / 실기 연습 (80 시간)</td><td rowspan="4">요양 보호 개론</td><td>요양보호 관련 제도와 서비스</td><td>사회복지제도
노인보건복지서비스 제도의 개요
노인장기요양서비스에서의 방문간호
장기요양보험 서비스 표준
노인보건복지서비스 관련 자원</td><td>5</td><td></td></tr>
<tr><td>요양보호 업무의 목적과 기능</td><td>요양보호업무의 목적과 기능
요양보호사의 기본원칙 및 역할범위
요양보호 서비스 유형(시설·재가)</td><td>2</td><td></td></tr>
<tr><td>요양보호사의 직업윤리와 자세</td><td>요양보호사 직업윤리 및 윤리강령
요양보호사의 직업적 태도
노인의 인권 및 학대예방
요양보호사의 자기관리 및 안전관리(건강관리/스트레스관리/자기계발/자격관리/성희롱대처 등)</td><td>8</td><td>6</td></tr>
<tr><td>요양보호 대상자 이해</td><td>노년기 특성(생리·심리적 특성)
노인과 가족관계</td><td>2</td><td></td></tr>
<tr><td>요양 보호</td><td>의학적·간호학적</td><td>노인의 기본 건강상태 사정(이론·실기)</td><td>12</td><td>3</td></tr>
</table>

	관련 기초 지식	기초지식	노인의 주요 질환(치매, 뇌졸중, 파킨슨질환 등) 노인의 건강증진 및 질병예방		
	기본 요양 보호 각론	기본요양 보호기술	〈섭취 요양보호〉 식사 돕기(경구, 비경구) 복약 돕기와 약 보관	4	6
			〈배설 요양보호〉 화장실 사용 돕기 침상배설 돕기 이동변기 사용 돕기 기저귀 사용 돕기 유치도뇨관의 사용 돕기	5	8
			〈개인위생 및 환경 요양보호〉 구강 · 두발 · 손발 · 회음부의 청결 돕기 세면 · 목욕 돕기 옷 갈아입히기 침상청결 등 쾌적한 환경 유지하기	5	8
이론 강의 (80 시간) / 실기 연습 (80 시간)	기본 요양 보호 각론	기본요양 보호기술	〈체위변경과 이동 요양보호〉 침상이동 돕기 휠체어 이동 돕기 보행(자가, 기구) 돕기 이송 돕기	6	8
			〈안전 및 감염 관련 요양보호〉 낙상/미끄러짐/넘어짐 예방 감염예방 및 욕창예방 흡인	3	6
		가사 및 일상생활 지원	일상생활 지원의 목적, 기능 및 기본원칙 식사준비와 영양관리 식품, 식기 등의 위생관리 피복과 침상의 청결관리 및 세탁 외출 돕기 및 일상업무 지원 쾌적한 거주환경 유지하기	4	6
		의사소통 및 여가지원	효율적 의사소통 의사소통 및 라포(rapport) 형성방법	5	6

			여가활동 돕기(TV 시청, 음악듣기 등)		
		서비스 이용지원	요양보호 대상자 · 장소의 특성파악 및 서비스 계획 변경지원 타 직종, 타 서비스와의 연계성 업무보고회, 사례검토회	3	4
		요양보호 업무 기록 및 보고	기록과 보고의 목적 및 중요성 업무일지기록 방법 업무보고 방법	3	4
	특수 요양 보호 각론	치매요양 보호기술	치매대상자의 일상생활지원 치매대상자의 문제행동대처 치매대상자와의 의사소통	6	6
		임종 및 호스피스 요양보호기술	죽음 및 임종단계 호스피스의 개요 임종대상자의 요양보호	3	3
		응급처치 기술	응급처치(골절, 질식, 경련, 화상 등) 기본 소생술	4	6
	소계			① 80	② 80
현장 실습 (80 시간)	노인요양시설 실습		통합실습 Ⅰ	40	
	재가노인복지시설 실습		통합실습 Ⅱ	40	
	소계			③ 80	
총계(① + ② + ③)				240	

나. 자격 또는 사회복지 관련 면허소지자의 교육과정 및 교육시간

- 자격 또는 면허소지자는 요양보호사 교육과정 수강 전에 해당 자격증 또는 면허증을 발급받은 사람을 말한다. 해당 자격증이나 면허증을 소지한 자에 대해서는 위에 제시된 표의 교육과정과 교육시간을 일정 정도 감면한다.

A. 간호사

<table>
<tr><th rowspan="2">구 분</th><th rowspan="2">과 목</th><th rowspan="2">교육내용</th><th colspan="2">교육시간</th></tr>
<tr><th>이론</th><th>실기</th></tr>
<tr><td rowspan="8">이론강의
(26시간)
/
실기연습
(6시간)</td><td rowspan="4">요양보호개론</td><td>요양보호 관련 제도 및 서비스</td><td>5</td><td></td></tr>
<tr><td>요양보호업무의 목적 및 기능</td><td>2</td><td></td></tr>
<tr><td>요양보호사의 직업윤리와 자세</td><td>8</td><td>4</td></tr>
<tr><td>요양보호대상자의 이해</td><td>2</td><td></td></tr>
<tr><td rowspan="2">기본요양보호각론</td><td>서비스 이용지원</td><td>3</td><td></td></tr>
<tr><td>요양보호업무 기록 및 보고</td><td>3</td><td>2</td></tr>
<tr><td>특수요양보호각론</td><td>치매요양보호기술</td><td>3</td><td></td></tr>
<tr><td colspan="2">소계</td><td>① 26</td><td>② 6</td></tr>
<tr><td>현장실습
(8시간)</td><td colspan="2">노인요양시설 또는 재가노인복지시설 실습</td><td colspan="2">③ 8</td></tr>
<tr><td colspan="3">총계(① + ② + ③)</td><td colspan="2">40</td></tr>
</table>

B. 사회복지사

<table>
<tr><th rowspan="2">구 분</th><th rowspan="2">과 목</th><th rowspan="2">교육내용</th><th colspan="2">교육시간</th></tr>
<tr><th>이론</th><th>실기</th></tr>
<tr><td rowspan="8">이론강의
(32시간)
/
실기연습
(10시간)</td><td rowspan="3">요양보호개론</td><td>요양보호 관련 제도 및 서비스</td><td>3</td><td></td></tr>
<tr><td>요양보호업무의 목적 및 기능</td><td>2</td><td></td></tr>
<tr><td>요양보호사의 직업윤리와 자세</td><td>8</td><td></td></tr>
<tr><td>요양보호 관련 기초지식</td><td>의학적 · 간호학적 기초지식</td><td>10</td><td>4</td></tr>
<tr><td rowspan="2">기본요양보호각론</td><td>기본요양보호기술</td><td>4</td><td>3</td></tr>
<tr><td>요양보호업무의 기록 및 보고</td><td>2</td><td></td></tr>
<tr><td>특수요양보호각론</td><td>치매요양보호기술</td><td>3</td><td>3</td></tr>
<tr><td colspan="2">소계</td><td>① 32</td><td>② 10</td></tr>
<tr><td>현장실습
(8시간)</td><td colspan="2">노인요양시설 또는 재가노인복지시설 등 실습</td><td colspan="2">③ 8</td></tr>
<tr><td colspan="3">총계(① + ② + ③)</td><td colspan="2">50</td></tr>
</table>

C. 간호조무사, 물리치료사, 작업치료사

구 분	과 목	교육내용	교육시간	
			이론	실기
이론강의(31시간) / 실기연습(11시간)	요양보호개론	요양보호 관련 제도 및 서비스	5	
		요양보호업무의 목적 및 기능	2	
		요양보호사의 직업윤리와 자세	8	4
		요양보호대상자 이해	2	
	기본요양보호각론	의사소통 및 여가지원	5	
		서비스 이용지원	3	
		요양보호업무 기록 및 보고	3	4
	특수요양보호각론	치매요양보호기술	3	3
	소계		① 31	② 11
현장실습(8시간)	노인요양시설 또는 재가노인복지시설 실습		③ 8	
총계(① + ② + ③)			50	

② 교육과정의 운영기준

가. 실기연습의 경우 각 회당 교육인원은 최대 40명을 초과할 수 없다.

나. 현장실습은 다음의 기준을 준수해야 한다.

A. 현장실습은 이론강의 및 실기연습을 이수한 후에 실시해야 한다.

B. 요양보호사교육기관의 장은 현장실습기관과 현장실습연계를 구축해야 한다.

C. 현장실습기관은 노인장기요양보험법에 따른 노인요양시설, 재가노인복지시설, 장기요양기관 및 재가장기요양기관을 포함한다.

다. 요양보호사교육기관은 보건복지부에서 규정하고 있는 교육과정의 운영지침에 따라 요양보호사 교육을 실시해야 한다.

③ 현장실습의 평가기준

가. 실습평가체크리스트의 각 항목을 적정하게 수행하고 각 교육 세부내용별 평가점수가 70점 이상이며, 전체 평균점수가 80점 이상이어야 한다.

나. 각 교육의 세부내용별 평가점수는 교육생의 출석상황과 교육참여도 등을 종합하여 평가한다.

다. 현장실습 불합격자에 대한 조치

A. 현장실습평가 불합격자는 일정 시간 재교육 후 2차평가를 받도록 한다.

B. 현장실습기관은 현장실습 불합격자에게 재교육시간을 통보해야 한다.

④ 수료기준

교육생이 이론강의 · 실기연습 및 현장실습을 각각 8할 이상 출석하고 현장실습 평가기준에 적합한 때에 교육과정을 수료한 것으로 인정한다.

(2) 경력자 및 자격소지자 등의 교육시간 감면

① 경력인정기관에서 생활지도원, 유급가정봉사원 및 간병인 등 간병 요양 관련 종사자로서 1년(1,200시간) 이상의 경력을 인정받은 사람은 표준교육과정에서 실기연습시간 및 현장실습시간을 각각 2분의 1씩 감면할 수 있다.

② 경력인정기관 중 노인복지법 및 노인장기요양보험법에 따른 노인요양시설, 재가노인복지시설, 장기요양기관 또는 재가장기요양기관에서 생활지도원, 유급가정봉사원 및 간병인 등 간병 및 요양 관련 종사자로서 1년(1,200시간) 이상의 경력을 인정받은 사람은 종사한 시설과 관련한 현장실습시간의 전부를 감면할 수 있다.

③ 자격소지자 등의 현장실습시간 감면

경력인정기관 중 법 및 노인장기요양보험법에 따른 노인요양시설, 재가노인복지시설, 장기요양기관 또는 재가장기요양기관에서 그 자격 또는 면허 소지자로서 종사하여 1년(1,200시간) 이상의 경력을 인정받은 간호사, 사회복지사, 간호조무사, 물리치료사 및 작업치료사는 현장실습시간의 전부를 감면할 수 있다.

④ 경력인정기관

가. 노인복지법에 따른 노인주거복지시설, 노인의료복지시설 또는 재가노인복지시설

나. 국민기초생활보장법에 따른 지역자활센터 및 자활공동체

다. 노인장기요양보험법에 따른 장기요양기관 또는 재가장기요양기관

라. 「농어촌 등 보건의료를 위한 특별조치법」에 따른 보건진료소

마. 의료법에 따른 의료기관

바. 장애인복지법에 따른 장애인생활시설, 장애인지역사회재활시설(다만, 장애인체육시설, 장애인수련시설, 장애인심부름센터, 수화통역센터, 점자도서관과 점자도서 및 녹음서 출판시설은 제외) 또는 장애인유료복지시설

사. 정신보건법에 따른 정신질환자생활시설, 정신질환자지역재활시설 또는 정신질환자종합시설(정신질환자생활시설 또는 정신질환자지역재활시설이 결합되어 있는 시설)

아. 지역보건법에 따른 보건소 또는 보건지소

자. 기타 보건복지부에서 정하는 기관 또는 단체

2. 요양보호사의 결격사유

다음에 해당하는 사람은 요양보호사가 될 수 없다.

① 정신보건법에 따른 정신질환자. 다만, 전문의가 요양보호사로서 적합하다고 인정하는 사람은 그렇지 않다.

② 마약 · 대마 또는 향정신성의약품 중독자

③ 피성년후견인

④ 금고 이상의 형을 선고받고 그 형의 집행이 종료되지 않았거나 그 집행을 받지 않기로 확정되지 않은 사람

⑤ 법원의 판결에 따라 자격이 정지 또는 상실된 사람

⑥ 요양보호사의 자격이 취소된 날부터 1년이 경과되지 아니한 사람

3. 요양보호사 자격의 취소

시 · 도지사는 요양보호사가 다음에 해당하는 경우 그 자격을 취소할 수 있다. 단, ①~③에 해당하는 경우에는 요양보호사 자격을 취소해야 한다.

① 요양보호사의 결격사유에 해당하게 된 경우

② 다음의 금지사항을 위반하여 해당 처벌을 받은 사람

가. 노인의 신체에 폭행을 가하거나 상해를 입히는 행위

나. 노인에게 성적 수치심을 주는 성폭행 · 성희롱 등의 행위

다. 자신의 보호 · 감독을 받는 노인을 유기하거나 의식주를 포함한 기본적 보호 및 치료를 소홀히 하는 방임행위

라. 노인에게 구걸을 하게 하거나 노인을 이용하여 구걸하는 행위

마. 노인을 위하여 증여 또는 급여된 금품을 그 목적 외의 용도에 사용하는 행위

③ 거짓이나 기타 부정한 방법으로 자격증을 취득한 경우

④ 영리를 목적으로 노인 등에게 불필요한 요양서비스를 알선 · 유인하거나 이를 조장한 경우

⑤ 자격증을 대여 · 양도 또는 위조 · 변조한 경우

Chapter 08 재가노인복지시설

제1절 재가노인복지시설의 유형

노인복지론

① 방문요양시설

장기요양요원이 수급자의 가정 등을 방문하여 신체활동 및 가사활동 등을 지원하는 시설

② 방문목욕시설

장기요양요원이 목욕설비를 갖춘 장비를 이용하여 수급자의 가정 등을 방문하여 목욕을 제공하는 시설

③ 방문간호시설

장기요양요원인 간호사 등이 의사, 한의사 또는 치과의사의 지시서에 따라 수급자의 가정 등을 방문하여 간호, 진료의 보조, 요양에 관한 상담 또는 구강위생 등을 제공하는 시설

④ 주 · 야간보호시설

수급자를 하루 중 일정한 시간 동안 장기요양기관에 보호하여 신체활동 지원 및 심신기능의 유지와 향상을 위한 교육과 훈련 등을 제공하는 시설

⑤ 단기보호시설

수급자를 1달 15일의 범위 안에서 일정 기간 동안 장기요양기관에 보호하여 신체활동 지원 및 심신기능의 유지와 향상을 위한 교육과 훈련 등을 제공하는 시설

⑥ 기타 재가급여

수급자의 일상생활과 신체활동 지원에 필요한 용구를 제공하거나 가정을 방문하여 재활에 관한 지원 등을 제공하는 시설

제2절 재가노인복지시설의 이용대상

① 장기요양급여 수급자

재가노인복지시설의 이용대상자는 장기요양급여수급자로서 요양등급 1~5등급인 사람

② 65세 이상의 기초생활수급자 및 부양의무자로부터 적절한 부양을 받지 못하는 자 중 혼자 일상생활을 수행하기 어려워 재가서비스의 제공이 필요한 사람

③ 2008년 7월 1일 이전에 국가 및 지방자치단체로부터 운영비를 지원받는 시설을 이용하고 있는 장기요양급여수급자 이외의 사람 중에서 기초생활수급권자와 실비이용자

제3절 재가노인복지시설의 인력배치 기준

재가노인복지시설의 경우 서비스 형태와 규모별로 각 직종의 인력배치 기준이 규정되어 있다. 재가노인복지시설의 인력배치 기준은 〈표 8-1〉에 제시되어 있다. 각 재가노인복지시설에 시설장은 1명이 배치되며, 그 자격 기준은 다음과 같다.

구 분	자격기준
시설장	가. 방문요양, 주 · 야간보호, 단기보호 및 방문목욕서비스 : 사회복지사업법에 따른 사회복지사 자격증 소지자, 의료법 제2조에 따른 의료인의 자격을 취득한 자 또는 요양보호사 1급으로의 실무경력 5년 이상인 자로서 고시하는 소정의 교육을 이수한 자 나. 방문간호서비스: 간호업무경력이 2년 이상인 간호사로서 해당 시설의 상근자(보건진료소를 제외한 의료기관이 방문간호를 하는 경우에는 의사, 한의사 또는 치과의사 중에서 해당 시설에 상근하는 자)

① 사회복지사는 방문요양의 경우 수급자 15명 이상인 경우에 1명, 주야간보호와 단기보호는 이용자 10명 이상인 경우에 1명 이상, 재가노인지원은 1명이 배치된다.

② 주야간보호의 경우 간호사(간호조무사)와 물리치료사(작업치료사)는 주야간보호의 경우에 1명 이상이 배치된다. 단기보호의 경우 간호사(간호조무사)는 이용자 10명 이상의 시설일 경우에 이용자 25명당 1명이 배치되며, 이용자 10명 미만인 시설의 경우에는 1명이 배치된다.

③ 단기보호의 경우 물리치료사(작업치료사)는 이용자 10명 이상인 시설일 경우에 이용자 30명 이상이 되면 1명 배치된다.

④ 치과위생사는 방문간호의 경우 구강위생서비스를 제공하면 1명 이상이 배치된다. 물리치료사, 작업치료사 또는 치과위생사는 물리치료사, 작업치료사 또는 치과위생사의 자격을 갖추어야 한다.

⑤ 요양보호사는 방문요양의 경우 15명 이상이 배치되어야 하는데, 해당 시설이 농어촌 지역에 위치하면 5명 이상이 배치되면 운영이 가능하다. 방문목욕의 경우 요양보호사 2명 이상이 배치되며, 주야간보호는 이용자 7명당 1명 이상(치매전담형인 경우 이용자 4명당 1명 배치)이 배치되어야 한다. 요양보호사는 노인복지법에 규정된 요양보호사 자격증 소지자가 해당된다.

⑥ 주야간보호는 이용자 10명 이상인 시설일 경우 이용자 25명 이상이면 사무원 1명이 배치되며, 조리원과 보조원(운전사)은 이용자 수의 조건 없이 각각 1명씩 배치된다. 이용자 10명 미만인 시설인 경우 조리원 1명이 배치된다. 단기보호는 조리원이 1명 배치되며, 재가노인지원은 사무원이 1명 배치된다.

〈표 8-1〉 재가노인복지시설의 인력배치 기준

<table>
<tr><th colspan="2">구 분</th><th>시설장</th><th>사회복지사</th><th>간호사 또는 간호조무사</th><th>물리치료사 또는 작업치료사</th><th>치과위생사</th><th>요양보호사</th><th>사무원</th><th>조리원</th><th>보조원(운전사)</th></tr>
<tr><td colspan="2">방문요양</td><td>1명</td><td>1명 (수급자 15명 이상)</td><td></td><td></td><td></td><td>15명 이상 (농어촌 지역 5명 이상)</td><td></td><td></td><td></td></tr>
<tr><td colspan="2">방문목욕</td><td>1명</td><td></td><td></td><td></td><td></td><td>2명이상</td><td></td><td></td><td></td></tr>
<tr><td rowspan="2">주·야간보호</td><td>이용자 10명 이상</td><td>1명</td><td>1명 이상</td><td colspan="2">1명 이상</td><td rowspan="2"></td><td rowspan="2">이용자 7명당 1명 이상 (치매전담형 4명당 1명 이상)</td><td>1명 (이용자 25명 이상인 경우)</td><td>1명</td><td>1명</td></tr>
<tr><td>이용자 10명 미만</td><td>1명</td><td></td><td colspan="2">1명 이상</td><td></td><td>1명</td><td></td></tr>
<tr><td rowspan="2">단기보호</td><td>이용자 10명 이상</td><td>1명</td><td>1명 이상</td><td>이용자 25명당 1명</td><td>1명 (이용자 30명 이상)</td><td rowspan="2"></td><td rowspan="2">이용자 4명당 1명 이상</td><td></td><td>1명</td><td></td></tr>
<tr><td>이용자 10명 미만</td><td>1명</td><td></td><td>1명</td><td></td><td></td><td>1명</td><td></td></tr>
<tr><td colspan="2">재가노인지원</td><td>1명</td><td>1명</td><td></td><td></td><td></td><td></td><td>1명</td><td></td><td></td></tr>
<tr><td colspan="2">방문간호</td><td>1명</td><td></td><td>1명 이상</td><td></td><td>1명 이상 (구강위생을 제공하는 경우)</td><td></td><td></td><td></td><td></td></tr>
</table>

제4절 급여의 제공기준 및 급여비용 산정기준

1. 재가급여 제공기준의 일반원칙

1) 재가급여의 제공기준

① 재가급여를 제공하는 장기요양기관은 수급자가 가족과 함께 생활하면서 가정에서 스스로 일상생활을 유지할 수 있도록 하는 데 도움을 주는 방향으로 급여를 제공한다.

② 수급자의 재가급여 월 한도액 범위 내에서 급여제공 계획을 수립하여 비용효과적인 방법으로 제공한다.

③ 2017년 재가급여의 월 한도액은 수급자의 장기요양등급에 따라서 다음과 같이 정해져 있다.

등 급	1등급	2등급	3등급	4등급	5등급
월 한도액(원)	1,252,000	1,103,400	1,043,700	985,200	843,200

④ 재가급여 수급자가 급여비용 중 부담하는 비율은 15%이다.

⑤ 월중에 장기요양등급이 변경되는 경우에는 높은 등급의 월 한도액을 적용한다.

⑥ 재가급여는 장기요양등급별 월 한도액 범위 내에서 이용해야 하며, 월 한도액을 초과한 비용은 수급자가 전부 부담한다.

⑦ 수급자가 주 · 야간보호급여를 월 20일(1일 8시간 이상) 이상 이용한 경우 등급별 월 한도액의 50% 범위 내에서 월 한도액을 추가 산정할 수 있다. 다만, 천재지변, 수급자의 입원 · 사망, 주야간보호기관의 폐업 · 지정취소(폐쇄명령) · 업무정지 등 부득이한 사유로 급여를 이용하지 못한 경우에는 월 5일의 범위 내에서 이용일수에 포함할 수 있다.

2) 동일시간 중복급여제공의 금지

2종류 이상의 재가급여(복지용구 제외)를 동일시간, 동일 수급자에게 함께 제공할 수 없다. 단, 응급처치, 수급자 상태로 인한 보조자 필요 등 수급자의 원활한 급여이용을 위해 부득이한 경우에 한해 방문요양급여와 방문간호급여, 방문목욕급여와 방문간호급여는 함께 제공할 수 있다.

3) 가정방문급여의 일반원칙

① 가정방문급여는 수급자의 가정(가정집 등 수급자의 사적인 공간)에서 제공하는 것을 원칙으로 한다. 다만, 수급자의 신체활동, 가사활동 또는 일상생활 지원과 직접적인 관련이 있는 병원동행, 식사준비를 위한 시장보기, 관공서 방문 등 특별한 사유가 있는 경우에는 가정이 아닌 곳에서도 급여를 제공할 수 있으나, 수급자의 여행(수련회, 나들이 등)이나 취미활동에 동행하는 경우는 해당되지 않는다.

② 가정방문급여는 해당 방문시간 동안 수급자 1인에 대하여 전적으로 제공해야 한다. 다만, 동일가정에 거주하는 수급자 2인 이상이 배우자, 직계혈족 및 형제자매, 직계혈족의 배우자, 배우자의 직계혈족 및 배우자의 형제자매 등 가족인 경우는 동시 또는 순차적으로 급여를 제공할 수 있으며, 이 경우 급여비용은 장기요양요원이 급여를 제공한 시간을 수급자별로 배분하여 산정한다.

③ 가정방문 급여비용의 산정은 수급자를 기준으로 적용하며 수급자 이외의 자에 대한 급여비용은 산정하지 않는다.

4) 재가급여의 제공시간

① 가정방문급여의 제공시간은 간호사(또는 치과위생사, 간호조무사)나 요양

보호사가 수급자의 가정에 도착했을 때부터 필요한 서비스를 제공하기 위한 준비, 서비스의 제공 및 마무리에 소요된 총 시간을 말하며, 주야간보호급여의 급여제공시간은 장기요양요원 등이 수급자의 가정에 도착했을 때부터 수급자를 가정에 모셔다 드린 시간까지로 한다.

② 가정방문 및 주야간보호 급여비용은 장기요양요원 등의 이동에 소요되는 교통비를 포함한다.

2. 방문요양급여의 제공기준 및 급여비용

1) 방문요양급여의 제공기준

① 방문요양급여는 요양보호사가 신체활동지원(세면, 목욕, 식사도움, 체위변경 등), 인지활동지원, 정서지원, 가사 및 일상생활지원(취사, 청소, 세탁 등) 등을 수급자의 기능상태 및 욕구 등을 반영하여 적절하게 제공해야 한다.

② 가사 및 일상생활지원은 수급자 본인만을 위해 제공하고 1회 방문당 최대 120분 범위 내에서 제공하고 정서지원은 1회 방문당 최대 60분 내에서 제공해야 한다. 이 경우에 주 3회 또는 월 12회 이상 제공할 수 있도록 노력해야 한다.

③ 의사소견서에 치매상병이 있거나 최근 2년 이내에 치매진료 내역이 있는 1~4등급까지 또는 5등급 수급자에게는 인지기능의 악화방지 및 잔존능력의 유지를 위한 인지활동형 방문요양급여를 제공할 수 있다. 이 경우에 주 3회 또는 월 12회 이상 제공할 수 있도록 노력해야 한다.

④ 인지활동형 방문요양급여는 인지활동형 프로그램관리자가 수립한 프로그램 계획에 따라 치매전문교육을 이수한 치매전문요양보호사가 제공한다. 이 급여는 수급자당 1일 1회에 한하여 1회 120분 이상 180분 이하로 제공하며, 그중 60분은 인지자극활동을, 나머지 시간은 수급자의 잔존기능 유지 · 향상을 위한 일상생활 함께하기 훈련을 제공해야 한다.

⑤ 인지활동형 프로그램관리자란 해당 기관에 상근하는 관리책임자, 사회복지사, 간호(조무)사, 물리(작업)치료사로서 치매전문교육을 이수한 후 다음의 업무를 하는 자를 말한다.

- 매달 급여제공 전에 수급자의 개인별 특성, 욕구, 기능상태 등을 종합적으로 고려하여 프로그램 계획(내용, 일정, 횟수 등)을 수립
- 프로그램 계획에 따른 요양보호사의 급여제공을 모니터링하고 요양보호사에게 적정한 급여제공 지도
- 치매가 있는 수급자의 가족을 대상으로 상담 진행

⑥ 5등급 수급자에게는 다음에 해당하는 경우를 제외하고는 인지활동형 방문요양급여가 아닌 방문요양급여를 제공할 수 없다. 단, 아래에 해당하는 경우에는 주야간보호급여 제공시간 전후로 가정에서 옷 벗고 입기 및 식사도움 등을 1일 2회 범위 내에서 1회 2시간까지 제공할 수 있다.

- 5등급 수급자가 주야간보호급여를 1일 8시간 이상 이용하는 경우
- 5등급 수급자가 천재지변, 입원, 사망 등으로 주야간보호급여를 1일 8시간 미만으로 이용하는 경우

2) 방문요양의 급여비용

(1) 방문요양 급여비용의 산정방법

① 2017년 방문요양 급여비용은 1회 방문당 급여제공시간에 따라 다음과 같다.

분류번호	분 류	금액(원)
가–1	30분 이상	11,810
가–2	60분 이상	18,130
가–3	90분 이상	24,310
가–4	120분 이상	30,690
가–5	150분 이상	34,880
가–6	180분 이상	38,560
가–7	210분 이상	41,950
가–8	240분 이상	45,090

② '가–1'부터 '가–6'까지의 급여비용은 식사도움, 외출 시 동행 등이 필요한 경우 1일 3회까지 산정할 수 있다. 이 경우 방문간격은 2시간 이상이어야 하며, 방문간격이 2시간 미만인 경우 각 급여제공시간을 합산하여 1회로 산정한다.

③ '가–7'과 '가–8'의 급여비용은 1일 1회만 산정할 수 있으며, '가–1'부터 '가–6'과 같은 날에 산정할 수 없다. 1등급 또는 2등급자에게는 1회 240분 이상 270분 미만 방문요양급여를 제공한 경우에는 '가–8'의 급여비용을 산정한다.

④ 요양보호사는 수급자 등의 특별한 요청이 있는 경우 월 4일에 한하여 270분 이상 연속하여 방문요양급여를 제공할 수 있다.

⑤ 270분 이상 연속으로 방문요양급여를 제공하는 경우의 급여비용은 다음과 같이 산정한다.

- 급여비용은 2회로 분할하여 최초 270분에 대하여는 '가-8'의 금액을, 270분을 초과하는 나머지 시간에 대하여는 위 표에 따른 금액을 그 급여비용으로 산정한다. 다만, 1회에 480분 이상 연속하여 급여를 제공한 경우에는 '가-8'의 금액을 2회 산정한다.
- 급여비용 산정은 1일 1회에 한하며, 같은 날 동 비용 이외의 방문요양 급여비용을 산정하지 않는다.

⑥ 급여제공 중 일자의 변경이 있는 경우 급여를 개시한 날의 급여비용으로 산정하며, 다음 날 급여비용 산정을 위한 방문간격은 2시간 이상이어야 한다.

⑦ 수급자 등의 신체적 · 정신적 상태 등에 따라 불가피하게 동일기관의 요양보호사 2인이 동시에 급여를 제공한 경우 급여비용은 요양보호사별로 각각 산정할 수 있으며, 2인 중 1인의 요양보호사가 제공한 방문요양 급여비용은 '가-1'부터 '가-3'까지의 비용을 산정한다.

⑧ 인지활동형 방문요양을 제공하는 기관에서 프로그램관리자(시설장인 경우 제외)가 월 2회 이상 수급자의 가정을 방문하여 해당 업무를 수행한 경우 수급자 1인당 월 1회 6,000원을 가산한다.

⑨ 인지활동형 방문요양을 120분 이상 제공하는 치매전문요양보호사에게는 수급자 1인당 일 5,760원을 가산한다. 다만, 급여제공시간이 120분 미만이어도 다음의 사유가 있는 경우에는 가산할 수 있다.
- 천재지변, 수급자의 입원 및 사망 등의 부득이한 사정이 발생한 경우
- 급여제공을 시작한 지 1개월이 되지 않아 제공자와 수급자 간에 친밀한 관계가 형성되지 않은 경우

⑩ 프로그램관리자와 치매전문요양보호사의 서비스에 따른 가산비용은 수급자가 부담하지 않으며, 장기요양기관의 장은 가산비용을 프로그램관리자 및 해당 치매전문요양보호사에게 지급한다.

(2) 방문요양 및 방문간호급여의 야간 · 심야 · 공휴일 가산

방문요양 및 방문간호급여는 다음과 같이 급여제공시간을 기준으로 야간 · 심야 · 공휴일 가산을 산정하며, 동시에 적용되는 경우에는 중복하여 가산하지 않는다.

① 야간가산은 18시 이후 22시 이전에 급여를 제공한 경우에 급여비용의 20%를 가산한다.

② 심야가산은 22시 이후 06시 이전에 급여를 제공한 경우에 급여비용의 30%를 가산한다. 다만, 인지활동형 방문요양급여는 그렇지 않다.

③ 공휴일 가산은 공휴일에 급여를 제공한 경우에 급여비용의 30%를 가산한다.

(3) 방문요양 및 방문간호급여의 원거리 교통비용

① 방문요양 및 방문간호급여의 원거리 교통비용은 원거리 교통비용 적용대상 수급자에게 방문요양과 "24시간 방문요양 및 방문간호급여를 제공한 경우" 수급자의 실거주지부터 운영 중인 가장 가까운 방문요양 및 방문간호기관까지의 거리에 따라 다음과 같이 산정하며, 원거리 교통비용은 급여를 제공한 요양보호사 및 간호사 등에게 지급한다.

분류번호	거 리	금액(원)
거-1	5km 이상 10km 미만	3,400
거-2	10km 이상 15km 미만	5,100
거-3	15km 이상 20km 미만	6,800
거-4	20km 이상 25km 미만	8,500
거-5	25km 이상 30km 미만	10,200
거-6	30km 이상 35km 미만	11,900
거-7	35km 이상	13,600

② 위의 "24시간 방문요양 및 방문간호 급여를 제공한 경우"는 가정에서 치매가 있는 수급자를 돌보는 가족이 휴식을 위하여 연간 6일 이내에서 월 한도액과 관계없이 단기보호급여를 이용하거나 방문요양급여를 연속하여 24시간 동안 이용하는 경우이다.

③ 원거리 교통비용 적용대상 수급자는 수급자와 급여를 제공하는 장기요양요원이 가족이거나 5km 이상의 거리에 거주하는 사람을 제외하고 다음과 같다.

- 방문요양, 24시간 방문요양 및 방문간호급여를 이용하는 수급자로서 원거리 교통비 기준요소별 산출점수의 합계가 7점 이상인 수급자
- 가족요양비 지급 및 의사소견서 제출 제외대상인 섬 · 벽지지역 등에 거주하는 자

④ 원거리 교통비용은 제공기관의 신청에 따라 산정하며 그 비용은 수급자가 부담하지 않는다.

⑤ 1인의 장기요양요원이 동일한 날에 1인의 수급자에게 방문요양급여, 24시간 방문요양급여 및 방문간호급여를 각각 제공하는 때에는 원거리 교통비용을 1회만 산정한다.

⑥ 도서지역 내에 방문요양 또는 방문간호기관이 없는 경우에는 거리에 관계없이 위의 표 중 '거-3'의 급여비용을 1일 원거리 교통비용으로 산정한다.

3. 방문목욕급여의 제공기준 및 급여비용

1) 방문목욕급여의 제공기준

① 방문목욕급여는 요양보호사 2인이 수급자의 가정을 방문하여 욕조를 활용한 전신입욕 등의 방법으로 제공하되 수급자의 신체상태에 따라

다음의 방법으로 적절하게 제공한다.

- 차량을 이용하는 방문목욕급여는 다음의 경우에 한하여 제공할 수 있으며, 차량 내에서 전적으로 목욕을 제공(차량 내 목욕)하거나, 목욕차량의 욕조, 펌프, 호스릴 등 장비 일체와 차량 내 온수를 사용하여 가정 내에서 목욕을 제공(가정 내 목욕)한다.

가. 수급자의 신체적 상태로 인하여 특수욕조 등 장비를 이용한 목욕이 필요한 경우

나. 가정 내 욕조나 온수를 이용할 수 없는 경우

- 차량을 이용하지 않는 방문목욕급여는 목욕차량에 부속되지 않는 이동식 욕조, 가정 내 욕조 등의 장비를 이용하여 제공하거나, 목욕실이 갖추어진 장기요양기관이나 목욕설비가 갖추어진 대중목욕탕에서 제공한다.

② 방문목욕급여에는 목욕준비, 입욕 시 이동보조, 몸 씻기, 머리 감기기, 옷 갈아입히기, 목욕 후 주변 정리까지가 포함되며 수급자의 안전을 위하여 입욕 시 이동보조와 몸 씻기의 과정은 반드시 2인 이상의 요양보호사에 의해 제공되어야 한다.

③ 방문목욕 차량은 욕조, 급탕기, 물탱크, 펌프, 호스릴 등을 갖춘 차량으로 관할 지방자치단체장에게 신고된 차량이어야 한다.

2) 방문목욕의 급여비용

① 2017년 방문목욕 급여비용은 1회 방문당 다음과 같다.

분류번호	분 류	금액(원)
나-1	방문목욕 차량을 이용한 경우(차량 내 목욕)	72,540
나-2	방문목욕 차량을 이용한 경우(가정 내 목욕)	65,410
나-3	방문목욕 차량을 이용하지 아니한 경우	40,840

② 방문목욕 급여비용은 목욕에 필요한 용품(물, 비누, 수건, 욕조, 목욕의자, 로션 등)의 구입비용을 포함하며, 이를 별도로 수급자에게 요구해서는 안 된다.

③ 방문목욕 급여비용은 2인 이상의 요양보호사가 60분 이상 서비스를 제공한 경우에 산정하고 소요시간이 40분 이상 60분 미만인 경우에는 급여비용의 80%를 산정한다.

④ 2인 이상의 요양보호사가 목욕을 제공하지 않은 경우에는 급여비용을 산정하지 않는다.

⑤ 방문목욕의 급여비용은 주 1회까지 산정 가능하다. 다만, 변실금 및 요실금 등으로 인하여 피부의 건강유지 · 관리가 불가피한 경우에는 초과 산정할 수 있다.

4. 방문간호급여의 제공기준 및 급여비용

1) 방문간호급여의 제공기준

① 방문간호는 간호사 등이 제공하며, 급여내용은 다음과 같다.

- 의사, 한의사 또는 치과의사의 방문간호지시서에 따른 간호, 진료의 보조, 구강위생 등
- 다음의 예방관리적 간호행위

가. 기본관리 : 건강상태 확인, 활력징후 및 혈당측정, 지남력 평가 등

나. 교육 및 상담 : 통증관리, 식이관리, 감염관리, 구강관리, 투약관리, 보호자 교육 등

다. 신체훈련 : 관절구축 예방 및 근력강화, 이동장애, 낙상예방, 운동교육 등

라. 의뢰 및 검사 : 의료기관 의뢰, 장기요양기관 연계, 기초검사 등

② 간호사 등은 수급자의 상태변화 등으로 당초의 방문간호지시서와 다른 내용의 간호, 처치 등이 필요한 경우 방문간호지시서를 발급한 의사와 상의한 후 지시에 따라 간호를 시행한다.

③ 방문요양급여 또는 방문목욕급여를 이용하는 1~4등급까지의 수급자 중 인정조사표 '간호처치 영역'의 증상유무의 '있다'란에 하나 이상 표시된 자는 월 1회에 한하여 월 한도액과 관계없이 예방관리 등을 위한 방문간호급여를 이용할 수 있다.

④ 방문간호기관은 5등급 수급자에게 최초 방문간호지시서 발급일부터 6개월 동안 매월 1회 이상 방문간호급여를 제공해야 한다. 이 경우, 급여 제공자는 치매전문교육을 이수한 간호사 또는 간호조무사로 한다.

2) 방문간호의 급여비용

① 2017년 방문간호의 급여비용은 1회 방문당 급여제공시간에 따라 다음과 같다.

분류번호	분 류	금액(원)
다-1	30분 미만	33,640
다-2	30분 이상~60분 미만	42,200
다-3	60분 이상	50,770

② 방문간호 급여비용은 처치에 사용된 유치도뇨관, 기관지삽입관, 거즈 등의 재료비와 검사료(가정에서 직접 시행되는 검사)를 포함하며, 이를 별도로 수급자에게 요구해서는 안 된다.

③ 간호사(관리책임자인 경우는 제외) 또는 간호조무사가 수급자에게 급여를 제공한 경우 다음과 같이 가산하고 가산비용은 수급자가 부담하지 않는다.

- 간호사는 방문당 3,000원을 가산한다.

- 간호조무사가 치매전문교육을 이수하고 5등급 수급자에게 급여를 제공한 경우 방문당 1,500원을 가산한다.

5. 주 · 야간보호급여의 제공기준과 급여비용

1) 주 · 야간보호급여의 제공기준

① 주야간보호기관은 수급자를 하루 중 일정 시간 동안 보호하면서 수급자의 기능상태 및 욕구 등을 반영하여 신체활동 지원 및 심신기능의 유지와 향상을 위한 교육 · 훈련 등을 제공한다.

② 주야간보호기관은 8시부터 22시까지를 표준급여제공시간으로 하되 기관의 운영규정에 따라 탄력적으로 정할 수 있다. 이 경우 특별한 사유가 없는 한 24시 이후에 수급자를 보호해서는 안 된다.

③ 주야간보호기관은 영양, 수급자의 기호 및 건강상태 등을 고려하여 식사를 제공한다.

④ 주야간보호기관은 수급자를 24시간 이상 보호해서는 안 된다. 다만, 천재지변 등 부득이한 경우는 수급자를 연속하여 다음 날까지 계속 보호할 수 있다.

⑤ 주야간보호기관은 의사소견서에 치매상병이 있거나 최근 2년 이내 치매진료내역이 있는 1~4등급까지의 수급자 또는 5등급 수급자에게는 인지기능 악화방지 및 잔존능력 유지를 위한 인지활동형 프로그램을 제공할 수 있다. 이 경우 주 3회 또는 월 12회 이상 제공하도록 노력해야 한다.

⑥ 인지활동형 프로그램은 프로그램관리자가 수립한 프로그램 계획에 따라 프로그램관리자나 치매전문요양보호사가 1회 60분 이상 제공한다.

2) 주 · 야간보호의 급여비용

① 2017년 주야간보호의 급여비용은 장기요양등급과 1일당 급여제공시간에 따라 다음과 같다.

분류번호	분 류		금액(원)
라-1	3시간 이상 ~6시간 미만	장기요양 1등급	29,080
		장기요양 2등급	26,920
		장기요양 3등급	24,850
		장기요양 4등급	23,720
		장기요양 5등급	22,590
라-2	6시간 이상 ~8시간 미만	장기요양 1등급	38,980
		장기요양 2등급	36,110
		장기요양 3등급	33,330
		장기요양 4등급	32,200
		장기요양 5등급	31,060
라-3	8시간 이상 ~10시간 미만	장기요양 1등급	48,490
		장기요양 2등급	44,920
		장기요양 3등급	41,470
		장기요양 4등급	40,340
		장기요양 5등급	39,190
라-4	10시간 이상 ~12시간 미만	장기요양 1등급	53,420
		장기요양 2등급	49,480
		장기요양 3등급	45,720
		장기요양 4등급	44,570
		장기요양 5등급	43,430
라-5	12시간 이상	장기요양 1등급	57,280
		장기요양 2등급	53,070
		장기요양 3등급	49,030
		장기요양 4등급	47,890
		장기요양 5등급	46,750

② 주야간보호 급여비용은 신체활동지원 및 심신기능의 유지 · 향상을 위한 교육 · 훈련비용 등을 포함하며, 이를 별도로 수급자에게 요구해서는 안 된다.

③ 급여의 제공기준을 위반하여 수급자를 24시간 이상 보호한 경우에는 일체의 급여비용을 산정하지 않는다. 다만, 천재지변 등 부득이한 사유로 수급자를 연속하여 24시간 이상 보호한 경우에는 그렇지 않다.

④ 주야간보호와 방문목욕급여를 병설하는 기관이 수급자에게 같은 날 주야간보호와 방문목욕급여를 모두 제공한 경우에는 한 종류의 급여비용만 산정한다.

⑤ 1일 3시간 미만 급여제공에 대해서는 위의 표 '라-1'의 80%를 산정한다.

⑥ 인지활동형 프로그램을 다음의 사항을 모두 충족하여 제공한 경우에는 인지활동형 프로그램을 제공받은 수급자 1인당 월 6,000원을 가산한다. 가산비용은 수급자가 부담하지 않으며 장기요양기관의 장은 인지활동형 프로그램을 제공한 프로그램관리자 및 해당 치매전문요양보호사에게 지급한다.

- 1회 60분 이상씩 매주 3회 또는 월 12회 이상 제공
- 10인 이상의 장기요양기관에서 인지활동형 프로그램 대상인 수급자와 그렇지 않은 수급자만을 별도로 구분하여 프로그램 제공

3) 주 · 야간보호급여의 야간 · 토요일 · 공휴일 가산

주야간보호급여는 다음과 같이 급여제공시간을 기준으로 야간 · 토요일 · 공휴일 가산을 산정하며, 동시에 적용되는 경우에는 중복하여 가산하지 않는다.

① 야간가산은 18시 이후 22시 이전에 급여를 제공한 경우 급여비용의 20%를 가산한다.

② 토요일 가산은 토요일에 급여를 제공한 경우 급여비용의 30%를 가산한다.

③ 공휴일 가산은 공휴일에 급여를 제공한 경우 급여비용의 30%를 가산한다.

4) 주 · 야간보호급여의 이동서비스 비용

① 주야간보호급여의 이동서비스 비용은 주야간보호급여를 이용하는 수급자에게 관할 지방자치단체장에게 신고된 차량을 이용하여 수급자의 거주지에서 장기요양기관으로, 장기요양기관에서 수급자의 거주지로 이동서비스를 제공한 경우에 산정한다.

② 2017년 이동비용은 급여를 제공하는 주야간보호기관으로부터 수급자의 실거주지까지의 최단거리(편도)에 따라 다음과 같다.

분류번호	거 리	금액(원)
러-1	5km 미만	2,200
러-2	5km 이상~10km 미만	4,000
러-3	10km 이상~20km 미만	6,600
러-4	20km 이상	10,000

③ 이동서비스 비용은 이용횟수에 관계없이 1일 1회만 산정하고, 수급자가 이동서비스를 편도만(기관으로 이송 또는 수급자의 거주지로 이송하는 경우) 이용한 경우에는 위 표에 따른 각 비용의 50%를 산정한다.

④ 이동서비스 비용은 제공기관의 신청에 따라 지급하되, 수급자가 부담하지 않는다.

5) 주 · 야간보호급여의 목욕서비스 가산

① 주야간보호기관이 수급자에게 주 1회 목욕서비스를 제공한 경우 해당 수급자에 대하여 회당 3,000원을 가산한다. 이 경우 최대 월 4회까지 산정하고 가산비용은 수급자가 부담하지 않는다.

② 주야간보호기관이 목욕서비스를 제공하기 위해서는 전신입욕이 가능한 욕조 또는 전신 샤워를 실시할 수 있는 설비(온수, 샤워기, 목욕의자 등)가 있는 목욕실이나 세면장을 갖추어야 하고, 목욕서비스는 요양보호사가 제공해야 한다.

6. 단기보호급여의 제공기준 및 급여비용

1) 단기보호급여의 제공기준

① 단기보호를 제공하는 장기요양기관은 수급자를 일정 기간 동안 그 기관에 보호하면서 수급자의 기능상태 및 욕구 등을 반영하여 신체활동지원 및 심신기능의 유지와 향상을 위한 교육과 훈련 등을 제공한다.

② 단기보호기관은 하루에 3회 이상 영양, 수급자의 기호 및 건강상태 등을 고려하여 규칙적인 식사를 제공한다.

③ 단기보호급여의 제공기간은 월(매월 1일부터 말일까지로 한다) 15일 이내로 한다. 단, 아래의 사유로 수급자의 특별한 요청이 있는 경우에는 월 한도액과 관계없이 1회 15일 이내의 범위에서 연간 2회까지 연장하여 이용할 수 있다.

- 가족 등의 외유 · 외출, 병원치료, 집안 경조사 등 갑작스러운 사정으로 인해 수급자를 돌볼 가족 등이 없는 경우

- 주거환경의 일시적인 변화(이사, 공사 등)가 발생한 경우
- 기타 단기보호의 급여제공기간을 연장할 수밖에 없는 불가피한 사정이 있는 경우

④ 월중 시설급여를 이용한 수급자에게는 해당 월에 단기보호급여를 제공할 수 없다.

⑤ 가족이 치매가 있는 수급자를 가정에서 돌보는 경우 수급자는 일정 조건을 충족할 경우에 단기보호급여를 연간 6일 범위에서 월 한도액과 관계없이 이용할 수 있다. 이 경우 수급자는 본인일부부담금을 부담해야 한다.

2) 단기보호의 급여비용

① 2017년 단기보호 1일당 급여비용은 장기요양등급에 따라 다음과 같다.

분류번호	분 류	금액(원)
마-1	장기요양 1등급	48,220
마-2	장기요양 2등급	44,670
마-3	장기요양 3등급	41,250
마-4	장기요양 4등급	40,160
마-5	장기요양 5등급	39,070

② 단기보호 급여비용은 신체활동지원 및 심신기능의 유지와 향상을 위한 교육·훈련비용 등을 포함하며, 이를 별도로 수급자에게 요구해서는 안 된다.

③ 단기보호 급여비용은 일 단위로 산정하며 1일이라 함은 0시부터 24시까지를 의미한다.

④ 단기보호 급여비용은 입 · 퇴소 당일 급여제공시간이 12시간 이상인 경우에는 해당 급여비용의 100%를 산정하고, 12시간 미만인 경우에는 50%만 산정한다.

제5절 노인복지시설의 현황

노인복지론

1. 노인주거복지시설의 현황

다음의 〈표 8-2〉에 노인주거복지시설의 현황에 관한 자료가 제시되어 있다. 2008년 7월에 노인장기요양보험 제도가 실시되었는데, 그 직전인 2007년의 노인주거복지시설의 총수는 398개소에서 노인장기요양보험이 개시된 이후인 2010년에 397개소로 1개소 감소하였다. 그리고 2015년에는 427개소로 소폭 증가한 것을 알 수 있다. 이 자료는 다소 의문의 여지가 있다. 노인장기요양보험은 노인복지시설의 대폭 확대를 목표로 하여 시행된 제도인데 해당 기간 동안 노인주거복지시설의 증가폭은 크지 않기 때문이다. 이것은 노인주거복지시설이 노인장기요양보험의 적용을 받지 않아서 상당수의 시설이 노인장기요양보험의 적용을 받는 노인의료복지시설로 전환된 것에서 비롯된 것이라고 할 수 있다.

세부적인 노인주거복지시설의 유형별로 시설현황을 살펴보기로 하자. 양로시설은 2007년 384개소에서 2015년 265개소로 119개소 감소한 것으로 나타났다. 소규모주거시설인 노인공동생활가정은 2010년 75개소에서 2015년 131개소로 56개소 증가했다. 이것은 최근의 대규모시설을 지양하고 가정적인 분위기의 소규모시설을 지향하는 흐름에 부응한 결과이다. 노인공동생활가정은 노인장기요양보험 제도가 실시된 2008년부터 소규모시설 지향이라는 정책방향에 따라 설치되어 운영되기 시작했다. 노인복지주택은 2007년 14개소에서 2015년 31개소로 점차 증가하는 경향을 보이고 있다.

〈표 8-2〉 노인주거복지시설의 현황

종 류	시 설	2015년		2010년		2007년	
		시설수 (개소)	입소정원 (명)	시설수 (개소)	입소정원 (명)	시설수 (개소)	입소정원 (명)
노인 주거 복지 시설	합계	427	19,909	397	17,270	398	15,026
	양로시설	265	13,446	300	11,906	384	13,014
	노인공동생활가정	131	1,087	75	618	-	-
	노인복지주택 (입소정원은 세대수)	31	5,376	22	4,746	14	2,012

출처 : 보건복지부(2016a). 2016 노인복지시설 현황.

2. 노인의료복지시설의 현황

〈표 8-3〉에 노인의료복지시설의 현황에 관한 자료가 제시되어 있다. 노인의료복지시설의 총수는 2007년 1,114개소에서 2010년 3,775개소로 3배 이상 크게 증가했는데, 이것은 노인장기요양보험의 실시와 시설인프라의 확충이라는 정책방향에 따라서 이루어진 변화이다. 2015년에도 5,063개소로 큰 폭의 증가추이를 보이고 있다.

세부적인 노인의료복지시설의 현황을 살펴보기로 하자. 노인요양시설은 2007년 1,114개소에서 2015년 2,933개소로 증가경향을 확인할 수 있다. 소규모요양시설인 노인요양공동생활가정도 마찬가지로 2010년 1,346개소에서 2015년 2,130개소로 증가추이를 확인할 수 있다. 노인요양공동생활가정은 노인장기요양보험이 실시된 2008년부터 소규모시설 지향이라는 정책방향에 따라 설치되어 운영되기 시작했다.

〈표 8-3〉 노인의료복지시설의 현황

종 류	시 설	2015년		2010년		2007년	
		시설수 (개소)	입소정원 (명)	시설수 (개소)	입소정원 (명)	시설수 (개소)	입소정원 (명)
노인의료복지시설	합계	5,063	160,115	3,775	118,867	1,114	51,310
	노인요양시설	2,933	141,479	2,429	107,506	1,114	51,310
	노인요양공동생활가정	2,130	18,636	1,346	11,361	-	-

출처 : 보건복지부(2016a). 2016 노인복지시설 현황.

3. 재가노인복지시설의 현황

다음의 〈표 8-4〉에 재가노인복지시설의 현황에 관한 자료가 제시되어 있다. 재가노인복지시설의 총수는 2007년 1,405개소에서 2010년 2,496개소로 1,000개소 이상 증가했으며, 2015년 2,757개로 소폭 증가했다. 그런데 2008년 노인장기요양보험의 실시는 노인복지시설 인프라의 대폭 확충과 그중에서 장기요양급여 제공의 기본원칙인 재가급여 우선제공의 원칙을 감안하면 재가노인복지시설의 총수나 확대의 정도는 크지 않다는 것을 확인할 수 있다. 이것은 〈표 8-4〉의 재가노인복지시설은 노인복지법에 의거 설치신고된 시설만을 제시하고 있기 때문이다. 따라서 재가노인복지시설의 실질적인 총수는 이후에 제시하는 노인장기요양보험의 시설수와 합산한 것이 정확한 수치이다.

재가노인복지시설의 유형별 시설수의 현황을 살펴보기로 하자. 방문요양은 2007년 764개소에서 2010년 1,118개소로 증가했으며, 2015년에는 1,021개소로 오히려 소폭 감소했다. 주·야간보호는 2007년 504개소에서 2010년 786개소와 2015년 1,007개소로 지속적인 증가추이를 보이고 있다. 단기보호는 2007년 137개소에서 2010년 67개소로 50% 이하로 감소했으며, 2015년에는 112개소로 다시 증가했다. 방문목욕은 2010년 525개소에서 2015년 615개소로 소폭 증가했다.

〈표 8-4〉 재가노인복지시설의 현황

종 류	시 설	2015년	2010년	2007년
		시설수(개소)	시설수(개소)	시설수(개소)
재가노인복지시설	합계	2,757	2,496	1,405
	방문요양서비스	1,021	1,118	764
	주 · 야간보호서비스	1,007	786	504
	단기보호서비스	112	67	137
	방문목욕서비스	617	525	–

주) 재가노인복지시설 현황은 노인복지법에 의거 설치신고된 시설현황 자료임
출처 : 보건복지부(2016a). 2016 노인복지시설 현황.

4. 노인여가복지시설 등의 현황

〈표 8-5〉에 노인여가복지시설, 노인보호전문기관, 노인일자리지원기관의 시설현황 자료가 제시되어 있다. 노인여가복지시설은 2007년 57,773개소에서 2015년 66,292개소로 지속적인 증가추이를 보이고 있다. 그리고 노인여가복지시설 중 경로당이 압도적으로 많은 비중을 차지하고 있는 것을 확인할 수 있다. 노인학대예방업무를 수행하는 노인보호전문기관은 2007년 19개소에서 2015년 29개소로 점차 증가하고 있다. 노인들에게 일자리를 지원하는 노인일자리지원기관은 2015년 기준 129개소이다.

〈표 8-5〉 노인여가복지시설 등의 현황

종 류	시 설	2015년	2010년	2007년
		시설수(개소)	시설수(개소)	시설수(개소)
노인 여가 복지 시설	합계	66,292	62,457	57,773
	노인복지관	347	256	211
	경로당	64,568	60,737	56,480
	노인교실	1,377	1,464	1,082
노인보호전문기관		29	23	19
노인일자리지원기관		129	–	–

주) 노인복지관 현황은 노인복지법에 따라 설치된 노인복지관임
출처 : 보건복지부(2016a). 2016 노인복지시설 현황.

제6절 노인장기요양보험의 현황

1. 노인장기요양 인정 및 신청 현황

〈표 8-6〉에 노인장기요양인정 신청자에 관한 자료가 제시되어 있다. 전체 노인인구수는 2011년 564만여 명에서 2015년 671만여 명으로 매년 노인인구가 증가하는 추이를 보이고 있다. 노인인구가 매년 증가하는 가운데 장기요양인정 신청자수도 2011년 617,081명에서 2015년 789,024명으로 매년 증가하고 있는 것을 발견할 수 있다.

장기요양등급 1등급에서 5등급까지의 등급판정자가 장기요양 인정자인데, 인정자수도 2011년 324,412명에서 2015년 467,752명으로 매년 증가하고 있다. 그리고 장기요양인정 신청자 가운데 요양등급 1~5등급까지의 등급내와 등급외 판정자 중 5등급까지의 인정자 비율도 매년 증가하고 있다.

2011년 판정자 대비 인정률이 67.8%에서 매년 소폭 증가하여 2015년에는 74.2%의 비율을 보이고 있다.

전체 노인인구 대비 인정률도 마찬가지로 매년 소폭 증가하는 추이를 보이고 있다. 2011년 노인인구 대비 인정률이 5.7%에서 매년 소폭 증가하여 2015년에는 7.0%의 비율을 보이고 있다. 전체적으로 신청자, 판정자, 인정자, 인정률 등의 수치가 매년 증가하는 경향은 노인인구의 증가와 장기요양서비스에 대한 욕구의 증가로 인해서 당분간 지속될 것으로 예측된다.

〈표 8-6〉 **노인장기요양 신청자 현황**

(단위 : 명)

구 분	2011년	2012년	2013년	2014년	2015년
노인인구 (65세이상)	5,644,758	5,921,977	6,192,762	6,462,740	6,719,244
신청자	617,081	643,409	685,852	736,879	789,024
판정자 (등급내+등급외)	479,446	495,445	535,328	585,386	630,757
인정자 (판정 대비 인정률)	324,412 (67.8%)	341,788 (69.0%)	378,493 (70.7%)	424,572 (72.5%)	467,752 (74.2%)
노인인구 대비 인정률	5.7%	5.8%	6.1%	6.6%	7.0%

출처 : 국민건강보험공단(2015). 2015 노인장기요양보험통계연보.

〈표 8-7〉에 2015년 장기요양 인정자에 대한 구체적인 자료가 제시되어 있다. 2015년 장기요양 인정자수는 467,752명이다. 이 가운데 요양등급 1등급 판정자는 37,921명, 2등급 71,260명, 3등급 176,336명, 4등급 162,763명, 5등급 19,472명이다. 전체 요양등급 중에서 3등급과 4등급이 가장 높은 비중을 차지하고 있는 것으로 나타났다.

장기요양 인정자 중에서 인정자의 특성별로 구분해서 살펴보면, 일반 대상자가 303,355명, 경감 대상자 84,446명, 의료급여 대상자 5,675명, 기초수급 대상자 74,276명이다. 일반 대상자가 가장 높은 비중을 차지하고 있다.

〈표 8-7〉 노인장기요양 인정자 현황(2015년) (단위 : 명)

구 분	계	1등급	2등급	3등급	4등급	5등급
인정자 계	467,752	37,921	71,260	176,336	162,763	19,472
일 반	303,355	25,023	46,293	114,805	103,260	13,974
경 감	84,446	6,516	13,594	32,694	28,624	3,018
의료급여	5,675	422	803	2,139	2,074	237
기초수급	74,276	5,960	10,570	26,698	28,805	2,243

출처 : 국민건강보험공단(2015). 2015 노인장기요양보험통계연보.

2. 노인장기요양급여 현황

〈표 8-8〉에 장기요양급여에 관한 현황이 제시되어 있다. 급여이용 수급자는 2011년 360,073명에서 매년 증가하는 추이를 보이고 있으며, 2015년에는 475,382명으로 집계되었다. 급여비도 2011년 2조 9,691억 원에서 2015년 4조 5,226억 원으로 4년 만에 1.5배 이상 증가했다. 급여비 중 공단부담금이 대부분을 차지하고 있는데, 매년 85% 이상의 비중을 차지하고 있는 것을 알 수 있다.

급여이용 수급자 1인당 월평균 급여비도 2011년 944,916원에서 2015년 1,057,425원으로 매년 소폭 증가하고 있는 것을 알 수 있다. 급여이용 수급자 1인당 월평균 공단부담금의 경우도 급여비 대비 공단부담금의 비율과 유사하게 높은 수치를 보이고 있다.

〈표 8-8〉 총 급여비 현황

구 분	2011년	2012년	2013년	2014년	2015년
급여이용 수급자(명)	360,073	369,587	399,591	433,779	475,382
급여제공일수(일)	7,938	8,034	8,585	9,223	10,084
급여비(억원)	29,691	31,256	35,234	39,849	45,226
공단부담금(억원)	25,882	27,177	30,830	34,981	39,816
공단부담률(%)	87.2	86.9	87.5	87.8	88.0
급여이용 수급자 1인당 월평균 급여비(원)	944,916	956,986	996,714	1,024,520	1,057,425
급여이용 수급자 1인당 월평균 공단부담금(원)	823,727	832,132	872,106	899,361	930,017

출처 : 국민건강보험공단(2015). 2015 노인장기요양보험통계연보.

〈표 8-9〉에 2015년 장기요양 공단부담금에 대한 구체적인 자료가 제시되어 있다. 2015년 공단부담금 3조 9,816억 원 가운데 재가급여에 지출된 공단부담금은 1조 9,376억 원이고 시설급여 지출금은 2조 441억 원이다. 재가급여 시설수가 시설급여 시설수에 비해 2배 이상 많음에도 불구하고 시설급여에 대한 공담부담금이 조금 높은 것으로 나타났다.

재가급여의 세부항목을 보면 방문요양 1조 4,809억, 방문목욕 723억, 방문간호 89억, 주야간보호 2,563억, 단기보호 154억, 복지용구 1,037억 원으로 집계되었다.

시설급여의 세부항목을 살펴보면, 노인요양시설에 대한 공단부담금이 1조 7,892억원(87.5%)으로 대부분을 차지하고 있다. 그리고 소규모시설인 노인요양공동생활가정은 2,548억 원으로 12.5%에 그치고 있다.

〈표 8-9〉 노인장기요양 급여비용 중 공단부담금(2015년) (단위 : 억원, %)

구 분	금 액	비 율
장기요양공단부담금 계	39,816	100.0
재가급여 소계	19,376	100.0
- 방문요양	14,809	76.4
- 방문목욕	723	3.7
- 방문간호	89	0.5
- 주야간보호	2,563	13.2
- 단기보호	154	0.8
- 복지용구	1,037	5.4
시설급여 소계	20,441	100.0
- 노인요양시설	17,892	87.5
- 노인요양공동생활가정	2,548	12.5

출처 : 국민건강보험공단(2015). 2015 노인장기요양보험통계연보.

3. 노인장기요양기관 및 인력 현황

〈표 8-10〉에 노인장기요양기관에 대한 자료가 제시되어 있다. 2011년 장기요양기관 14,918개소에서 매년 증가하는 경향을 보이고 있으며, 2015년에는 18,002개소의 장기요양기관이 운영되고 있는 것으로 나타났다. 전체 장기요양기관을 유형별로 살펴보면, 재가장기요양기관이 시설에 비해 2배 이상 많은 것을 알 수 있다. 2015년 재가 12,917개소, 시설 5,085개소로 집계되었다. 노인장기요양기관의 증가추이는 지속될 것으로 전망되고 있다. 특히 노인장기요양보험 제도가 실시되면서 노인장기요양보호 서비스에 대한 국민적 욕구가 크게 증가하고 있기 때문이다.

2015년 재가와 시설의 세부유형별 현황을 살펴보면 다음과 같다. 재가시설은 총 12,917개소이며, 이 중에서 방문요양이 10,077개소로 80%에 육박할 정도로 매우 큰 비중을 차지하고 있다. 시설은 총 5,085개소이며, 요양시설 2,935개소와 요양공동생활가정 2,150개소로 요양시설의 비중이 약간 더 크다.

〈표 8-10〉 장기요양기관 현황 (단위 : 개소)

연도	2011년		2012년		2013년		2014년		2015년	
급여유형	재가	시설	재가	시설	재가	시설	재가	시설	재가	시설
시설수	10,857	4,061	10,730	4,326	11,056	4,648	11,672	4,871	12,917	5,085
합계	14,918		15,056		15,704		16,543		18,002	

구분						
재가 (2015년)	방문요양	방문목욕	방문간호	주야간보호	단기보호	복지용구
	10,077	8,253	574	2,018	299	1,700
시설 (2015년)	요양시설	요양공동생활가정				
	2,935	2,150				

출처 : 국민건강보험공단(2015). 2015 노인장기요양보험통계연보.

〈표 8-11〉에 장기요양기관의 인력배치 현황에 관한 자료가 제시되어 있다. 노인장기요양기관에 근무하는 총 인력수는 2011년 250,863명이며, 이후 매년 증가하는 추이를 보이고 있다. 2015년 총 인력수는 324,946명으로 나타났다. 2015년 전체 인력 가운데 요양보호사가 대다수를 차지하고 있으며, 다음은 사회복지사, 간호조무사, 간호사, 물리(작업)치료사, 의사(촉탁 포함), 영양사, 치과위생사의 순서인 것을 알 수 있다.

2015년 재가와 시설을 비교해 보면, 재가 253,861명, 시설 79,103명으로 재가의 근무인력이 3배 이상 많은 것을 확인할 수 있다. 재가와 시설의 직종별 인력의 비율도 전체 인력과 유사하게 요양보호사의 비중이 가장 높은 것으로 나타났다.

최근 서비스의 수준을 향상시키기 위해 시설평가제가 실시되고 있으며 시설평가 영역에 종사인력에 관한 지표들이 상당수 포함되어 있다. 특히 전문적인 노인복지프로그램을 제공하기 위해서는 사회복지사의 역할이 중요한데, 사회복지사의 인력비율이 5%에도 미치지 못하는 실정이다. 앞으로 노인장기요양기관의 전문적인 서비스 제공을 위해 사회복지사의 비중이 좀 더 향상되어야 한다. 그리고 간호사와 간호조무사의 인력배치 현황에서도 문제점을 발견할 수 있다. 2011년 간호사 2,838명, 간호조무사 5,859명으로 간호조무사 인력수가 간호사의 2배를 약간 넘는 수준이었다. 그런데 2015년에 간호사 2,719명, 간호조무사 9,099명으로 그 격차가 3.3배가량으로 증가했다. 그리고 간호사의 경우 전체적으로 장기요양기관의 배치인력이 증가하는 경향 속에서 2011년 2,838명에서 2015년 2,719명으로 오히려 더 감소한 것으로 나타났다. 이것은 노인장기요양기관에서 제공하는 의료서비스의 수준이 낮아지는 결과를 초래할 수밖에 없다. 전체적인 간호인력의 수와 간호사의 배치비율을 개선하여 노인장기요양기관에서 제공하는 의료서비스의 수준을 향상시키는 것이 바람직하다.

〈표 8-11〉 장기요양기관의 인력배치 현황 (단위 : 명)

구 분		2011년	2012년	2013년	2014년	2015년
계	총계	250,863	253,133	274,243	292,889	324,946
	사회복지사	6,133	6,751	7,506	11,298	13,923
	의사(촉탁 포함)	1,081	1,142	1,233	1,324	1,415
	간호사	2,838	2,753	2,627	2,683	2,719
	간호조무사	5,859	6,560	7,552	8,241	9,099
	치과위생사	7	7	4	5	4
	물리(작업)치료사	1,530	1,626	1,740	1,813	1,952
	요양보호사	232,639	233,459	252,663	266,538	294,788
	영양사	776	835	918	987	1,046
재가	소계	203,114	199,453	214,247	226,636	253,861
	사회복지사	3,224	3,427	3,828	6,623	8,440
	의사(촉탁 포함)	62	71	83	94	103
	간호사	1,331	1,310	1,262	1,213	1,218
	간호조무사	1,499	1,546	1,838	2,073	2,476
	치과위생사	5	5	4	5	4
	물리(작업)치료사	200	219	213	225	246
	요양보호사	196,748	192,830	206,971	216,358	241,323
	영양사	45	45	48	45	51
시설	소계	52,576	59,048	66,608	73,116	79,103
	사회복지사	3,059	3,459	3,809	4,817	5,634
	의사(촉탁 포함)	1,038	1,104	1,194	1,288	1,378
	간호사	1,663	1,552	1,498	1,575	1,595
	간호조무사	4,776	5,427	6,190	6,752	7,303
	치과위생사	2	2	–	–	–
	물리(작업)치료사	1,396	1,474	1,593	1,668	1,806
	요양보호사	39,902	45,234	51,449	56,072	60,386
	영양사	740	796	875	944	1,001

출처 : 국민건강보험공단(2015). 2015 노인장기요양보험통계연보.

Chapter 09 노인복지관

노인복지관의 설치 및 운영과 관련된 내용들을 살펴보기로 하자. 여기에 기술된 내용은 보건복지부(2017b)의 노인보건복지사업안내 2권을 중심으로 정리하였다.

제1절 추진방향

각 시·군·구별 지역실정에 따라 최소 1개소 이상의 노인복지관을 설치하여 운영한다. 노인복지관은 여가, 건강, 일자리, 자원봉사 등 지역사회 노인들의 다양한 복지욕구가 체계적이고 복합적으로 제공될 수 있도록 노인종합복지서비스의 기능을 확대하여 추진한다. 노인복지관은 예방, 보호, 통합 기능을 중심으로 지역사회 노인들의 다양한 복지욕구에 대응하여 여가, 건강, 일자리, 자원봉사, 취약계층지원 등의 체계적이고 통합적인 노인종합복지서비스의 제공을 확대하여 추진한다.

제2절 노인복지관의 설치

1. 노인복지관 설치

1) 지방자치단체 설치 및 운영 위탁

(1) 설치 및 지원계획

시 · 군 · 구별 노인인구수와 지역면적 등의 지역실정을 고려하여 최소 1개소 이상의 노인복지관 건립을 원칙으로 한다. 지방교부세법 개정(2015년 1월 시행)에 따라 노인복지관 신축사업이 2005~2014년까지 분권교부세로 지원되었지만, 분권교부세가 보통교부세로 통합됨에 따라 2015년부터는 지방자치단체에서 자체적으로 편성하여 지원하는 방식으로 변경되었다.

지방교부세는 지방재정의 지역 간 불균형을 시정하기 위해 내국세액의 일정 비율을 일정한 기준에 따라 각 지방자치단체에 배분하고 교부하는 지방자치단체의 특별교부세를 제외한 일반재원을 말한다. 따라서 지방교부세는 국가가 재정적 결함이 있는 지방자치단체에 교부하는 금액을 의미하며, 지방교부세는 보통교부세, 특별교부세, 분권교부세, 부동산교부세로 구분한다.

보통교부세는 지방자치단체의 매년도 기준재정수입이 기준재정수요액에 미달할 경우에 그 미달액을 고려하여 국가가 지방자치단체에 교부하는 금액이다. 특별교부세는 기준재정수요액의 산정방법으로는 파악할 수 없는 지역 현안에 대한 특별한 재정수요가 있는 경우와 보통교부세의 산정기일 후에 발생한 재해를 복구하거나 재해예방을 위한 특별한 재정수요가 생기거나 재정수입이 감소한 경우 등을 구분하여 교부한다. 분권교부세는 국고보조사업을 이양받은 지방자치단체에 교부하는 것인데, 사회복지 분야와 가장 크게 관련된 재정이다. 부동산교부세는 종합부동산세의 세수전액을 지방자치단체에 교부하는 금액으로 재산세 등의 세수감소분을 보전하고 지방재정 확충을 위한 재원으로 사용하기 위한 것이다.

(2) 운영위탁과 시설평가

지방자치단체는 노인복지관 설치 후 운영능력이 있는 사회복지법인 또는 비영리법인과 위탁계약을 체결하여 운영이 가능하다. 단, 수탁받은 기관이 제3자에게 재위탁하는 것은 불가하다. 지방자치단체가 노인복지관을 위탁하여 운영하고자 할 경우에는 공개모집에 의하여 수탁자를 선정하되, 수탁자의 재정적 능력, 공신력, 사업수행능력, 지역 간 균형분포 및 시설평가 결과 등을 종합적으로 고려하여 선정해야 한다.

모든 사회복지시시설은 사회복지사업법에 의하여 3년마다 1회 이상 시설평가를 받아야 한다. 노인복지관은 2015년에 시행되었고 3년 뒤인 2018년에 시설평가가 예정되어 있다. 시설평가 기준은 크게 시설 및 환경, 종사자 전문성, 재정 및 조직운영, 프로그램 및 서비스, 시설이용자에 대한 서비스 만족도, 기타 시설의 운영 개선에 필요한 사항 등으로 분류되어 있다.

위탁기관을 공개모집할 때에는 노인복지사업에 대한 전문성과 책임성, 시설운영의 투명성과 공정성, 지역사회와의 연계계획 등을 반영한 선정기준 마련 후에 추진한다. 지방자치단체는 수탁자를 선정함에 있어서 심사위원회를 구성하여 운영한다. 위원회는 관계 공무원, 지역복지기관장, 사회복지 분야 교수, 지역주민대표 등을 포함하여 9인 이상의 위원으로 구성하고 위원장은 위원 중에서 호선한다. 위탁계약기간은 사회복지사업법을 준용하여 5년 이내로 하고 위탁자가 필요하다고 인정하는 때에는 심사위원회의 평가결과에 따라 계약기간을 갱신할 수 있다.

2. 국가 또는 지방자치단체 이외의 자 설치

1) 시설의 설치와 운영 신고

국가 또는 지방자치단체 이외의 자가 노인복지관을 설치하고자 하는 경우에는 노인복지법에서 정한 시설기준 및 직원배치기준, 운영기준을 갖추고 필요한 서류를 첨부하여 관할 시·군·구청장에게 노인여가복지시설 설치신고서를 제출한다. 관할 시·군·구청장은 신고서에서 관계 공무원이 해당 시설과 설비를 적정하게 갖추고 있는지의 여부를 확인한 후 노인여가복지시설 설치신고필증을 교부한다.

2) 설치 및 운영신고 시 제출서류

① 법인의 경우 정관 1부
② 위치도, 평면도 및 설비구조내역서 각 1부
③ 이용료와 기타 이용자의 비용부담 관계 서류 1부
④ 사업계획서 1부
⑤ 시설을 설치할 토지 및 건물의 소유권을 증명할 수 있는 서류 각 1부

3. 시설설치 시 공통사항

노인복지관은 연면적 500㎡ 이상의 규모로 설치해야 한다. 사무실, 식당 및 조리실, 상담실 또는 면회실, 집회실 또는 강당, 프로그램실, 화장실, 물리치료실 또는 건강증진실, 비상재해대비시설은 1실 이상 설치해야 한다.

시·도 및 시·군·구는 노인복지관 내 시설공간 중 고유의 목적사업에 부합하지 않는 시설공간은 설치할 수 없으며(기준면적 산정 시 제외), 노인복지관의 서비스 공간으로 변경하여 활용할 수 있도록 대책을 마련하고 시행

해야 한다. 고유목적사업에 부합하지 않는 시설공간은 노인복지관 운영법인 사무공간, 종교활동을 위한 숙소 및 사무공간, 노인 단체 및 정부기관 사무공간, 외부 임대시설 공간 등이다.

4. 노인복지관 분관의 설치와 운영

1) 분관설치

해당 시 · 군 · 구에 노인복지관이 있으나 접근성이 좋지 않은 지역의 노인을 위하여 노인복지관의 분관을 설치하여 운영할 수 있다.

2) 시설기준

분관의 규모는 연면적 500㎡라는 규정의 적용을 받지 않으며 분관의 성격에 맞게 적합한 규모로 설치하여 운영할 수 있다. 분관은 신축 또는 임대하여 설치할 수 있으며, 반드시 아래의 시설기준(최소기준)을 갖추어 운영해야 한다.

구분 / 시설별	사무실	식당 및 조리실	상담실 또는 면회실	집회실 또는 강당	프로그램실	화장실	물리치료실	비상재해대비시설	거실 또는 휴게실
노인복지관	1	1	1	1	1	1	1	1	1
분 관	1		1	1	1	1			1

주) 단, 시 · 도 및 시 · 군 · 구는 노인복지관 분관의 시설공간을 활용함에 있어, 본관 시설 공간활용과 동일한 기준을 적용해야 한다.

3) 운영주체

분관의 운영은 시 · 도지사(또는 시 · 군 · 구청장)가 직영하거나, 시 · 도지사

(또는 시 · 군 · 구청장)의 책임하에 운영능력이 있는 기존 노인복지관 운영주체(사회복지법인, 비영리법인 등)와 위탁계약을 체결하여 운영해야 한다.

4) 직원기준

분관 운영을 위한 최소 직원기준은 3~4명을 원칙으로 하되, 지역의 실정에 맞게 상향조정이 가능하다. 분관의 장은 위탁운영기관으로 선정된 기존 노인복지관장이 겸임한다.

5) 사업내용

기본사업과 선택사업의 구분 없이 지역실정에 따라 사업수행이 가능하다.

제3절 노인복지관의 운영

1. 노인복지관의 정의

노인복지관은 노인의 교양, 취미생활, 사회참여활동 등에 대한 각종 정보와 서비스를 제공하고, 건강증진 및 질병예방과 소득보장과 재가복지, 기타 노인의 복지증진에 필요한 종합적인 노인복지서비스를 제공하는 사회복지시설이다.

2. 노인복지관의 운영목표

노인복지관은 노인복지서비스가 필요한 노인을 대상으로 ① 건강한 노후를 위한 예방, 취약노인 케어의 기반구축과 확충, ② 활동적인 노후를 위한 사회참여 여건의 조성 및 활성화, ③ 안정적 노후를 위한 소득보장의 다양화와 내실화를 통해 성공적인 노후가 실현될 수 있도록 지원하는 종합적 노인복지서비스 전달기구로서 중심적 역할을 수행한다.

3. 노인복지관의 연혁

- 1971년 인천광역시노인복지회관 설립
- 1981년 노인복지법 제정 및 1989년 노인복지법 내 여가시설 규정 신설
- 2000년 노인복지관 내 경로당 활성화사업 실시
- 2001년 1월 29일 한국노인종합복지관협회 사단법인 설립허가
- 2005년 노인복지관 운영지원 지방이양
- 2006년 노인자원봉사 활성화사업 실시
- 2007년 노인자원봉사 대축제사업 실시
- 2008년 노인자살예방사업 실시
- 2009년 제1회 신노년문학상 사업 실시
- 2010년 노인권익증진사업 실시
- 2011년 신노년문화운동 전개 '시니어코리아 전국대회' 실시
- 2012년 성문화 정립을 위한 인프라 구축사업 실시
- 2013년 예방, 보호, 통합 3대 기능 중심의 노인복지관 운영방향 재정립
- 2014년 노인재능나눔활동 재원사업 운영

4. 기본 운영방향

노인복지관은 60세 이상의 모든 노인이 다 참여할 수 있도록 하되 저소득층 등 소외계층 노인들이 이용에 소외되지 않도록 하는 프로그램의 운

영을 중점적으로 추진한다. 노인복지관을 이용하고자 하는 노인이 해당 지역에 실제 거주하지 않더라도 자녀와 친지 등의 연고가 있는 경우에는 가급적 이용할 수 있도록 개방한다.

전문성, 지역성, 중립성, 책임성을 유지하고 자율적인 운영기반을 확립한다. 노인계층의 변화에 대비하여 베이비부머 세대를 대상으로 하는 은퇴준비프로그램에 대한 사회참여 및 취업 등의 특화프로그램을 개발하여 운영한다. 노인여가욕구 사정을 통해 지역사회 노인의 욕구를 충실히 반영한다. 세대통합프로그램 지원을 통해 가족과 사회통합 강화를 위해 노력한다. 지역 노인보호의 거점기관으로서 지역기관 연계를 통한 취약노인 보호 핫라인 구축으로 위기노인 보호사업을 운영한다.

5. 주요 사업내용

1) 노인복지관 사업의 기준

① 노인의 복지증진을 위하여 종합적인 노인복지센터로서의 기능을 수행할 수 있도록 필요한 사업을 선정하고 수행해야 한다.

② 다음의 사업을 기본사업으로 수행하되 이용대상 노인의 실정과 지역 여건 등을 감안하여 사업의 종류를 가감하거나 별도의 사업을 개발하고 추진할 수 있다.

가. 상담 및 지도 : 노인의 생활, 주택, 신상 등에 관한 생활상담 및 노인의 질병예방과 치료에 관한 건강상담 및 지도

나. 취업상담 및 알선 : 노인에 대한 취업알선 및 취업자의 사후관리

다. 기능회복훈련의 실시 : 노인의 기능회복 또는 기능의 감퇴를 방지하기 위한 훈련을 실시하되, 물리치료장비는 관할 보건소에 종

사하는 의사 또는 촉탁의사의 지도를 받아 사용해야 한다.

라. 교양강좌 등의 실시 : 노인의 교양향상을 위한 프로그램의 제공 및 레크리에이션 활동 등의 지도

③ 거동불편 노인의 생활편의를 위한 서비스 등의 제공을 위하여 재가 노인복지시설을 병설하여 운영하도록 노력해야 한다.

④ 지역특성에 따라 야간이용이 가능한 체제를 갖추도록 노력해야 한다.

2) 노인복지관의 직원배치기준

시설장	사회복지사	강사 (외부강사 포함)	물리치료사	사무원	조리원	관리인
1명	2명이상	–	1명	1명	1명	1명

주) 노인복지관에 이용자의 건강관리를 위한 촉탁의사(시간제 계약에 의한 의사 포함)를 둘 수 있다.

3) 노인복지관의 사업유형

노인복지관의 사업유형은 이용노인의 여가욕구사정 및 지역특성을 반영하며, 기본사업과 선택사업으로 크게 구분한다. 노인 여가욕구의 사정은 노인여가매트릭스를 활용하여 개인별 맞춤형 서비스가 설계 및 이용될 수 있도록 지원한다.

(1) 기본사업과 선택사업

기본사업은 노인복지관이 종합복지센터로서의 기능과 역할을 수행하기 위해 기본적으로 제공해야 할 사업이다. 기본사업은 평생교육지원사업, 취미여가지원사업, 상담사업, 정서생활지원사업, 건강생활지원사업(기능회복지

원사업, 치매예방프로그램), 사회참여지원사업, 위기 및 독거노인자립지원사업(사례관리사업 등), 취약노인 보호연계망 구축사업 등으로 구분한다. 기본사업의 수행에 필요한 인력은 최대한 배치될 수 있도록 해야 한다.

선택사업은 기본사업 이외의 사업으로 지역 또는 노인복지관의 특성을 반영하여 개발하고 추진할 수 있는 사업이다. 선택사업은 건강생활지원사업(기능회복지원사업 제외), 주거지원사업, 고용 및 소득지원사업, 가족기능지원사업, 가족통합지원사업, 지역자원개발사업, 지역복지연계사업(경로당프로그램 연계), 노인권익증진사업 등으로 분류한다.

(2) 사업별 세부내용

① 평생교육지원사업

노년기의 연장과 급속한 사회변화의 흐름 속에서 성공적 노후생활을 위해 다양한 지식 및 기술학습과 자기계발을 할 수 있도록 인생주기별 교육욕구에 따른 평생교육프로그램을 실시한다. 교양, 인문학, 외국어교육, 정보화교육, 노화와 노년기에 대한 이해, 노후생활방법, 예비노인 은퇴준비프로그램 등이 이에 해당한다.

② 취미여가지원사업

노인들이 의미 있는 노후시간을 보낼 수 있도록 문화예능활동과 여가활동의 기회를 제공하여 취미를 개발하고 여가활동을 활성화하기 위하여 다양한 프로그램들을 실시한다. 예능활동, 문화활동, 취미활동, 체육활동, 동아리활동 등이 포함된다.

③ 건강생활지원사업

노인의 건강증진과 영양(급식)제공 및 기능회복, 요양서비스 제공을 위한 사업으로 질환을 예방하기 위한 신체활동 지도와 관련된 프로그램을 운영한다. 노화 및 노인성 질환과 중풍 등으로 인하여 지적 능력과 신체의 기능이 저하되거나 마비되어 일상생활에 곤란을 겪고 있는 노인들의 정신적 · 신체적 기능회복을 위하여 건강프로그램과 요양서비스를 제공한다. 일반노인 및 독거노인 등의 요주의 대상자에게 영양을 공급함으로써 노인의 건강을 증진시키는 사업을 실시한다.

문화체육관광부(생활체육협의회), 지역사회단체, 노인단체 등과 연계하여 경로당 건강증진 프로그램을 제공한다. 이때에 경로당 등을 활용한 독거노인 공동생활가정에 우선 지원하도록 한다. 건강생활지원사업에 포함되는 프로그램은 다음과 같다.

- 건강증진지원 : 건강교육, 상담, 건강교실 운영(건강체조, 기체조, 요가 등), 치매예방프로그램, 이미용서비스
- 급식지원 : 경로식당(중식서비스), 밑반찬, 도시락배달, 푸드뱅크
- 기능회복지원 : 물리치료, 운동요법, 한방요법, 일상생활동작훈련, 단체요법, 작업요법, 물리요법 등
- 요양서비스 : 치매 및 뇌졸중 프로그램, 주야간보호 등

④ 노인상담사업

지방자치단체는 노인복지관에 노인복지상담이 가능한 별도의 상담실을 설치하여 심리상담전문가를 1인 이상 배치하고, 노인상담 담당 인력은 한국보건복지인력개발원의 전문적인 노인상담 교육과정(노인위기상황에 대한 이해와 대처기술, 면접 상담기법, 개입 및 평가기법 등)을 이수하도록 지원한다.

노인상담에는 노인의 일반상담(이용상담, 접수상담), 전문상담(경제, 법률, 주택상담, 세금상담), 심리상담을 비롯하여 치매종합상담, 노인학대상담(노인학대사

례 발견 시 노인보호전문기관에 연계), 노인성상담, 노인자살예방사업, 복지정보 제공 등의 상담 등이 포함된다.

⑤ 정서생활지원사업

노인의 우울 및 자살을 예방하고 자아존중감과 자아통합감을 향상시킴으로써 안정적인 심리 · 정서상태를 유지할 수 있도록 다양한 정서생활을 지원할 수 있는 프로그램을 운영한다. 우울 및 자살예방프로그램, 죽음준비프로그램, 집단프로그램, 자조모임 등이 해당된다.

⑥ 위기 및 독거노인 자립생활 지원사업

지역사회 내 독거노인의 신체 · 정서 · 사회적 자립지원 프로그램 운영 및 지역주민센터, 유관 기관 등과 연계, 사례관리사업 등을 진행한다. 남자독거노인의 신체건강지원, 사별노인의 치유, 사회관계증진 프로그램 등을 운영할 수 있다.

⑦ 취약노인 보호연계망 구축사업

취약노인 보호연계망을 구축하여 지역노인보호전문기관, 독거노인돌봄수행기관 등을 통해 접수된 위기 · 취약 노인에게 우선적인 지원사업을 시행한다.

⑧ 사회참여지원사업

사회참여지원사업은 노인자원봉사 활성화사업을 비롯하여 지역사회 참여를 통해 노인의 사회적 역할을 모색하는 사업이다. 노인복지관은 노인자원봉사 활성화사업을 적극 추진하기 위한 별도의 전담인력을 배치하고 노인자원봉사 프로그램의 개발, 지역사회 자원 연계 및 개발, 관리자의 역할과 역량 등 기본 및 심화 노인자원봉사 교육과정을 이수할 수 있도록 지원한다.

노인자원봉사 활성화사업은 다음과 같이 운영된다.

- 노인의 지식과 경험을 사회에 환원함으로써 지역사회 공동체 발전에 기여하는 등 활기찬 노후생활 영위
- 자원봉사자 모집 및 배치, 교육훈련 등의 체계적인 운영계획 수립 시행
- 자원봉사활동은 자발성과 무보수성을 기본원칙으로 하되, 예산의 범위 내에서 교통비와 식비 등의 기본적인 활동비 지급 가능
- 교통안전봉사 및 동아리클럽 활동지원 교통편의 제공사업

⑨ 경로당프로그램 연계

경로당을 이용하는 노인들에게 필요한 건강관리, 사회활동서비스, 교양 및 오락프로그램 등이 제공될 수 있도록 노인복지관의 전문 프로그램과 서비스를 연계한다. 노인복지관의 우수프로그램이 시 · 군 · 구 단위로 운영이 취약한 경로당에 우선적으로 제공될 수 있도록 (사)대한노인회 시 · 군 · 구 지회와 사전에 충분하게 협의하여 시행하고 시 · 도별로 설치 · 운영되는 경로당광역지원센터와 상호 유기적인 업무협조가 이루어지도록 한다.

⑩ 노인주거개선사업

도배, 장판교체 및 보일러 수리 등 집수리를 위하여 능력과 기술이 있는 노인들이 참여하는 노인주거개선사업단을 구성 · 운영하여 노인들의 주거환경을 개선하고 삶의 질 향상에 기여하는 사업이다.

⑪ 고용 및 소득지원사업

저소득노인에 대한 후원금 연결과 은퇴 후 경제적 노후설계를 위한 경

제교육을 실시한다. 이 사업은 노인의 사회참여 활성화를 통하여 소득을 확보하고 고용을 창출함으로써 건강보장과 자아성취 등의 종합적 복지증진에 기여한다. 구체적인 프로그램의 운영은 다음과 같다.

- 노인사회활동지원사업, 고령자취업지원사업, 경제교육, 은퇴준비교육 등
- 노인복지관은 노인사회활동지원사업의 수행 시에 사업계획을 별도로 수립 · 시행하여야 하며, 지방자치단체 등의 위탁사업 수행을 위한 별도의 전담인력을 배치해야 한다.

⑫ 가족기능 지원 및 통합 지원사업

요보호노인으로 인한 가족해체를 방지하고 돌봄이 필요한 노인에게 서비스를 제공하여 가족을 지원하고 지역사회 안에서 보호될 수 있도록 지원하는 사업이다. 세대통합 및 가족관계프로그램을 통한 노인인식개선사업 등이 해당된다.

⑬ 지역자원의 개발 및 연계, 노인권익증진사업

지역사회에서 후원자 및 자원봉사자를 개발하고 지역복지기관과의 연계를 통하여 노인복지서비스의 효과성을 제고한다. 노인학대 방지 및 노인권익사업을 실시하여 노인에 대한 인식을 개선하고 계몽한다. 노인복지관은 노인소비자 피해 신고기관으로 지정 · 운영한다. 노인 연령의 특성상 사기판매 등의 소비자 피해에 취약하므로 이에 대한 정기적인 교육홍보활동을 실시한다.

〈표 9-1〉 노인복지관 사업구분

대상	사 업		세부 프로그램
노인	평생교육지원		한글교실, 외국어교실, 교양교실, 정보화교육, 인문학교육, 예비노인 은퇴준비프로그램 등
	취미여가지원		예능활동(음악, 미술, 생활도예, 서예, 댄스), 문화활동(연극, 사진, 영화, 바둑, 장기, 레크리에이션), 취미활동(종이접기, 손뜨개질, 민속놀이), 체육활동(탁구, 당구, 게이트볼), 동아리활동 등
	건강생활지원	기능회복지원	물리치료, 양 · 한방진료, 작업요법, 운동요법, ADL훈련 등
		건강증진지원	건강교육, 건강상담, 건강교실(건강체조, 기체조, 요가 등), 독거노인지원사업(기존 재가사업), 이미용, 노인건강운동 등
		급식지원	경로식당(중식서비스), 밑반찬 · 도시락배달, 푸드뱅크 등
		요양서비스	치매 · 뇌졸중환자 프로그램, 주 · 야간보호
	상담		노인의 일반상담(이용상담, 접수상담), 전문상담(경제, 법률, 주택상담, 연금상담, 건강상담, 세무상담), 심리상담, 치매상담, 노인학대 상담 등
	정서 및 사회생활 지원		우울 및 자살예방프로그램, 죽음준비프로그램, 집단프로그램, 자조모임 등
	사회참여지원		노인자원봉사 활성화사업, 지역봉사활동, 교통안전봉사, 동아리 · 클럽활동 지원, 교통편의서비스 등
	주거지원		주택수리사업, 주거환경개선사업(도배 등) 등
	고용 및 소득지원		노인 일자리 및 사회활동 지원사업, 고령자취업지원사업, 경제교육, 취업교육 등
	위기 및 독거노인 지원		취약노인의 신체 · 정서 · 사회적 자립지원 프로그램 운영, 독거노인돌봄서비스, 사례관리사업, 읍면동행정복지센터 및 유관 기관 등과 연계(취약노인 보호연계망 구축사업)
가족	가족기능지원		가정봉사원파견, 방문간호, 노인돌봄서비스사업 등
	가족통합지원		가족상담, 가족관계프로그램, 가족캠프, 세대통합프로그램 등

지역사회	지역자원개발	자원봉사자 발굴 · 관리, 후원자 개발, 외부 재정지원기관 사업 수탁 등
	지역복지연계	경로당프로그램 연계 등의 지역복지기관 연계, 지역협력사업(경로행사, 나들이 등) 등
	노인권익증진	정책건의, 노인인권 옹호, 노인인식개선사업, 편의시설 설치, 노인소비자 피해예방교육 등
노인복지관조직	운영관리	인사관리, 재정관리, 시설관리 등
	사업관리	프로그램개발, 실행, 점검, 평가, 보완 등
	연구개발	사업기획, 조사연구, 실습지도, 출판, 홍보, 자문(운영)위원회 등

주) 기타 제시되지 않은 사업은 자체 수행 가능

6. 인사 및 보수기준

노인복지관은 사회복지시설관리안내의 관련 규정을 준용하되, 자체 인사관리규정과 보수지급규정을 정하여 시행한다. 직원의 인사권자는 노인복지관 관장이며, 직원에 대한 인사는 특별한 사유가 없으면 모 법인 또는 단체 등의 영향을 받지 않고 타당성과 합리성을 근거로 독립적으로 운영한다. 특별한 사유 없이 모 법인 또는 단체 등에서 노인복지관의 이익에 반하여 인사조치를 한 경우 관할 시 · 도 및 시 · 군 · 구에서 시정명령 등의 조정을 할 수 있다. 노인복지관에 소속되어 보수를 지급받고 있는 자에 대하여는 타 기관 및 단체 등의 상근직 겸직을 금지한다.

직원 인사관리의 공정을 기하기 위하여 노인복지관은 3인 이상의 자체 인사위원회(위원장 : 관장)를 구성하여 운영하며, 소속직원의 임면, 근무평정, 승진, 상벌, 기타 관장이 필요하다고 인정하는 사항 등을 심의한다. 직원의 보수는 기본적 보수와 각종 수당으로 구분하여 지급하며, 사회복지 관련 유사기관과의 형평성 및 지원예산 등을 고려하여 합리적으로 편성하여 운영한다. 지방자치단체의 장 또는 법인 등은 재정형편에 따라 자체적으로 정한 보수기준을 초과하여 보수를 보조하거나 지급할 수 있다.

7. 실비이용료 수납 및 집행

노인복지관은 이용자에게 양질의 서비스를 제공하기 위하여 사업프로그램(평생교육, 취미여가, 경로식당 등)에 소요되는 최소한의 비용을 충당하기 위해 프로그램의 내용 및 성격에 따라 이용자로부터 수납이 가능하다. 관장은 실비이용료 수납프로그램을 운영할 경우 수납신고서에 수납하고자 하는 비용의 산출내역서를 첨부하여 시 · 군 · 구청장에게 사전 신고 후 추진한다.

수납된 실비이용료는 노인복지관 세입예산에 편입하여 실비이용료를 받는 사업의 자체비용에 충당하고, 나머지는 국민기초생활보장 수급권자 등 저소득층 지원사업에 우선적으로 사용한다. 실비이용 수납프로그램 안내 홍보물에 기초생활보장 수급권자, 생활이 어려운 자(저소득경로연금 수급자 또는 생계를 같이하는 가구원의 소득이 경로연금수급자 소득 이하, 본인 소득이 전혀 없는 자 등)로서 읍 · 면 · 동장이 추천한 자는 무료로 이용할 수 있는 내용을 명시하는 것이 바람직하다.

8. 노인복지관의 운영비 지원

노인보건복지사업안내에 따라 지방자치단체가 설치한 노인복지관의 경우 시 · 군 · 구청장이 운영비를 지원한다. 시 · 군 · 구청장은 동 사업안내에 따라 노인복지관 운영의 지도감독을 수행하되, 사업의 특성을 충분히 이해하여 노인복지관 운영의 자율성을 해치지 않도록 관리한다. 지도감독 내용은 사업자의 업무수행능력 및 성실성 등에 대한 현장확인과 사업계획의 효율성과 타당성 검토 등 사업지도 등이다.

운영비 보조는 사업수행실적, 시설 및 직원규모 등을 고려하여 차등지원이 가능하다. 지방자치단체는 중점추진사업의 확대와 이용자 증가에 따른 예산 및 인력을 추가적으로 지원하여 원활한 사업추진과 서비스 향상을 위해 노력해야 한다.

9. 행정사항

이미 설치신고된 노인복지관 중 시설기준 및 기능수행을 충족하지 못하는 경우에 지원 및 지도감독의 강화를 통하여 지역 내 종합적인 복지서비스를 제공하는 노인복지관의 본래의 역할을 담당할 수 있도록 유도한다. 그러나 지방자치단체의 지속적인 지도와 감독에도 시설기준 등을 충족하지 못하거나 노인복지관 시설평가 결과에 의해 서비스 품질개선이 필요한 시설이 별도의 조치를 취하지 않는 경우에는 경로당 등으로 변경할 수 있다.

소방시설 설치 · 유지 및 안전관리를 위한 투척용 소화기 배치 등 이용노인의 안전관리에 유의해야 한다. 시 · 도, 시 · 군 · 구, 시설장은 종합적인 사회복지시설의 재난에 대한 예방, 대비, 대응, 복구대책을 수립하여 시행함으로써 사고발생에 대비한 대응능력 배양 및 안전의식 제고를 통한 재난예방 및 대응대책을 강화하기 위한 노력이 필요하다.

노인복지관의 급식소를 운영할 때 영양사와 조리사 배치 등에 관한 사항이 식품위생법령에 위반되지 않도록 유의해야 한다. 집단급식 자원봉사자에 대해 필요하면 건강진단결과서를 지참하도록 하여 급식소를 통한 전염성 질환 등이 발생하지 않도록 주의해야 한다.

10. 노인복지관 수익사업에 따른 회계처리

노인복지관을 위탁운영하는 법인이 노인복지관 인프라를 활용하여 수익사업에 참여하는 경우에 관련 회계는 「사회복지법인 및 사회복지시설 재무·회계 규칙」을 적용한다. 수익사업의 회계는 노인복지관 시설회계와 구분하여 별도 사업회계로 관리해야 한다.

수익금이 발생하면 법인 이사회의 보고 및 의결을 거쳐 해당 수익사업의 안정적인 운영을 위한 제반 운영비(운영충당적립금 및 시설환경개선준비금 적립 등 포함) 등으로 우선 지출한다. 남은 수익금 잔액은 노인복지관 시설회계로 전출하여 노인복지관 운영비 또는 사업비로 활용할 수 있도록 해야 한다.

PART 04

노인의 최근 소득보장과 일자리대책

Chapter 10 기초연금

노인의 소득보장제도는 공적연금이 가장 주요한 대책이지만, 여기에서는 비교적 최근에 시행된 기초연금제도를 중심으로 노인소득보장제도를 소개하고자 한다. 기초연금제도의 내용과 현황을 살펴보기로 하자. 기술된 내용은 주로 기초연금법과 보건복지부(2017c)의 2017 기초연금 사업안내를 중심으로 정리되었다.

제1절 기초연금의 목적과 도입과정

정부는 노후소득보장을 위해 공적연금에 가입하지 못한 노인과 20년의 가입기간을 충족하지 못한 노인들에게 1991년부터 70세 이상의 공공부조 수급자들에게 월 1만 원의 노령수당을 지급하였다. 1998년 7월부터 수당 지급액을 늘리기 위한 경로연금제도가 시행되었고 2008년 1월부터 기초노령연금제도를 시행하기에 이르렀다. 2014년 7월 이후에는 제도의 명칭을 기초연금으로 변경하여 노후소득보장제도가 확대되었다(조추용 외, 2015).

기초연금제도는 노인에게 기초연금 급여를 지급하여 안정적인 소득기반을 제공함으로써 노인의 생활안정을 지원하고 복지를 증진하기 위한 공적부조 제도이다. 기초연금제도는 2014년 이후에도 확대되어 현재 전체 노인 중 소득수준 하위 70%를 대상으로 급여를 지급하고 있으며, 급여수준도 매년 증가하고 있다.

현재 노인을 대상으로 하는 대표적인 소득보장제도는 사회보험 형태인 국민연금과 공공부조 형태인 기초연금제도이다. 국민연금은 사회보험으로서 보험료를 10년 이상 납부하고 60세가 되면 매달 연금급여를 지급한다. 기초연금은 조세를 재원으로 하여 소득 및 자산이 일정 수준 이하인 65세 이상 노인들에게 일정액의 급여를 지급하는 제도이다. 국민연금 등의 공적연금을 수급하는 노인은 31.9%에 불과할 정도로 많지 않은 실정이다(보건복지부, 2014).

한국 노인의 빈곤실태를 감안하면 공적연금제도의 포괄범위와 급여수준이 낮아서 노인의 빈곤문제는 여전히 심각한 사회문제로 제기되고 있다. 최근 한국 노인의 절반가량이 빈곤상황에 있는 것으로 추계되고 있다. 이러한 노인의 심각한 빈곤문제가 한국에서 기초연금을 도입하게 한 주요한 요인 중 하나이다. 기초연금제도는 기존의 기초노령연금제도의 급여대상자 선정기준과 동일하지만, 급여수준을 2배 정도 인상하였다(이승호 외, 2016).

제2절 기초연금의 대상자

노인복지론

1. 기초연금 수급권자의 범위

기초연금은 65세 이상인 사람으로서 소득인정액이 보건복지부에서 고시하는 금액(이하 선정기준액 : 2017년 단독가구 월 1,190,000원, 부부가구 월 1,904,000원) 이하인 사람에게 지급한다. 선정기준액은 65세 이상인 사람 중 기초연금 수급자가 100분의 70 수준이 되도록 한다.

그러나 다음에 제시된 연금의 수급권자와 그 배우자, 그리고 다음에 해당하는 연금을 받은 사람 중에서 지정한 조건에 해당되는 사람과 그 배우자에게는 기초연금을 지급하지 않는다. 수급권자는 연금수급권을 가지고 있는 사람이고 연금을 받는 사람은 수급자로서 다른 대상이다.

1) 연금대상자

① 공무원연금법 및 사립학교교직원 연금법에 따른 퇴직연금, 퇴직연금일시금, 퇴직연금공제일시금, 장해연금, 장해보상금, 유족연금, 유족연금일시금, 순직유족연금 또는 유족일시금

② 군인연금법에 따른 퇴역연금, 퇴역연금일시금, 퇴역연금공제일시금, 상이연금, 유족연금 또는 유족연금일시금

③ 별정우체국법에 따른 퇴직연금, 퇴직연금일시금, 퇴직연금공제일시금, 유족연금 또는 유족연금일시금

④ 「국민연금과 직역연금의 연계에 관한 법률」에 따른 직역재직기간이 10년 이상인 경우의 연계퇴직연금 또는 연계퇴직유족연금

2) 지정한 조건

(1) 앞의 ①에 해당하는 연금을 받은 사람으로서

① 퇴직연금일시금 또는 퇴직연금공제일시금을 받은 사람

② 장해보상금을 받은 사람으로서 장해보상금을 받은 이후 5년이 지나지 아니한 사람

③ 유족연금일시금 또는 유족일시금을 받은 사람으로서 유족연금일시금 또는 유족일시금을 받은 이후 5년이 지나지 않은 사람

(2) 앞의 ②에 해당하는 연금을 받은 사람으로서

① 퇴역연금일시금 또는 퇴역연금공제일시금을 받은 사람

② 유족연금일시금을 받은 사람으로서 유족연금일시금을 받은 이후 5년이 지나지 않은 사람

(3) 앞의 ③에 해당하는 연금을 받은 사람으로서

① 퇴직연금일시금 또는 퇴직연금공제일시금을 받은 사람
② 유족연금일시금을 받은 사람으로서 유족연금일시금을 받은 이후 5년이 지나지 않은 사람

2. 소득인정액

소득인정액은 본인 및 배우자의 소득평가액과 재산의 소득환산액을 합산한 금액이다. 소득평가액과 재산의 소득환산액을 산정하는 소득 및 재산의 범위, 그리고 소득평가액과 재산의 소득환산액의 구체적인 산정방법 등에 대해서 살펴보기로 한다.

1) 소득평가액 산정 시 소득의 범위

소득평가액을 산정할 때 소득에 포함되는 내용은 다음과 같다.

(1) 근로소득

소득세법에 따른 근로소득으로 비과세되는 근로소득은 제외한다. 단, 비과세 근로소득 중 연장시간근로 · 야간근로 또는 휴일근로로 인해 받는 급여, 국외에서 근로를 제공하고 받는 급여는 포함된다. 근로소득은 3개월 이상 계속적으로 고용되어 월정액 급여를 지급받는 소득으로 한다.

그리고 근로소득이 있는 수급희망자에 대해서 기본공제액(월 56만원)과 추가공제액(근로소득에서 기본공제액을 차감한 금액에 0.3을 곱한 금액)을 합한 금액

을 근로소득에서 제외한다. 근로소득에서 기본공제액을 차감한 금액이 0보다 작을 경우에는 0으로 한다. 근로소득 중에서 일용근로소득, 공공일자리소득, 자활근로소득은 소득으로 산정하지 않는다.

(2) 사업소득

소득세법에 따른 사업소득으로 도·소매업, 제조업, 기타 사업 등에서 얻는 소득을 의미한다.

(3) 재산소득

재산소득은 이자소득과 연금소득으로 구분한다. 이자소득은 금융재산에서 발생하는 이자액과 배당액 또는 할인액 중 월 4만 원의 이자소득을 제외한 소득이다. 연금소득은 소득세법에 따른 연금 및 소득과 보험업법에 따른 연금보험에서 발생하는 소득으로 민간 연금보험이나 연금저축 등으로부터 정기적으로 발생하는 소득이다.

(4) 공적이전소득

공적이전소득은 국민연금법, 공무원연금법, 군인연금법, 별정우체국법, 사립학교교직원연금법, 산업재해보상보험법, 「국민연금과 직역연금의 연계에 관한 법률」, 「북한이탈주민의 보호 및 정착지원에 관한 법률」, 「독립유공자예우에 관한 법률」, 「국가유공자 등 예우 및 지원에 관한 법률」, 「고엽제후유의증 등 환자지원 및 단체설립에 관한 법률」, 「참전유공자 예우 및 단체설립에 관한 법률」과 기타 정기적으로 지급되는 각종 수당·연금·급여나 기타 금품을 의미한다.

단, 「독립유공자예우에 관한 법률」에 따른 생활조정수당과 「국가유공자 등 예우 및 지원에 관한 법률」에 따른 생활조정수당, 간호수당 및 무공영예수당, 「참전유공자 예우 및 단체설립에 관한 법률」에 따른 참전명예수당은 제외한다.

(5) 무료임차소득

무료임차소득은 자녀 소유의 고가 주택에 거주하는 본인 또는 배우자에 대하여 임차료에 상응하여 소득으로 인정하는 금액이다. 본인 및 배우자가 1촌 이내의 직계비속이 소유하는 시가표준액 6억 원 이상의 주택에 거주하는 경우에는 아래의 방법에 따라 산정된 금액을 소득의 범위에 포함한다.

자녀에게 증여한 주택에 거주하는 경우에는 해당 주택이 기타(증여)재산으로 이미 반영되어 있으므로, 무료임차소득 대상에서 제외한다. 부부가구의 경우 부부 중 1인이 시가표준액 6억 원 이상의 주택에 거주하는 경우도 해당된다. 신청자(수급자)의 65세 미만 배우자만 자녀 명의의 시가표준액 6억원 이상 주택에 거주하는 경우도 포함한다. 자녀가 제3자와 해당 주택을 공동으로 소유하고 있는 경우에도 시가표준액이 6억 원을 초과하면 대상에 포함하되, 무료임차소득 결정 시에는 지분율만큼만 반영한다.

해당 주택의 시가표준액의 연 0.78%를 무료임차소득으로 부과하며, 공동지분(소유)인 경우에는 지분율만큼만 반영한다. 무료임차소득을 산정하는 방법은 무료임차소득 = 자녀 주택의 시가표준액 × 지분율 × 0.0078 ÷ 12월이다.

2) 소득평가액의 산정방식

소득평가액은 소득의 범위에 포함되는 금액들을 합산한 이후에 다음의 금액을 제외한 후 월평균한 금액으로 한다.

① 보건복지부장관이 근로의욕이 저하되지 않는 선에서 고시하는 금액 : 개인 기준으로 월 35만 원 범위 내에서 인정
② 국민기초생활보장법에 따른 기초생활보장급여
③ 장애인복지법에 따른 장애수당, 장애아동수당 및 보호수당
④ 장애인연금법에 따른 장애인연금
⑤ 입양특례법에 따른 양육보조금
⑥ 아동복지법에 따른 비용보조금
⑦ 한부모가족지원법에 따른 아동양육비
⑧ 고용보험법에 따른 실업급여
⑨ 조세특례제한법에 따른 근로장려금
⑩ 자동차손해배상보장법에 따른 지원금
⑪ 「진폐의 예방과 진폐근로자의 보호 등에 관한 법률」에 따른 진폐재해위로금
⑫ 「북한이탈주민의 보호 및 정착지원에 관한 법률」에 따른 지원금
⑬ 「일제하 일본군위안부 피해자에 대한 생활안정지원 및 기념사업 등에 관한 법률」에 따른 지원금
⑭ 기타 국가 또는 지방자치단체가 정기적으로 지급하는 각종 수당 및 금품 등
   - 「농업소득의 보전에 관한 법률」에 의한 농업소득보전직접직불금
   - 아동청소년사업안내에 의한 소년소녀가정 지원금
   - 고용노동부 직업훈련수당
   - 홍익회 원호사업으로 지원되는 보조금
   - 재한(在韓) 원폭피해자가 받는 수당 : 생활안정보다는 생활필수적인 수당인 의료비 성격
   - 문화재보호법 및 「무형문화재 보전 및 진흥에 관한 법률」에 의한

국가무형문화재 전승지원금 : 보유자, 전수교육조교, 보유단체의 전승활동을 위한 기본적 경비

- 「주한미군기지 이전에 따른 평택시 등의 지원 등에 관한 특별법」 및 「평택시 주한미군기지 이전에 따른 이주자 등의 지원에 관한 조례」에 의한 이주민 특별일자리사업에서 받는 급여, 고령자 세대에 대한 지원금
- 영주귀국 사할린한인지원사업에 의한 지원금
- 희귀난치성 질환자 간병비 지원금
- 지방자치단체 조례에 의해 지급되는 각종 수당

3) 재산의 범위

재산의 소득환산액을 산정하는 재산의 범위는 다음과 같다.

(1) 일반재산

① 지방세법에 따른 입목(지상의 과수, 임목과 죽목 : 竹木)

② 지방세법에 따른 어업권

③ 지방세법에 따른 회원권(골프회원권, 승마회원권, 콘도미니엄 회원권, 종합체육시설 이용회원권, 요트회원권)

④ 소득세법에 따른 조합원 입주권

⑤ 지방세법에 따른 토지, 건축물 및 주택. 다만, 종중재산, 마을공동재산과 기타 이에 준하는 공동의 목적으로 사용하는 재산은 제외

⑥ 주택, 상가, 건물 등에 대한 임차보증금(전세금 포함) : 주택, 상가 등의 전부 또는 일부를 일정 기간 임차하는 대가로 소유권자에게 예탁한 보증금(전세보증금, 월세보증금, 상가보증금 등). 임차보증금 중 주거를 목적

으로 하는 주택 전월세의 경우 적용률(0.95)을 곱하여 산정하고 주거 목적이 아닌 경우 전액을 100%로 산정한다.

⑦ 분양권 : 건물이 완성되는 때에 그 건물과 이에 부수되는 토지를 취득할 수 있는 권리

⑧ 지방세법에 따른 항공기 및 선박

⑨ 지방세법에 따른 자동차 : 승용자동차, 승합자동차, 화물자동차, 특수자동차, 이륜자동차, 건설기계관리법에 따라 등록된 덤프트럭 및 콘크리트믹서트럭 등

다만, 「국가유공자 등 예우 및 지원에 관한 법률」에 따라 상이등급 판정을 받은 국가유공자 등이 소유한 자동차, 장애인복지법에 따라 등록한 장애인이 소유한 자동차 및 지방세특례제한법에 따라 과세하지 아니하는 자동차 등은 제외한다. 자동차를 2대 이상 소유한 경우에는 기초연금 수급희망자가 지정하는 자동차 1대에 한하여 재산의 범위에서 제외할 수 있다.

그리고 다음에 해당하는 자동차의 경우에도 재산산정에서 제외한다.

- 자동차 분실 · 도난 시 자동차말소등록증을 제출한 경우만 재산산정 제외
- 명의도용 · 명의대여, 대포차량인 경우 수사기관 및 법원의 최종 확인(수사종결 · 판결)이 있는 경우에만 재산산정에서 제외
- 법인등기하지 않은 단체(대표자의 명의로 차량 등록)의 차량은 재산산정에서 제외

(2) 금융재산

금융재산은 금융자산과 보험상품으로 현금 또는 수표, 어음, 주식, 국 · 공채 등 유가증권예금, 적금, 부금, 보험 및 수익증권 등이 포함된다. 금융

재산 중에서 일상생활 유지 및 노후생활 필수자금 성격의 경비 등을 고려하여 가구당 2,000만 원은 금융재산 산정에서 제외한다.

(3) 기타재산

2011년 7월 1일 이후 다른 사람에게 증여한 재산 또는 처분한 재산은 기타재산으로 산정한다. 재산의 가액에서 타 재산 증가분, 본인소비분, 자연적 소비금액을 차감한 나머지 가액을 기타재산으로 산정한다.

타 재산 증가분은 타 재산 구입에 사용된 금액과 부채상환금이다. 본인소비분은 의료비, 교육비, 장례비, 혼례비, 노인장기요양보험법에 의한 재가 및 시설입소비용, 위자료 및 양육비 지급금, 법원 경매 · 공매에 의한 재산처분, 재산처분에 따른 세금납부금 등이다. 타 재산 증가분, 본인소비분 항목 이외의 곳에 사용한 경우, 일정 금액을 기본적인 생활유지에 사용한 것으로 간주하는데, 이것은 자연적 소비금액으로 정하고 있다. 자연적 소비금액은 가구단위로 인정하며, 월인정액은 해당 연도 기준 중위소득의 50%(단독가구 : 3인가구, 부부가구 : 4인가구)로 정한다. 2017년 기준 자연적 소비금액은 단독가구는 1,820,457원이고 부부가구는 2,233,690원이다.

4) 재산의 소득환산액 산정방식

재산의 소득환산액 산정방법은 [{(일반재산−기본재산액)+(금융재산−2,000만원)−부채} × 재산의 소득환산율(연 4%) ÷ 12개월]+P(고급자동차와 회원권)이다.

일반재산을 합산한 다음에 기본재산액을 제외한다. 기본재산액은 기본생활을 유지하는 데 필요하다고 보건복지부에서 인정하여 고시하는 금액이다. 고시하는 재산가액은 지역별로 다르게 지정되어 있다. 2017년 기준

대도시(특별시, 광역시의 구, 도농복합군)는 13,500만 원, 중소도시(도의 시와 세종특별자치시) 8,500만 원, 농어촌(도의 군) 7,250만 원으로 책정되어 있다. 재산금액을 더한 금액에서 기본재산액을 뺀 금액이 0보다 작은 경우에는 0으로 한다. 금융재산을 합산한 이후에 2017년 기준으로 2,000만 원을 공제하는데, 공제하는 금액은 일상생활 유지에 기본적으로 필요한 최소한의 경비에 해당한다고 인정하여 고시하는 금액이다.

이렇게 산정된 일반재산과 금융재산을 합산한 이후에 부채금액을 제외시키는데, 부채금액은 각종 대출금 · 연체금 및 신용카드 미결제금액과 임대보증금 중 시가표준액의 50% 범위 내에 해당하는 금액 등이다. 그 뺀 후의 금액이 0보다 작은 경우에는 0으로 한다.

이렇게 산출된 금액에 재산의 소득환산율을 적용시키는데, 2017년 기준 재산의 소득환산율은 0.04이다. 이 금액을 12개월로 나누면 월소득으로 환산된다. 그리고 마지막으로 각종 회원권과 고급자동차의 가액을 합산한다. 회원권은 골프회원권, 승마회원권, 콘도미니엄 회원권, 종합체육시설 이용회원권, 요트회원권 등의 가액이다. 고급자동차는 지방세법에 따른 자동차 중 배기량 3000cc 이상 또는 차량가액 4천만 원 이상의 자동차이다. 단, 다음의 자동차는 고급자동차에 포함시키지 않는다.

① 차령이 10년 이상인 자동차
② 화물자동차 또는 특수자동차나 덤프트럭 또는 콘크리트믹서트럭
③ 생업용 자동차
④ 압류 등으로 폐차 · 매매가 불가능한 차량으로서 운행이 불가능한 자동차
⑤ 시 · 도지사가 해당 자동차의 차령, 법령위반 사실, 보험가입 유무 등 모든 사정에 비추어 해당 자동차가 멸실된 것으로 인정할 경우
⑥ 자동차등록원부에 불법 명의 자동차로 기록된 자동차

3. 선정기준액의 기준

보건복지부에서는 65세 이상인 사람으로서 소득인정액이 고시하는 금액(선정기준액) 이하인 사람에게 기초연금을 지급한다. 배우자가 있는 노인가구의 선정기준액은 배우자가 없는 노인가구의 선정기준액에 1.6을 곱한 금액으로 한다. 배우자가 주민등록번호, 외국인등록번호, 부동산등기용등록번호 등 고유식별정보가 없어 조사가 어려운 경우에는 배우자가 없는 노인가구의 선정기준액을 적용한다. 해당 연도 선정기준액은 전년도 12월 31일까지 보건복지부에서 결정 · 고시하고, 1월 1일부터 12월 31일까지 적용한다. 보건복지부는 선정기준액을 정할 때에는 기획재정부장관 등 관계 중앙행정기관의 장과 협의해야 한다.

2017년 선정기준액은 재산과 근로소득이 없는 경우의 노인단독가구는 119만 원 이하이고, 노인부부가구는 190.4만 원 이하이다. 근로소득이 있는 경우의 노인단독가구는 230만 원 이하이고 노인부부가구의 경우 홑벌이는 332만 원이며, 맞벌이는 다른 조건들에 따라서 달라진다. 근로소득이 없고 일반재산만 있는 경우 노인단독가구는 4억 9,200만 원 이하이고, 노인부부가구는 7억 620만 원 이하이다.

제3절 기초연금의 급여

노인복지론

1. 기초연금액의 산정

1) 기초연금액의 산정

기초연금 수급권자에 대한 기초연금액은 기준연금액과 국민연금 급여액 등을 고려하여 산정한다. 기준연금액은 보건복지부장관이 전년도의 기준연금액에 전국소비자물가변동률(2016년 1.0%)을 반영하여 매년 고시한다(2016년 204,010원 → 2017년 206,050원). 이 경우 고시한 기준연금액의 적용기간은 국민연금법(해당 연도 4월~다음 연도 3월)을 준용한다.

2) 국민연금 수급권자 등의 기초연금액의 산정

국민연금의 노령연금과 조기노령연금, 국민연금법 전부개정법률 부칙의 노령연금이나 분할연금, 북한이탈주민에게 지급되는 국민연금의 수급권자 등의 기초연금액의 산정방식은 달라진다. 이 대상자들에게 지급하는 기초연금액은 아래의 ①의 금액에서 ②의 금액을 뺀 금액에 ③의 금액을 더한 금액으로 한다.

① 기준연금액

② 연금금액 중 소득재분배급여금액의 2/3를 곱한 금액(소득재분배급여금액은 국민연금의 기본연금액임)

③ 부가연금액 : 기준연금액의 2분의 1에 해당하는 금액

3) 「국민연금과 직역연금의 연계에 관한 법률」에 따른 연계노령연금 수급권자에 대한 기초연금액의 산정

「국민연금과 직역연금의 연계에 관한 법률」에 따른 연계노령연금 수급권자에게는 아래의 ①의 금액에서 ②의 금액을 뺀 금액(금액이 0보다 작은 경우에는 0으로 함)에 ③의 금액을 더한 금액을 지급한다.

① 기준연금액

② 소득재분배급여금액과 연계퇴직연금액에 2분의 1을 곱한 금액을 합한 금액에 3분의 2를 곱한 금액

③ 부가연금액 : 기준연금액의 2분의 1에 해당하는 금액

4) 기초연금액과 기준연금액이 동일한 경우

① 국민연금수급권자와 「국민연금과 직역연금의 연계에 관한 법률」에 따른 연계노령연금 수급권자에 해당하지 않는 사람

② 위 법의 수급권자인 사람으로서 다음의 대상자에 해당되는 사람

- 국민연금 지급이 정지된 노령연금 수급권자 및 분할연금 수급권자
- 장애인연금의 수급권자
- 국민기초생활보장법에 따른 수급권자
- 국민연금에 임의계속가입 중인 사람
- 국민연금의 분할연금 수급권을 취득한 후 급여를 청구하지 않은 사람
- 「국민연금과 직역연금의 연계에 관한 법률」에 따라 유족연금 수급권을 선택한 연계노령연금 수급권자

2. 기초연금액의 감액

1) 부부감액

부부 2인수급 가구의 경우 각각의 기초연금액에서 20%씩 감액한다. 가구의 소득인정액에 가구구성원의 기초연금액(부부 2인수급 가구는 부부감액 적용 이후)을 합산하였을 때 선정기준액을 초과하는 경우, 감액(소득인정액 구간별 금액 적용)하여 가구단위로 기초연금 급여액을 산정한다. 단독가구와 부부 1인수급 가구는 2만원, 부부 2인수급 가구는 4만 원 단위로 감액한다.

2) 소득역전방지 감액

기초연금을 받는 사람과 못 받는 사람 간에 기초연금 수급으로 인해 발생할 수 있는 소득역전을 최소화하기 위해 소득인정액이 선정기준액을 초과하는 범위에서 기초연금액의 일부를 감액한다.

적용대상은 소득인정액과 기초연금액(부부 2인수급 가구는 부부감액 이후)을 합산한 금액이 선정기준액을 초과하는 가구인데, 소득인정액과 선정기준액 간 차이보다 산정된 기초연금액이 더 큰 경우이다. 적용단위는 가구단위로 소득인정액 구간별 금액을 적용한 후 개인단위로 배분한다. 단독가구와 부부 1인수급 가구는 2만 원 단위, 부부 2인수급 가구는 4만 원 단위로 감액한다.

3) 감액의 적용 및 기초연금 급여액의 결정(2017년)

(1) 소득인정액 구간별 금액

① 단독가구

※ 선정기준액과 소득인정액의 차이에 따라 20,000원 단위로 절상한다.

소득인정액	101만원 미만	101만원 이상~ 103만원 미만	103만원 이상~ 105만원 미만	105만원 이상~ 107만원 미만	107만원 이상~ 109만원 미만
선정기준액-소득인정액 (2만원 단위로 절상)	204,010원	180,000원	160,000원	140,000원	120,000원
소득인정액	109만원 이상~ 111만원 미만	111만원 이상~ 113만원 미만	113만원 이상~ 115만원 미만	115만원 이상~ 117만원 미만	117만원 이상~ 119만원 이하
선정기준액-소득인정액 (2만원 단위로 절상)	100,000원	80,000원	60,000원	40,000원	20,000원

② 부부 1인수급 가구

※ 선정기준액과 소득인정액의 차이에 따라 20,000원 단위로 절상한다.

소득인정액	172.4만원 미만	172.4만원 이상~ 174.4만원 미만	174.4만원 이상~ 176.4만원 미만	176.4만원 이상~ 178.4만원 미만	178.4만원 이상~ 180.4만원 미만
선정기준액-소득인정액 (2만원 단위로 절상)	204,010원	180,000원	160,000원	140,000원	120,000원
소득인정액	180.4만원 이상~ 182.4만원 미만	182.4만원 이상~ 184.4만원 미만	184.4만원 이상~ 186.4만원 미만	186.4만원 이상~ 188.4만원 미만	188.4만원 이상~ 190.4만원 이하
선정기준액-소득인정액 (2만원 단위로 절상)	100,000원	80,000원	60,000원	40,000원	20,000원

③ 부부 2인수급 가구(부부감액 적용 포함)

※ 선정기준액과 소득인정액의 차이에 따라 40,000원 단위로 절상(최대 32만 6,400원)한다.

소득인정액	162.4만원 미만	162.4만원 이상~ 166.4만원 미만	166.4만원 이상~ 170.4만원 미만	170.4만원 이상~ 174.4만원 미만
선정기준액-소득인정액 (4만원 단위로 절상)	326,400원	280,000원	240,000원	200,000원
소득인정액	174.4만원 이상~ 178.4만원 미만	178.4만원 이상~ 182.4만원 미만	182.4만원 이상~ 186.4만원 미만	186.4만원 이상~ 190.4만원 이하
선정기준액-소득인정액 (4만원 단위로 절상)	160,000원	120,000원	80,000원	40,000원

(2) 적용방법

① 단독가구 및 부부인 수급 가구

소득인정액 구간별 금액을 기초연금 급여액으로 지급한다. 다만, 감액 이전에 산정된 기초연금액이 소득인정액 구간별 금액보다 작을 경우, 감액 이전에 산정된 기초연금액을 기초연금 급여액으로 결정한다.

예시 1 산정된 기초연금액이 20만 4,010원인 단독가구의 소득인정액이 102만 원인 경우

⇒ ① 산정된 기초연금액 : 20만 4,010원

② 소득인정액 102만 원 구간의 금액 : 18만원

⇒ ①② 중 작은 금액으로 기초연금 급여액 결정 : 18만원

예시 2 산정된 기초연금액이 12만 원인 단독가구의 소득인정액이 106만 원인 경우

⇒ ① 산정된 기초연금액 : 12만원

② 소득인정액 106만 원 구간의 금액 : 14만원

⇒ ①② 중 작은 금액으로 기초연금 급여액 결정 : 12만원

② 부부 2인수급 가구

가. 소득인정액 구간별 금액을 부부 2인수급 가구의 기초연금 급여액으로 산정한다.

: 해당 가구의 기초연금 급여액(소득인정액 구간별 금액)을 산정된 기초연금액에 부부감액(20%)을 적용한 금액의 크기에 비례하여 개인별로 배분

나. 다만, 부부감액(20%)을 적용한 부부의 기초연금액을 합산한 금액이 소득인정액 구간별 금액보다 작을 경우, 부부감액(20%)을 적용한 기초연금액을 부부 각각의 기초연금 급여액으로 결정한다.

다. 부부 중 1인의 급여액이 2만 원 미만으로 산정될 경우 2만 원으로 결정하여 지급(기초연금 급여액은 최소 2만원)한다.

(3) 기초연금 급여액 표

① 단독가구(bp = 기초연금액)

소득인정액	101만원 미만	101만원 이상~ 103만원 미만	103만원 이상~ 105만원 미만	105만원 이상~ 107만원 미만	107만원 이상~ 109만원 미만
기초연금 급여액	bp	Min (bp, 18만원)	Min (bp, 16만원)	Min (bp, 14만원)	Min (bp, 12만원)
소득인정액	109만원 이상~ 111만원 미만	111만원 이상~ 113만원 미만	113만원 이상~ 115만원 미만	115만원 이상~ 117만원 미만	117만원 이상~ 119만원 이하
기초연금 급여액	10만원	8만원	6만원	4만원	2만원

② 부부 1인수급 가구(bp = 기초연금액)

소득인정액	172.4만원 미만	172.4만원 이상~ 174.4만원 미만	174.4만원 이상~ 176.4만원 미만	176.4만원 이상~ 178.4만원 미만	178.4만원 이상~ 180.4만원 미만
기초연금 급여액	bp	Min (bp, 18만원)	Min (bp, 16만원)	Min (bp, 14만원)	Min (bp, 12만원)
소득인정액	180.4만원 이상~ 182,4만원 미만	182.4만원 이상~ 184.4만원 미만	184.4만원 이상~ 186.4만원 미만	186.4만원 이상~ 188.4원 미만	188.4만원 이상~ 190.4만원 미만
기초연금 급여액	10만원	8만원	6만원	4만원	2만원

③ 부부 2인수급 가구(bp1+bp2 = 부부의 기초연금액을 부부감액 후 합산한 금액)

소득인정액	162.4만원 미만	162.4만원 이상~ 166.4만원 미만	166.4만원 이상~ 170.4만원 미만	107.4만원 이상~ 174.4만원 미만
기초연금 급여액	10만원	6만원	4만원	2만원
소득인정액	174.4만원 이상~ 178.4만원 미만	178.4만원 이상~ 182.4만원 미만	182.4만원 이상~ 186.4만원 미만	186.4만원 이상~ 190.4만원 이하
기초연금 급여액	16만원	12만원	8만원	4만원

④ 적용예시

예시1 기초연금액이 부부 각각 20만 4,010원인 부부 2인수급 가구로 소득인정액이 180만 원인 경우

⇒ ① 부부감액을 적용한 기초연금 부부합산액 : 32만 6,400원(16만 3,200원+16만 3,200원)

② 소득인정액 180만 원 구간의 금액 : 12만원

⇒ ①② 중 작은 금액을 해당 가구의 기초연금 급여액으로 결정(12만원)

⇒ 개인별 기초연금 급여액 : 夫 6만원, 婦 6만원

※ 12만 원을 부부감액 적용 후의 개인별 기초연금액(夫 16만 3,200원, 婦 16만 3,200원) 비율에 따라 개인별로 비례하여 배분

예시 2 부부의 기초연금액이 각각 夫 20만 4,010원, 婦 10만 2,005원인 부부 2인수급 가구로 소득인정액이 180만 원인 경우

⇒ ① 부부감액을 적용한 기초연금 부부 합산액 : 24만 4,800원(16만 3,200원+8만 1,600원)

② 소득인정액 180만 원 구간의 금액 : 12만원

⇒ ①② 중 작은 금액을 해당 가구의 기초연금 급여액(12만원)으로 결정

⇒ 개인별 기초연금 급여액 : 夫 8만원, 婦 4만원

※ 12만원을 부부감액 적용 후의 개인별 기초연금액(夫 16만 3,200원, 婦 8만 1,600원) 비율에 따라 개인별로 비례하여 배분

예시 3 부부의 기초연금액이 각각 夫 20만 4,010원, 婦 10만 2,005원인 부부 2인수급 가구로 소득인정액이 164만 원인 경우

⇒ ① 부부감액을 적용한 기초연금 부부 합산액 : 24만 4,800원(16만 3,200원+8만 1,600원)

② 소득인정액 164만 원 구간의 금액 : 28만원

⇒ ①② 중 작은 금액을 해당 가구의 기초연금 급여액(24만 4,800원)으로 결정

⇒ 개인별 기초연금 급여액 : 夫 16만 3,200원, 婦 8만 1,600원

※ 부부의 기초연금액 합산액이 소득인정액 구간별 금액보다 작을 경우 부부감액을 적용한 기초연금액을 부부 각각의 기초연금 급여액으로 결정

예시4 부부의 기초연금액이 각각 夫 20만 4,010원, 婦 10만 2,005원인 부부 2인수급 가구로 소득인정액이 190만 원인 경우

⇒ ① 부부감액을 적용한 기초연금 부부 합산액 : 24만 4,800원(16만 3,200원+8만 1,600원)

② 소득인정액 190만 원 구간의 금액 : 4만원

⇒ ①② 중 작은 금액을 해당 가구의 기초연금 급여액(4만원)으로 결정

⇒ 개인별 기초연금 급여액 : 夫 26,600원, 婦 2만원

※ 20만 원을 부부감액 적용 후의 개인별 기초연금액(夫 16만 3,200원, 婦 8만 1,600원) 비율에 따라 개인별로 비례하여 배분(夫 2만 6,660원, 婦 1만 3,330원)하고 2만 원 미만인 婦는 2만 원으로 결정

제4절 기초연금제도의 현황

노인복지론

2015년을 기준으로 기초연금의 현황을 살펴보기로 한다. 기초연금의 현황은 전체, 성별, 연령별, 가구유형별, 지역별 수급자 현황과 기초연금 급여의 집행액 현황을 중심으로 제시하였다(보건복지부, 2016b).

1. 기초연금의 전체 및 성별 수급자 현황

〈표 10-1〉에 기초연금 수급자의 전체 및 성별 현황에 관한 자료가 제시되어 있다.

2015년 전체 노인수는 2014년에 비해 25만 명 이상이 증가했고 기초연금 수급자의 총수도 마찬가지로 450만여 명으로 다소 증가한 것을 알 수 있다. 2015년 노인인구 대비 수급자의 비율은 66.4%로 2014년 대비 다소 감소한 수치를 기록하고 있다. 성별 수급자의 경우 2014년과 유사하게 남성이 36.6%이고 여성이 63.4%로 여성이 매우 높은 비중을 차지하고 있다.

〈표 10-1〉 **전체 및 성별 수급자 현황(2015년)**

	전체 노인수	수급자 현황		
		전체 수급자수	남성수급자	여성수급자
2014년	6,520,607명	4,353,482명 (66.8%)	1,575,746명 (36.3%)	2,773,736명 (63.7%)
	전체 노인수	수급자 현황		
		전체 수급자수	남성수급자	여성수급자
2015년	6,771,214명	4,495,183명 (66.4%)	1,643,697명 (36.6%)	2,851,486명 (63.4%)

출처 : 보건복지부(2016b). 통계로 본 2015년 기초연금.

2. 기초연금의 연령별 수급자 현황

〈표 10-2〉에 연령별 수급자의 현황에 대한 자료가 제시되어 있다. 2015년 전체 수급자 중에서 65~69세의 수급자는 1,153,720명으로 25.7%를 차지하고 있다. 70대의 수급자수는 2,284,557명(49.2%)으로 각 연령별 구간에서 가장 높은 비중을 차지하고 있다. 80대의 수급자는 987,101명으로 22.0%의 비율을 보이고 있다. 90세 이상의 경우에는 142,805명(3.2%)으로 매우 낮은 비중을 차지하고 있다. 그리고 전체 수급자 대비 연령별 수급자 비율의 경향은 노인인구 대비 비율과 유사한 특성을 보이고 있다.

〈표 10-2〉 연령별 수급자 현황(2015년)

구 분	65~69세	70~79세	80~89세	90세 이상
수급자수(명)	1,153,720	2,284,557	987,101	142,805
노인인구 대비 비율(%)	17.1	32.6	14.6	2.2
전체수급자 대비 비율(%)	25.7	49.2	22.0	3.2

출처 : 보건복지부(2016b). 통계로 본 2015년 기초연금.

3. 기초연금의 가구유형별 수급자 현황

〈표 10-3〉에 2015년 가구유형별 수급자에 대한 자료가 제시되어 있다. 전체 수급자 가운데 단독가구인 경우의 수급자는 2,306,404명으로 51.3%를 차지하고 있다. 부부가구는 2,188,779명으로 48.7%로 나타났다. 단독가구와 부부가구 중 단독가구인 경우의 수급비율은 조금 높은 것을 확인할 수 있다.

부부가구인 경우 1인이 수급하는 경우는 375,456명으로 17.2%의 비율을 보이고 있다. 반면 2인이 수급하는 경우는 1,813,323명(82.2%)으로 부부가구 중에서 1인이 수급하는 경우보다 5배가량 높은 것으로 나타났다.

〈표 10-3〉 가구유형별 수급자 현황(2015년)

합 계	단독가구	부부가구		
		소 계	1인수급	2인수급
4,495,183명 (100.0%)	2,306,404명 (51.3%)	2,188,779명 (48.7%)	375,456명 (17.2%)	1,813,323명 (82.8%)

출처 : 보건복지부(2016b). 통계로 본 2015년 기초연금.

4. 기초연금의 지역별 수급자 현황

<표 10-4>에 지역별 수급률에 관한 자료가 제시되어 있다. 수급자가 거주하는 지역은 대도시, 중소도시, 농어촌 지역으로 구분하였고, 대도시는 특별시와 광역시, 중소도시는 도의 시, 농어촌은 도의 군에 해당하는 지역으로 정하였다.

전체적인 경향을 보면, 대도시 지역이 중소도시와 농어촌에 비해 수급률이 낮고 농어촌 지역의 수급률이 높은 것을 알 수 있다. 대도시는 총 74개 지역으로 수급률 60% 미만의 지역이 22개 지역이고 60% 이상의 지역이 52개 지역이다. 중소도시는 총 78개 지역으로 수급률 60% 미만의 지역이 12개 지역이고 60% 이상의 지역이 66개 지역이다. 농어촌은 총 77개 지역으로 수급률 60% 미만의 지역이 1개 지역에 불과하고 60% 이상의 지역이 76개 지역으로 나타났다. 이것은 농어촌 지역일수록 소득수준이 낮아서 기초연금의 수급대상자가 많다는 것을 의미한다.

<표 10-4> 지역별 수급률 분포(2015년)

구 분	계	30% 미만	30~40%	40~50%	50~60%	60~70%	70~80%	80~90%	90% 이상
합계 (비율)	229 (100.0)	1 (0.4)	3 (1.3)	6 (2.6)	25 (10.9)	64 (27.9)	72 (31.4)	56 (24.5)	2 (0.9)
대도시	74	1	2	5	14	29	23	–	–
중소도시	78	–	1	1	10	31	29	6	–
농어촌	77	–	–	–	1	4	20	50	2

주) 지역구분 : 대도시(특별시 · 광역시), 중소도시(도의 '시'), 농어촌(도의 '군')
출처 : 보건복지부(2016b). 통계로 본 2015년 기초연금.

5. 기초연금 급여의 집행액 현황

〈표 10-5〉에 기초연금 급여의 집행액 현황이 제시되어 있다. 2014년 기초연금 급여총액은 6조 8456억 원가량이며, 이 가운데 국비가 5조 1,270억, 지방비는 1조 7,186억으로 국고부담률은 74.9%이다. 2015년의 기초연금 급여총액이 9조 6,796억 원가량으로 2014년에 비해 크게 증가한 것을 확인할 수 있다. 급여총액 중에서 국비는 7조 3,058억 원, 국고부담률은 75.5%로 2014년 대비 0.6% 증가되었다.

〈표 10-5〉 기초연금 급여의 집행액 현황(결산기준) (단위 : 백만원)

구 분	총 계	국 비	국고부담률	지방비
2014년	6,845,629	5,127,031	74.9%	1,718,598
2015년	9,679,605	7,305,856	75.5%	2,373,749

출처 : 보건복지부(2016b). 통계로 본 2015년 기초연금.

Chapter 11 노인일자리사업

현재 노인고용을 활성화시키기 위해 정부에서 노인일자리사업을 추진하고 있다. 노인일자리사업은 노인의 소득을 향상시키고 활기차고 건강한 노후생활을 영위할 수 있도록 다양한 일자리를 지원하여 노인복지의 향상에 기여하는 것을 목적으로 하고 있다. 노인일자리사업은 2001년 시범사업으로 실시되었고 2004년 노인일자리사업의 기본계획이 수립되면서 본격적으로 시행되었다.

노인일자리사업의 근거는 노인복지법과 저출산 · 고령사회기본법에서 찾아볼 수 있다. 노인복지법 제23조(노인사회참여 지원)에 국가나 지방자치단체가 노인의 사회참여 확대를 위하여 노인에게 적합한 직종의 개발과 그 보급을 위한 시책을 강구하며 근로능력이 있는 노인에게 일할 기회를 우선적으로 제공해야 한다고 규정하고 있다. 동법 제23조의2(노인일자리전담기관의 설치 · 운영 등)에서 노인일자리전담기관의 설치와 운영에 대해 제시하고 있다. 저출산 · 고령사회기본법 제11조(고용과 소득보장)에서도 국가나 지방자치단체에서 근로의욕과 근로능력이 있는 고령자가 최대한 일할 수 있는 환경을 조성해야 한다는 의무를 제시하고 있다.

노인일자리사업에 관련된 내용은 보건복지부(2017d)의 노인 일자리 및 사회활동 지원안내를 참고하여 정리하였다.

제 1 절 노인일자리사업

1. 노인일자리사업의 내용과 예산지원

노인일자리사업은 크게 시장형 사업과 인력파견형 사업으로 분류되어 있다. 시장형 사업은 노인에게 적합한 업종 중 소규모매장 및 전문직종사업단 등을 공동으로 운영하여 일자리를 창출하는 사업으로 일정 기간 사업비 또는 참여자 인건비 일부를 보충지원하고 추가사업의 수익으로 연중 운영하는 노인일자리사업이다.

먼저, 시장형 사업은 공동작업형, 제조판매형, 전문서비스형으로 구분된다. 공동작업형은 공동작업장운영사업, 지역영농사업, 기타 공동작업형 사업이 있다. 제조판매형은 식품제조 및 판매 사업, 공산품제작 및 판매 사업, 매장운영사업, 아파트택배사업, 지하철택배사업, 세차 및 세탁 사업, 기타 제조 및 판매 사업 등이 있다. 전문서비스형에는 학교급식도우미, CCTV 상시관제, 스쿨존교통지원, 영유아 및 청소년 교육지원 등이 포함된다. 다음으로 인력파견형 사업은 수요처의 요구에 의해서 일정 교육을 수료하거나 관련된 업무능력이 있는 노인을 해당 수요처로 연계하여 근무기간에 대한 일정 임금을 지급받을 수 있는 일자리를 제공하는 사업이다.

노인일자리사업에 대한 예산지원은 참가자를 기준으로 이루어진다. 시장형 사업(공동작업형, 제조판매형, 전문서비스형)은 참여자 1인당 연간 200만 원이 지원되며, 인력파견형 사업의 경우에는 1인당 연간 15만 원이 지원된다.

시장형 사업을 운영하는 시장형 사업단의 예산집행 항목은 참여자사회보험료, 피복비, 회의비, 교육비(참여자), 문화활동비, 전담보조인력수당, 팀장수당, 사업단 보험료, 출장비, 참여자 유류비 보조, 기관차량 유류비 보조, 사업진행비, 홍보비, 비품구입비, 교육참가비(담당자 · 전담인력), 전담인력사회보험료, 공공요금(해당 사업단), 인건비, 재료비, 시설투자비, 장비구입비, 전문인력인건비, 세금(법인세 등) 등이다. 인력파견형 사업을 운영하는 인력파견형 사업단의 예산집행 항목은 홍보비, 회의비, 교육비(참여자), 출장비, 교육참가비(담당자 · 전담인력), 전담인력사회보험료, 공공요금 중 전화요금, 비품구입비, 상해보험료 등이다. 한편 일자리지원사업 예산은 사무실 임차료, 전기 · 수도료 등 기관운영성 경비, 참여자에 대한 기념품 구입, 기관장 출장비, 참여자 교통비, 기관 차량보험료 및 수리비 등에 대해서는 집행이 불가하다.

2. 사업수행기관의 선정 및 지정

1) 신청공고 및 접수

각 지방자치단체는 사업의 수행기관 및 프로그램 선정을 위해 사업신청을 공고한다. 중앙정부 및 지방자치단체에 등록된 비영리단체 또는 기관으로서 노인일자리지원사업에 참여하고자 하는 경우, 관련 자료를 해당 지방자치단체에 제출한다. 전년도 수행기관의 점검 및 평가 결과 결격사유가 없고 실적이 우수한 경우에는 사업의 계속추진이 적격하다고 판단되면, 공고절차를 생략하고 수행기관으로 재지정이 가능하다.

2) 선정방법

지방자치단체는 수행기관 선정심사 기준표를 활용하여 지역별 노인 일자리 및 사회활동 지원사업 위원회를 개최하고 사업수행의 적격성을 심사한 이후에 선정한다. 사업수행에 참여하는 기관은 시니어클럽, 노인복지관, 노인복지센터, 대한노인회, 사회복지관, 지역자활센터, 노인보호전문기관, 지방문화원, 지역NGO, 지방자치단체전담기관 등이다.

사업수행기관은 운영안내 통보일을 기준으로 4대 사회보험의 적용을 받는 기관으로 한정한다. 수행기관 지정에서 제외되는 기관은 사회적기업, 종교시설(교회, 사찰 등), 임의단체(동호회 및 전우회, 부녀회 등), 경로당 등이다. 단, 경로당은 대한노인회 지회를 통해 사업참여가 가능하다. 인력파견형 사업단은 직업안정법에 따라 해당 지방자치단체에 무료직업소개사업 신고를 한다.

지방자치단체는 수행기관 선정 시에 사업수행능력 및 유사사업의 추진경험, 담당인력 유무 등을 고려한다. 수행기관은 최소 사업실무자 2인 이상 배치 가능한 기관을 선정(회계와 재무 담당자는 분리)한다. 2016년 사업운영과정에서 부정수급 등의 사유로 지방자치단체로부터 제재조치(경고 또는 사업중단의 조치, 민형사상 고발)를 받은 기관은 참여를 제한한다. 지방자치단체는 제출된 사업계획서를 심사하여 고득점 기관 위주로 수행기관을 선정한다. 심사내용의 핵심은 사업계획의 타당성, 사업관리의 적절성, 사업평가의 방안 및 예산수립의 적절성 등이다. 참여노인과 사업의 다양성에도 불구하고 관례적으로 특정 기관에만 사업량을 과다 배분할 경우에는 해당 지방자치단체의 익년도 사업량 배정에 페널티를 부과한다.

3) 수행기관 통보 및 계약체결

지방자치단체는 수행기관의 선정결과를 공문으로 통보하고 위탁계약을 체결한다. 지방자치단체가 수행기관일 경우는 별도의 통보 없이 선정결과 보고서로 확정한다. 민간 수행기관은 지방자치단체와 사업수행의 위탁관리 협약 및 개인정보처리 위탁계약을 체결함으로써 수행기관으로 확정한다.

시장형 및 인력파견형은 반드시 사업단별로 위탁관리 협약서를 체결한다. 지역 내에서 일정 수준 이상의 시장형 사업단 물량을 수행하는 기관에 대하여 지방자치단체가 운영비의 일부를 지원할 수 있다.

4) 사업계획 등록 및 심사

각 시 · 군 · 구로 제출한 사업계획서는 업무시스템에 단위사업별로 등록한다. 시장형 사업단의 사전심사는 보건복지부(한국노인인력개발원)에서 사전심사를 진행하고, 지방자치단체는 사전심사 결과를 토대로 수행기관에 사업량을 배분한다. 본심사는 수행기관에서 사업계획을 전산등록하면 시 · 군 · 구(1차), 시 · 도(2차), 보건복지부(한국노인인력개발원)의 순으로 최종심사를 진행한다.

시장형 사업단은 3월 이후 신규사업 신청이 불가하다. 단, 기존사업의 중단으로 인해 신규사업으로 대체하여 추진하는 경우나 사업배정량 미달 시에 추가신청이 가능하다. 정부보조금 이외에 사업수익을 통해 더 높은 급여를 지급할 수 있는 사업단에 우선적으로 예산을 지원한다.

인력파견형 사업단의 경우에는 수행기관에서 사업계획을 전산(취업연계시스템)에 등록하면 시 · 군 · 구(1차), 시 · 도(2차), 보건복지부(한국노인인력개발원)의 최종심사가 이루어진다. 사업계획서상 수행기관을 기준으로 최소 사업물량 100명 이상을 적용한다. 시 · 도별 2016년 미배정량 및 2017년 추가 사업량에 대해서는 50자리 이상으로 배정이 가능한다. 단, 100자리 이상에 대해서만 전담인력의 지원이 가능하다.

5) 참여자 모집 및 선발

시장형 사업단과 인력파견형 사업단은 수행기관별로 참여자를 공개적으로 모집한다. 공고 미실시에 따른 민원발생에 유의해야 하며, 공고는 홈페이지와 언론 등 각종 매체를 적극적으로 활용한다.

참여자격은 만 60세 이상 사업특성에 적합한 사람으로 규정하고 있다. 노인일자리지원사업의 신청제외자는 첫째, 국민기초생활보장법에 의한 생계급여와 의료급여 수급자이다. 단, 국가유공자나 북한이탈주민 등의 사유로 인한 의료급여 1종 수급자는 참여가 가능하다. 시장형 사업단은 의료급여 2종 수급자의 참여가 허용된다. 둘째, 정부부처 및 지방자치단체에서 추진하는 일자리사업 참여자(노인일자리지원사업 포함), 셋째, 국민건강보험 직장가입자(인력파견형 사업단은 참여 가능), 넷째, 장기요양보험 등급판정자(1~5등급) 등이다.

사업에 참여하고자 하는 자는 참여신청서와 선발기준에 참고가 되는 관련 서류(참여신청서, 해당 활동 관련 자격증 사본)를 시 · 군 · 구 및 수행기관(모집기관)에 제출한다. 시 · 군 · 구 및 수행기관은 제출된 참여신청서를 바탕으로 신청자 정보를 업무시스템에 등록한다.

시 · 군 · 구 및 수행기관은 모든 신청자에 대한 개별상담을 통해 참여자 선발기준표를 작성하여 고득점자 순으로 선정한다. 시장형 사업단의 전문서비스형은 참여자 선발 시에 기초연금수급자에게는 가산점을 부여한다. 수행기관은 다음의 자격기준을 확인한다. 자격기준은 첫째, 세대구성 형태 : 주민등록등본으로 확인, 둘째, 노인일자리지원사업의 참여경력 : 업무시스템에서 확인, 셋째, 자격정보 : 사회보장정보시스템(행복e음) 연계를 통해 제공된 자격정보를 업무시스템에서 확인한다.

그 다음의 진행순서는 참여자의 확정이다. 시장형 사업단의 수행기관은 신청자를 대상으로 상담을 실시하고 선발기준표에 의해 점수를 부여한 이후에 그 결과를 참여자 선발현황표에 기록하고 관리한다. 사업참여가 확정된 사람에 한하여 근로조건을 협의하여 근로계약을 체결한다. 선발대상자가 활동지역과의 거리와 건강상의 이유로 참여를 거부하여 후순위자를 선발하는 경우에는 해당 사유를 업무시스템에 입력한다.

6) 대기자 및 부적격자 관리

참여자 외에 대기자를 업무시스템에 등록하여 순위별로 관리하여 중도 탈락자 발생 시에 반드시 순위별로 우선 참여하도록 한다. 거리나 건강 등 개인사정으로 인해 대기자 순위를 기준으로 한 선발이 어려운 경우에는 그 사유를 업무시스템에 입력하고 후순위자를 선발할 수 있다. 사업에 참여했다가 당초 계약기간을 채우지 못한 사람에 대해서는 중도포기 사유 등을 확인하여 업무시스템에 입력한다.

사업신청 제외자, 즉 부적격자의 참여가 확인되는 즉시 당해 연도 해당 사업참여를 중단시키고 이후 참여 시에는 2년간 적격여부를 중점적으로 관리한다. 발생된 부적격 유형에 관계없이 즉시 활동을 중지시킨다. 단, 참여자의 자격변동에도 불구하고 참여가 가능한 다른 사업에는 재참여가 가능하다.

7) 사업수행기관의 전담인력 운영

사업수행기관의 전담인력은 사업을 수행하는 민간 수행기관이나 사업을 직접 수행하는 시 · 군 · 구의 업무를 전담지원하기 위해 배치되는 상근인력이다. 전담인력의 배치기준은 참여노인 154명당 1명을 지원하고 사업을 직접 수행하는 수행기관(시 · 군 · 구 포함)의 사업량과 사업유형을 고려하여 지방자치단체에서 결정한다. 시장형 사업단에 비중을 두어 배치하되, 인력파견형 사업단 참여노인 100명당 1명을 우선적으로 배치한다. 시 · 군 · 구 지방자치단체는 1명씩 배치하여 참여자 선정 기초자료 제공과 지역 내 사업 총괄지원 등의 업무를 수행하게 한다.

전담인력의 자격은 연령에 상관없이 업무수행에 적합한 자를 공개적으로 모집한다. 자격조건 등 부가기준은 지방자치단체 및 수행기관에서 별도로 적용할 수 있다. 근무조건은 11개월이며, 월 135만 3천 원을 지원한다(4대보험 포함). 수행기관의 판단에 의해 예산범위 내에서 전담인력의 활용기간은 탄력적으로 운영할 수 있다. 지원기간 및 임금은 지방자치단체나 수행기관 자체예산으로 추가지원이 가능하다. 근무시간은 주 5일이고 1일 8시간 근무이다. 근무조건은 근로기준법에 저촉되지 않는 범위 내에서 전담인력과 수행기관 간 협의하에 조정할 수 있다.

전담인력의 주요 업무내용은 참여노인의 모집, 선발, 교육 및 활동관리 지원 등이며, 매월 참여자의 활동비(또는 임금) 지급 및 전산시스템 관련 업무를 수행한다. 전담인력은 한국노인인력개발원에서 실시하는 사업운영안내교육, 전산관리교육 및 직무전문화교육(전담인력 교육) 등을 반드시 이수해야 한다.

사업단의 팀장은 사업수행기관 담당자의 현장업무를 지원하고 보조한다. 참여자 중 팀장을 지정하여 운영하는데, 배치기준은 참여인원 매 10명마다 1명을 팀장으로 하여 운영할 수 있다. 팀장 배치기준은 사업특성을 고려하여 참여인원 5~6명당 1명으로 조정할 수 있다. 팀장수당은 3만 원 이내로 부대경비에서 탄력적으로 지급한다.

제2절 사업단의 운영

1. 시장형 사업단

1) 사업개요

시장형 사업의 목적은 근로능력이 있는 노인에게 적합한 일자리활동을 지원함으로써 소득보충, 건강개선 및 사회적 관계 증진 등 안정된 노후생활을 보장하는 것이다. 시장형 사업은 노인에게 적합한 업종 중 소규모매장 및 전문직종 사업단 등을 공동으로 운영하여 일자리를 창출하는 사업으로 일정 기간 사업비 또는 참여자 인건비 일부를 보충 지원하고 추가사업의 수익으로 연중 운영하는 노인일자리사업이다.

2) 운영개요

(1) 운영기간 및 근무시간

운영기간은 연중 참여를 원칙으로 하되, 전문서비스형 사업은 9개월 이상 자율적으로 운영한다. 참여자의 근무시간은 당사자 간에 근로계약서로 정한 시간에 따르되, 1일 최대 8시간 이내의 근무시간을 준수하고 22시 이후의 야간근로는 금지한다. 연장근로 또는 휴일근로가 불가피할 경우 22시 이전 및 토 · 일요일, 공휴일에 근무할 수 있다. 토 · 일요일, 공휴일을 근로일로 할 것인지, 휴(무)일로 할 것인지 등 근로조건의 결정은 근로계약으로 정한다.

(2) 예산지원 기준

예산지원 기준은 1인당 연간 200만 원을 지원한다. 정부보조금 외 사업수익을 통해 더 높은 급여를 지급할 수 있는 사업단에 우선적으로 예산을 지원한다. 전문서비스형 사업은 수요처(학교 등)로부터 인건비 일부를 지원받아 추가급여를 지급하도록 권고하고 있다.

(3) 사업유형

시장형 사업의 사업은 크게 공동작업형, 제조판매형, 전문서비스형으로 분류되며, 세부적인 사업내용은 다음의 〈표 11-1〉에 제시되어 있다.

〈표 11-1〉 시장형 사업의 사업내용

구 분	사업유형	사업내용
공동 작업형	공동작업장운영사업	• 기업과 연계하여 제품 혹은 반제품을 생산 · 조달하는 사업 ⓔ 쇼핑백 제작, 제품 포장 등
	지역영농사업	• 유 · 휴경지를 활용하여 농산물 등을 공동으로 경작하고 판매하는 사업 ⓔ 콩, 고사리 등 재배
	기타 공동작업형사업	• 기타 공동작업사업 ⓔ 짚풀공예, 수공예품 등 공동제작
제조 판매형	식품제조 및 판매 사업	• 식재료를 활용하여 식품 등을 제조하여 판매하는 사업 ⓔ 참기름, 장류, 스낵류 등 제조 및 판매
	공산품제작 및 판매 사업	• 일정한 시설을 갖추고 규격에 맞춘 공산품을 제작하여 판매하는 사업 ⓔ 천연비누, 양초 등 제작 및 판매
	매장운영사업	• 소규모 매장 및 점포를 운영하는 사업 ⓔ 카페, 음식점, 매점(마트) 등 운영
	아파트택배사업	• 아파트단지 내 택배물품을 배송 · 집하하는 사업
	지하철택배사업	• 지하철을 이용하여 각종 수하물 및 서류 등을 배달하는 사업
	세차 및 세탁 사업	• 일정 정도의 시설 또는 장비를 갖추고 세차 혹은 세탁 등의 서비스를 제공하는 사업
	기타 제조 및 판매 사업	• 기타 서비스 제공 및 제조 · 판매 사업 ⓔ 환경정화, 이미용, 수선, 공원관리, 재활용, 청소 사업 등
전문 서비스형	학교급식도우미	• 학생을 대상으로 급식 및 식사예절지도 등을 지원
	CCTV 상시관제	• 학교 내 · 외부에 설치된 카메라(CCTV)를 모니터링 후 문제 발생 시 학교 측에 구두보고 및 조치 요청
	스쿨존교통지원	• 지역 내 유치원 및 학교 주변 교통정리 및 교통안전 인식 확산(캠페인), 학교 주변 순찰 및 안전지도
	영유아 및 청소년 교육지원	• 어린이집, 유치원, 학교 등 영유아 및 청소년을 대상으로 시설관리, 안전지도, 인성교육 등 교육지원 관련 통합 서비스 제공
	기타	• 사업수익을 통해 향후 발전 가능성이 있는 기타 전문 서비스 제공 사업

3) 사업참여자

(1) 운영방법

① 참여자의 근무관리

수행기관은 원활한 업무수행을 위해 참여자의 근무장소에서 업무내용, 업무진행상황 등을 직접 지휘·감독해야 한다. 수행기관의 사정에 의해 전담보조인력이나 팀장에 위임할 수 있다. 단, 이 경우에도 기관실무자는 참여자의 근무현장을 정기방문(공동작업형, 제조판매형은 주 1회 이상, 전문서비스형은 월 1회 이상)하여 근무현황을 모니터링한다.

사업수행기관은 참여노인이 업무와 관련된 지시를 불이행하거나 상습적인 불참, 지각 및 근무태만 등으로 사업에 지장을 초래할 경우에는 이를 입증할 근거자료를 남기고 근로기준법 등에 정하는 절차에 따라 사업참여에 제한조치(중도포기 조치)를 할 수 있다. 참여노인과 면담, 시정촉구 등 관련 조치를 취한 이후, 일정 기간이 경과한 후에도 개선되지 않는 경우 사업참여를 제한한다.

② 참여자 교육

참여자의 교육은 소양교육(필수), 직무교육(필수), 보수교육으로 구분되며, 세부적인 교육내용은 다음과 같다. 소양교육의 경우에는 지방자치단체가 관내 수행기관들과 협의하여 통합교육을 실시할 수 있다. 세부적인 참여자에 대한 교육내용이 〈표 11-2〉에 제시되어 있다.

〈표 11-2〉 참여자의 교육내용

<table>
<tr><th>구분</th><th colspan="3">내 용</th></tr>
<tr><td rowspan="4">소양 교육</td><td colspan="2">시간</td><td>• 4시간 이상</td></tr>
<tr><td colspan="2">내용</td><td>• 노인일자리지원사업의 향후전망 및 사업기본방향, 사업에 임하는 자세, 사업운영규칙, 친절교육 및 공동체프로그램, 건강관리 및 안전교육, 변화에 수용하는 자세, 성희롱 예방교육, 치매예방교육, 자살예방, 자산관리, 성교육, 노인사회참여의 의미와 역할, 노인인권 교육 중 2과목 이상 선택하여 필수과목으로 편성</td></tr>
<tr><td colspan="2">방법</td><td>• 교육방식 : 교재활용을 통한 강의식 교육
• 교육강사 : 교육내용별로 해당 전문강사 Pool 구성, 자체사업단의 참여노인 강사 활용 가능</td></tr>
<tr><td colspan="2">특이사항</td><td>• 지방자치단체별 통합교육, 교육특화 기관 및 지역 내 전문교육기관 연계 실시 가능</td></tr>
<tr><td rowspan="5">직무 교육</td><td colspan="2">시간</td><td>• 4시간 이상</td></tr>
<tr><td rowspan="3">내용</td><td>직무이해</td><td>• 사업내용에 맞는 직무에 대한 이해
• 대상자에 대한 이해
• 돌발상황 대처방법, 응급처치요령
• 사업단(업종)별 특성을 고려한 안전교육(1시간 이상 필수)</td></tr>
<tr><td>관리방법</td><td>• 근무 시 필요한 관리방법 및 업무(출근부, 근무일지, 교육일지 작성 등)</td></tr>
<tr><td>실습 및 사례</td><td>• 현장실습</td></tr>
<tr><td colspan="2">방법</td><td>• 교육방식 : 교재활용을 통한 강의식 교육 및 현장실습
• 교육강사 : 교육과정별로 해당 전문강사 Pool 구성
• 권역별 합동교육, 지역 내 유관 기관 교육 연계방안 강구</td></tr>
<tr><td>보수 교육</td><td colspan="3">• 전문성이 요구되는 사업의 경우 외부강사를 활용한 보수교육 실시
• 전년도 참여자에 대한 소양, 직무교육을 실시하지 않은 경우 보수교육 형태로 교육</td></tr>
</table>

4) 전담보조인력과 전문인력 관리

(1) 전담보조인력의 운영

전담보조인력은 시장형 사업단 참여노인 중에서 행정능력이 있는 노인을 선발하여 일반 사업참여노인의 임금과 근무시간을 적용받고 시장형 사업단 업무를 지원하기 위하여 배치되는 보조인력이다. 주요 업무는 시장형 사업단 행정지원 업무 및 참여노인 관리와 기타 시장형 사업단 수행에 필요한 업무지원 등이다.

배치기관은 수행기관(사업 직접수행 시 · 군 · 구 포함)이며, 배치기준은 참여자 10인 이하 1명, 11~30인 2명, 31~50인 3명, 51~100인 4명, 101인 이상 5명이다. 인원선발은 해당 시장형 사업단에 참여 중인 사람 중 행정관리 능력이 있는 자 및 사업운영에 필요하다고 해당 사업 기관장이 인정하는 사람이다. 근무조건은 시장형 사업단 참여자와 동일하게 지급하되 해당 사업 기관장이 필요하다고 인정하는 경우, 사업비 내에서 인건비를 초과하여 지급할 수 있다. 초과근무수당 지급 인정시간은 해당 사업 만근시간의 50% 이내이다.

(2) 전문인력의 고용

사업의 생산성 제고를 위해 관련 전문기술인력이 필요한 경우 사업별 특성에 맞는 전문가 또는 경력자를 고용할 수 있다. 참여자격은 관련 분야의 국가기술자격증 소지자 또는 해당 업무 3년 이상의 경력자이다. 전문인력은 시장형 사업단 참여자격기준에 관계없이 고용할 수 있다.

고용기준은 사업단 운영규정에 구체적으로 참여기준을 명시해야 하고 참여노인 중 2/3 이상의 서면동의가 필요하다. 전문인력이 필요한 사업단은 운영규정을 충족한 후 해당 지방자치단체에 사전 승인을 요청한다.

2. 인력파견형 사업단

1) 사업개요

인력파견형 사업은 근로능력이 있는 노인에게 적합한 일자리활동을 지원하여 소득보충, 건강개선 및 사회적 관계 증진 등 안정된 노후생활을 보장하는 것이 목적이다. 인력파견형 사업은 수요처의 요구에 의해서 일정 교육을 수료하거나 관련된 업무능력이 있는 자를 해당 수요처로 연계하여 근무기간에 대한 일정 임금을 지급받도록 하는 일자리사업이다.

2) 운영기준 및 예산지원 기준

운영기간은 연중 이루어지는 것으로 하며, 참여자의 근무시간은 근로계약서에 명시된 시간에 따른다. 예산지원 기준은 1인당 연간 15만원, 수행기관별 사업물량은 최소 100자리 이상이다. 시 · 도별 2016년 미배정량 및 2017년 추가되는 사업량에 대해서는 50자리 이상으로 배정할 수 있다. 단, 전담인력은 100자리 이상에 대해서만 지원한다.

3) 직종분류

인력파견형 사업의 직종과 사업내용은 다음의 〈표 11-3〉에 제시되어 있다.

〈표 11-3〉 **인력파견형 사업의 직종분류**

중분류	소분류	사업내용
관리사무 종사자	경영/영업/판매 및 운송 관련 관리자	• 행정 및 경영, 회계, 영업 및 판매 관련 관리자, 운송, 기타 고객서비스 관리
	기타 사무직	• 상담, 여행 · 안내, 통계 관련 사무원, 고객상담 및 기타 사무원

공공/전문직 종사자	교육 관련 종사자	• 교육강사, 보조교사, 보육교사
	기타 전문직	• 시험감독관, 리서치, 설문, 번역, 문화방송, 출판 관련 종사원
서비스 종사자	예식 및 보건의료 서비스	• 예식, 혼례 및 장례종사자, 산후조리, 요양, 간병 등 보건 · 의료 관련 서비스 종사자
	음식 및 여가서비스	• 택시/버스/기타 자동차운전원, 운송서비스종사자
	조리 및 음식서비스	• 패스트푸드원, 주방 · 식당보조원, 음식배달원 등 서비스 종사자
	배달원	• 택배원, 우편물집배원, 기타 배달원
판매 종사자	계산원 및 매표원	• 매장계산원 및 요금정산원, 매표원, 복권판매원
	판매원 및 판매 단순종사자	• 주유원, 상점판매원, 상품대여원, 기타 판매 관련 단순종사원
농림어업 숙련종사자	농림어업 작물재배 종사자	• 곡식, 채소 및 특용작물, 과수, 원예작물 재배업, 조경원 조림 및 벌목원, 임산물 채취, 양식원 및 기타 관련 종사원
기능원 및 관련 기능종사자	식품가공 관련 종사자	• 정육원, 김치 및 밑반찬 제조 종사원, 기타 식품가공 종사원
	기타 기능 관련직	• 섬유 · 의복, 가죽 관련 기능직, 목재 · 기구 · 악기, 금속성형, 전기 · 전자 관련 기능직, 공예 및 귀금속 세공원, 배관공 등
생산 · 제조 단순노무직	생산/제조	• 식료품제조, 곡물가공품 제조, 떡, 빵 및 과자류 제조, 도시락 및 식사용 조리식품 제조, 탁주 및 발효주 제조업 등
	단순노무직	• 청소원 및 환경미화원, 경비원, 가사 및 육아도우미, 주차관리원 및 안내원, 재활용품수거원, 세차, 세탁, 검침, 골프장도우미, 학교 · 병원급식도우미, 농어촌일손도우미, 기타 단순종사원
	기타	• 육류, 수산물 가공 및 저장, 과실 및 채소가공, 소분

4) 구인 · 구직의 관리

(1) 구직등록

구직등록은 당해 연도 만 60세 이상 노인에 한하여 가능하다. 구직을 원하는 노인은 구직신청서를 작성하여 수행기관에 제출한다. 수행기관 담당자는 구직신청서 기준으로 취업연계시스템에 등록하며, 현재 취업 중이나 이직을 원하는 경우에도 구직등록이 가능하다.

구직등록이 되어 있는 노인이 수행기관을 변경할 경우에는 구인신청기관 변경동의서를 작성한다. 수행기관 담당자는 구인신청기관 변경동의서 접수 → 변경 전 기관 담당자에게 유선 통보 → 취업연계시스템에 반영하는 순서로 업무를 진행한다.

(2) 구인관리

구인을 원하는 기업은 구인신청서를 작성하여 수행기관에 제출한다. 수행기관 담당자는 구인신청서를 기준으로 취업연계시스템에 등록한다. 구인등록 기준은 최저임금 준수 등 고용 관련 법령을 준수할 수 있는 업체이다. 구인등록 시에 반드시 신청기업의 구인신청서, 사업자등록증을 접수하여 보관하고 파견 및 용역업체인 경우 고용노동부 승인을 거친 파견허가증 또는 관련 영업신고증(허가증) 사본을 수령한다.

사업자등록증이 없는 수요처도 일부직종에 한해 가능하다. 그러한 직종은 지역일손도우미, 가사 · 육아도우미, 예식 · 혼례 및 장례종사자 등이다. 단, 수행기관이 적정성을 검토하여 참여노인과 구인요청자 간 확약서 작성 필수 및 필요시 상해보험 가입으로 안전조치를 마련해야 한다.

5) 취업연계

해당 취업처에서 1일 이상 근무한 경우 취업으로 인정한다. 참여노인이 2개 이상 구인처에 취업을 한 경우 실적인정 기준은 수행기관별 각 1명을 실적으로 인정한다. 취업노인의 실적에 대한 증빙자료를 취업연계시스템에 등록하는데, 근로계약서, 4대보험 가입서, 기업 취업확인서 또는 공문, 취업노인 통장사본 등 취업을 증빙할 수 있는 근거자료 1개를 온라인에 등록한다.

취업연계 후 월 1회 이상 사후관리(고용유지 확인, 취업자 보수 등)를 실시하고 사업비 집행 실적 입력 후 월마감을 실시한다.

제3절 시니어클럽의 운영

노인복지론

1. 시니어클럽의 기능

시니어클럽의 운영을 통해 노인의 사회적 경험과 지식을 활용할 수 있는 다양한 노인적합형 일자리를 개발하고 이에 참여할 수 있는 여건을 조성하여 노인의 삶의 질을 향상시킨다.

2. 시니어클럽의 연혁

- 2001년 : 노인일자리전담기관 지역사회시니어클럽 시범사업 실시(5개소)
- 2002년 : 지역사회시니어클럽 15개소 추가 지정
- 2003년 : 지역사회시니어클럽 사업평가 및 운영의 체계 · 전문화 도모
  : 2001년 지정기관 5개소에 대한 평가 실시

- 2004년 : 명칭 변경 및 기관 확대(지역사회시니어클럽 → 노인인력지원기관)
  : 노인인력지원기관 11개소 추가 지정
- 2005년 : 지방이양, 시니어클럽으로 명칭변경 및 사업역량 강화(신규 5개소)
- 2006년 : 시니어클럽 확대 및 사업역량 강화 9개소 추가 지정
- 2007년 : 시니어클럽 11개소 신규 지정
- 2008년 : 시니어클럽 11개소 신규 지정(총 65개소)
- 2009년 : 시니어클럽 17개소 신규 지정(총 82개소)
- 2016년 : 시니어클럽 확대 지속 및 사업평가 강화 총 134개소

3. 시니어클럽의 운영원칙

① 노인들의 개별적 고유성과 존엄성이 최대한 보장되도록 운영
② 노인복지시설로서 일정한 규모의 시설과 인력을 확보하고 지역사회 자원을 활용하여 노인들에 대한 상담, 교육, 훈련, 일자리 창출 등의 서비스를 제공

4. 사업주체별 주요 업무 및 역할

1) 보건복지부

① 노인 일자리 및 사회활동 지원사업 및 시니어클럽 정책방향 수립
② 시니어클럽운영종합안내 마련

2) 지방자치단체(시 · 도, 시 · 군 · 구)

① 시니어클럽 지정 및 취소

② 시니어클럽 예산 및 행정 지원, 지도 · 점검 및 평가

3) 시니어클럽 협회

① 시니어클럽의 균형적 발전과 활성화를 위한 업무지원

② 시니어클럽 종사자와 사업참여자의 권익보호

③ 시니어클럽 사업의 우수사례 발굴 및 전파, 일하는 노인에 대한 인식 개선

④ 노인 일자리 및 사회활동 지원사업 및 시니어클럽 운영 관련 정책건의

4) 시니어클럽

① 지역노인일자리전담기관으로서의 기능 및 역할 수행

② 지역특성에 적합한 시장형 사업단 사업 수행

③ 지역사회 내의 노인인력 활용을 위한 교육훈련 및 사후관리

④ 일하는 노인을 위한 지역 연대 및 기타 관련 사업 수행

5. 2017년 중점 추진방향

① 지역노인일자리전담기관으로서의 역량강화

② 지방자치단체는 민간분야 노인 일자리 및 사회활동 지원사업(시장형 사업단, 인력파견형 사업단)의 전문성 확보를 위하여 시니어클럽 확충 적극 추진

③ 주로 민간분야 노인 일자리 및 사회활동 지원사업 활성화에 선도적 역할 강화

6. 사업운영

1) 사업단 관리

① 사업단 운영은 사업단별로 자체 운영규정을 반드시 마련 · 시행하여 사업을 추진하고 사업에 참여하는 노인의 동의서를 받아야 한다.

② 사업으로 인한 수익금은 사업단별로 별도 관리해야 한다.

③ 사업단은 지속적인 경영지원과 주인의식 강화를 통해 자립 및 독립 운영을 지향하는 방향으로 운영한다.

④ 사업단의 독립 또는 사업 종결 시에는 관장 및 직원 대표, 참여노인 대표, 노인일자리 관련 외부전문가 등으로 심의위원회를 구성하여 독립 또는 종결 여부를 결정한다.

2) 수익금 관련 사항

(1) 수익금의 정의

수익금은 일자리 및 사회활동 지원사업 수행 결과에 따라 발생한 모든 직간접적인 수익금으로서 재화 및 용역에 대한 판매 및 제공의 대가를 현금으로 환산한 것이다. 현금으로 환산하지 않은 경우에는 현물 자체를 수익금의 형태로 별도 관리한다.

(2) 수익금의 별도 계정 및 관리 등

① 회계 및 관리는 사업단별로 별도 계정(통장)으로 관리한다.

② 사업단별로 수익금 관리내역을 매분기 첫 번째 월 10일까지 관할 지방자치단체에 보고하고, 관할 지방자치단체(시 · 군 · 구)는 이를 검토하여 시 · 도에 동월 20일까지 제출한다.

③ 시 · 도(시 · 군 · 구)는 수익금이 발생하는 사업의 경우에 사업추진실태 파악을 통해 사업 활성화 및 창업 등을 제고하기 위하여 적극적인 행정지원을 추진한다.

(3) 적립금의 사용

수익금 중 적립금의 경우에는 적립금 발생 사업단의 활성화를 위한 사업개발비 등으로 재투자가 가능하다.

3) 점검 및 평가

(1) 시니어클럽의 시설평가

사회복지사업법에 따라 매 3년마다 1회 이상 시설에 대한 평가를 실시하여야 한다. 2005년 이후 시니어클럽 사업의 지방이양에 따라 지방자치단체는 시니어클럽의 사업실적과 운영실태를 정기적으로 점검하여 평가하고 있다.

(2) 지도점검

관할 지방자치단체(시 · 군 · 구)는 매년 2월 말까지 소관 시니어클럽의 재무 · 회계관리 및 사업운영 전반에 관해 지도 및 점검하고 그 결과를 시 · 도지사에게 보고한다(시 · 군 · 구 1회, 시 · 도 1회 등 연 2회 이상 실시).

제4절 대한노인회 취업지원센터의 운영

1. 대한노인회 취업지원센터의 기능

대한노인회 취업지원센터는 지역사회에서 구직을 희망하는 노인의 취업 상담과 알선 등을 통해 노인의 소득보장과 사회참여의 기회를 확대시키기 위해 운영되고 있다.

2. 2017년도 추진방향

1) 민간분야의 취업알선 기능강화 및 사후관리에 이르는 취업지원활동 강화

① 지원 멘토링 프로그램의 확대

② 성과 제고를 위한 직원의 교육·훈련 강화

③ 점검 및 사업평가를 통한 성과관리 강화

④ 취업 우수사례 발굴 등 대국민 홍보 강화

⑤ 대표 전화번호의 운영(1577-6065)

2) 취업지원센터 운영 효율화

① 취업지원센터의 확대 및 활성화

② 취업알선의 접근성 제고를 위한 이동취업상담소 운영의 정착

3. 주요 사업내용

① 구직을 희망하는 노인의 상담 · 알선, 취업 연계 · 조정 및 사후관리
② 지역사회의 업체 및 기관(단체)을 대상으로 노인구인처 개발
③ 노인의 능력과 적성에 맞는 직업교육 실시
④ 구직을 희망하는 노인을 자원봉사 등 사회참여 활동과 연계
⑤ 구인처 및 구직자에 대한 지속적인 홍보활동 추진
⑥ 통합정보시스템의 활성화

4. 사업운영

1) 이용대상

① 구직자 : 65세 이상 취업을 희망하는 노인을 우선으로 하되, 사정에 따라 60세 이상도 가능
② 구인처 : 노인취업을 희망하는 업체 및 기관(단체) 등

2) 지도 · 점검 및 평가

(1) 보건복지부(취업지원본부 합동)의 지도 · 점검

① 내용

- 조직 및 인력 운영실태
- 실적보고 및 취업지원 관리실태
- 국고보조금 관리실태

② 정기 및 수시

- 대상 : 광역 · 지회 취업지원센터
- 시기 : 연중 1회 이상

(2) 광역 취업지원센터의 지도 · 점검

① 내용

- 분야별(민간, 사회참여, 위탁사업 등) 세부점검 실시
- 취업실적 기준의 적정성 등 취업지원실태의 점검
- 취업지원센터장 겸직금지 위반 등 조직운영의 관리실태 점검
- 국고보조금 관리실태

② 정기 및 수시

- 대상 : 해당 지회 취업지원센터
- 시기 : 연중 1회 이상

(3) 행정사항

① 취업지원본부는 연간 지도점검계획을 별도 수립한 이후 보건복지부에 보고

② 광역센터 자체의 지도점검 시 점검결과를 점검한 이후 10일 이내에 취업지원본부에 보고하고 취업지원본부는 보고접수 이후 1주일 이내에 보건복지부에 보고

(4) 보건복지부(중앙평가위원 및 취업지원본부 합동)의 평가

① 대상 : 취업지원센터

② 내용 : 취업지원센터의 고유사업(민간취업 실적)

③ 평가결과, 우수기관 및 장려기관(향상 기관 포함)에 우수기관 시상 및 선진사례 견학, 성과급 등 인센티브를 제공하고, 부진기관에 대해서는 페널티(해임·감봉, 폐쇄, 통합 등) 부여

3) 지역사회 취업지원 인프라의 연계

① 취업지원센터는 취업희망자의 취업을 효율적으로 지원하기 위하여 유관 인프라와 긴밀한 연계체계를 유지한다.

② 인프라 : 한국노인인력개발원, 관할 지방자치단체, 노인 생활 및 이용시설, 사회복지시설, 지역사회 내 업체 및 기관·단체 등

③ 관할 지방자치단체는 센터의 취업지원이 원활하게 이루어질 수 있도록 관련 정보를 공유, 홍보, 기타 행정적·재정적 지원을 수행한다.

제5절 노인일자리사업의 현황

노인복지론

1. 노인일자리사업의 재정

2015년 노인일자리사업에 투입된 재정현황이 〈표 11-4〉에 제시되어 있다. 이 자료는 국비만을 기준으로 하여 작성된 것으로 노인일자리사업의 전체 재정은 이외에도 시도비, 시군구비, 기관자체의 재원 등이 있다.

2015년 노인일자리사업에 투입된 국비의 총 금액은 3,859억 원이다. 노인일자리사업은 크게 공익활동, 취업활동, 창업활동, 경력유지활동, 재능나눔활동 등으로 분류되며, 사업유형별로 투입된 예산은 다음과 같다. 공익활동에 3,052억 원이 투입된 것으로 나타나 재정의 대부분을 차지하고

있는 것을 알 수 있다. 공익활동은 전국형과 지역형으로 분류되는데, 지역형이 2,249억 원으로 전국형 803억 원에 비해 매우 높은 비중을 차지하고 있다.

취업활동에 159억, 창업활동 236억, 경력유지활동 462억, 재능나눔활동 405억 등으로 집계되었다. 공익활동을 제외하면, 경력유지활동, 재능나눔활동, 창업활동, 취업활동 등의 순서로 국비가 투입된 것을 알 수 있다.

〈표 11-4〉 노인일자리사업의 재정(2015년) : 국비기준 (단위 : 억원)

총계	공익활동		취업활동	창업활동	경력유지 활동	재능나눔 활동
	전국형	지역형				
3,859	803	2,249	159	236	462	405

출처 : 한국노인인력개발원(2016). 2015 노인일자리 통계 동향.

2. 노인일자리사업의 수행기관 현황

〈표 11-5〉에 노인일자리사업을 수행하는 기관에 대한 자료가 제시되어 있다. 2015년 노인일자리사업을 수행하는 기관의 총수는 1,228개소이다. 노인일자리사업을 수행하는 기관의 유형은 지방자치단체, 시니어클럽, 대한노인회, 노인복지관, 종합복지관, 노인복지센터, 지역문화원, 기타 등으로 분류된다. 수행기관 중에서 노인복지관이 228개소(18.6%)로 가장 높게 나타났다. 그 다음은 대한노인회 202개소(16.4%), 종합복지관 181개소(14.7%), 지방자치단체 169개소(13.8%), 노인복지센터 153개소(12.5%), 시니어클럽 126개소(10.3%)의 순서인 것을 확인할 수 있다.

노인일자리사업의 수행기관별 평균 사업단수는 전체 5.8개이고, 시니어클럽이 14.0개로 가장 높은 것으로 나타났다. 사업수행기관 전체의 평균 누적참여자수는 310.7명이고 시니어클럽이 659.3명으로 가장 높은 것을 알 수 있다. 사업단 전체의 평균 누적참여자 수는 53.8명이고 지방자치단체가 110.2명으로 다른 사업기관에 비해 매우 높은 것으로 나타났다.

〈표 11-5〉 노인일자리사업의 수행기관 현황(2015년) (단위 : 개, %, 명)

구 분	수행기관수	기관평균 사업단수	기관평균 누적참여자수	사업단평균 누적참여자수
총 계	1,228(100.0)	5.8	310.7	53.8
지방자치단체	169(13.8)	4.9	541.2	110.2
시니어클럽	126(10.3)	14.0	659.3	47.2
대한노인회	202(16.4)	5.1	284.1	56.1
노인복지관	228(18.6)	7.7	318.3	41.5
종합복지관	181(14.7)	3.9	146.7	37.8
노인복지센터	153(12.5)	2.5	105.2	41.3
지역문화원	17(1.4)	2.4	50.2	21.4
기 타	152(12.4)	3.9	220.4	56.2

출처 : 한국노인인력개발원(2016). 2015 노인일자리 통계 동향.

3. 노인일자리사업의 사업운영 현황

1) 공익활동의 사업운영 현황

〈표 11-6〉에 2015년 공익활동의 사업운영 현황이 제시되어 있다. 공익활동 사업단수는 총 5,836개이며, 참여자수는 총 348,893명으로 나타났다. 참여자를 연령별로 살펴보면 70대가 239,958명으로 매우 높은 비율을 보이고 있다. 성별 현황을 보면, 남성이 107,111명이고 여성이 241,782명으로 여성이 남성에 비해 2배 이상 높은 것으로 나타났다.

교육수준을 기준으로 하면, 초등학교 졸업인 경우가 152,004명으로 가장 높은 것을 확인할 수 있다. 그 다음은 무학 82,564명, 중졸 56,419명,

고졸 40,845명, 전문대졸 이상 14,306명의 순서로 나타났다. 학력을 파악하지 못한 경우는 2,755명으로 집계되었다.

〈표 11-6〉 공익활동(전국형 · 지역형)의 사업운영 현황(2015년)

구 분		운영결과
사업단수(개)		5,836
참여자수(명)		348,893
연령	60~69세	51,874
	70~79세	239,958
	80세 이상	57,061
성별	남성	107,111
	여성	241,782
교육수준	무학	82,564
	초졸	152,004
	중졸	56,419
	고졸	40,845
	전문대졸 이상	14,306
	미파악	2,755

출처 : 한국노인인력개발원(2016). 2015 노인일자리 통계 동향.

2) 취업활동의 사업운영 현황

〈표 11-7〉에 2015년 취업활동의 사업현황에 관한 자료가 제시되어 있다. 취업활동 중 인력파견형 사업단수는 234개이며, 참여자수는 9,730명으로 나타났다. 참여자의 평균 참여기간은 5.8개월이고 참여자의 월평균 임금은 94만 원 정도인 것으로 집계되었다.

시니어인턴에 참여한 기업수는 2,193개이며, 참여자수는 6,176명으로 나타났다. 참여자 중에서 참여를 완료한 노인수는 5,282명이고 계속 고용을 유지한 노인수는 3,496명으로 집계되었다. 참여완료노인 중에서 계속 고용된 노인의 비율인 취업유지율은 66.2%로 산출되었다.

〈표 11-7〉 취업활동의 사업현황(2015년)

인력파견형		시니어인턴	
사업단수(개)	234	참여기업수(개)	2,193
참여자수(명)	9,730	참여자수(명)	6,176
평균 참여기간(개월)	5.8	참여완료 노인수(A)(명)	5,282
월평균 임금(원)	940,389	계속고용 노인수(B)(명)	3,496
		취업유지율(B/A)	66.2

출처 : 한국노인인력개발원(2016). 2015 노인일자리 통계 동향.

3) 창업활동의 사업운영 현황

〈표 11-8〉에 2015년 창업활동의 사업운영에 대한 자료가 제시되어 있다. 공동작업형의 사업단수는 316개, 참여자수는 10,456명으로 집계되었다. 참여자의 평균 참여기간은 8.2개월이고 참여자의 월평균 임금은 258,301원으로 나타났다. 1인당 연간 지원된 보조금은 평균 130만 원인 것을 확인할 수 있다.

2015년 제조판매형의 사업단수는 705개이고 참여자수는 12,433명으로 나타나 공동작업형보다 다소 높은 것을 알 수 있다. 참여자의 평균 참여기간은 8.5개월이고 월평균 임금은 333,475원으로 나타났다. 참여자에게 연간 지원된 1인당 보조금은 평균 200만 원으로 집계되었다.

고령자친화기업의 설립기업수는 21개이고 참여자수는 716명으로 나타났다. 참여자의 평균 재직기간은 192.8개월이고 1인당 월소득은 879,520원으로 집계되었다. 1기업당 평균 매출액은 182억 3천만 원으로 나타났다.

〈표 11-8〉 창업활동의 사업운영 현황(2015년)

공동작업형		제조판매형		고령자친화기업	
사업단수(개)	316	사업단수(개)	705	설립기업(개)	21
참여자수(명)	10,456	참여자수(명)	12,433	참여자수(명)	716
평균 참여개월	8.2	평균 참여개월	8.5	평균 재직월	192.8
월평균 임금(원)	258,301	월평균 임금(원)	333,475	1인당 월소득(원)	879,520
1인당 보조금(만원)	130	1인당 보조금(만원)	200	평균 매출액(억)	182.3

출처 : 한국노인인력개발원(2016). 2015 노인일자리 통계 동향.

4) 경력유지활동과 재능나눔활동의 사업운영 현황

〈표 11-9〉에 2015년 경력유지활동과 재능나눔활동의 사업운영에 대한 자료가 제시되어 있다. 경력유지활동의 지정기관은 8개소이고 참여자는 465명으로 나타났다. 자원봉사자수는 399명이고 참여자의 월평균 소득은 1,789,368만 원으로 집계되었다. 재능나눔활동의 참여자수는 42,838명이고 중도포기자가 1,991명으로 중도포기율은 5% 미만에 그치고 있다. 참여자의 성별 현황은 남성이 24,002명으로 여성의 18,836명에 비해 다소 높은 것을 알 수 있다.

〈표 11-9〉 경력유지활동과 재능나눔활동의 사업운영 현황(2015년)

경력유지활동(시니어직능클럽)		재능나눔활동		
지정기관수(개)	8	참여자수(명)		42,838
참여자수(명)	465	중도포기자수(명)		1,991
자원봉사자수(명)	399	성별(명)	남성	24,002
월평균 소득(원)	1,789,368		여성	18,836

출처 : 한국노인인력개발원(2016). 2015 노인일자리 통계 동향.

PART 05

노인복지실천

Chapter 12 노인사례관리

제1절 사례관리의 필요성

최근 복지서비스의 제공방법이 시설중심에서 탈시설화와 지역사회보호를 지향하는 방향으로 변화되고 있다. 그리고 복합적인 클라이언트의 욕구에 적절하게 대응해야 하는 가운데, 복지서비스의 축소나 비용절감의 사회적 요구가 증가하고 있다. 아울러 복지서비스의 제공에서 사회적 지지망에 대한 인식과 중요성이 증가하고 있다(박석돈 외, 2016).

이러한 변화 속에서 복합적인 욕구를 가진 서비스의 수요자에게 초점을 두고 다양한 관련 기관들이 통합적으로 전문적 서비스를 지속적으로 제공해야 한다는 주장들이 제기되고 있다. 지역사회 내의 다양한 기관과 자원들을 효율적으로 활용할 필요성도 커지고 있는 상황이다.

최근 인구고령화의 진행으로 노인인구가 급속히 증가하면서 노인들에게 적절한 보호서비스를 제공할 필요성이 증가하고 있다. 이러한 사회변화에 따른 복지수요의 증가에 적절하게 대처하기 위해 기존의 서비스를 탄력적으로 활용해야 한다(배기효 외, 2015).

노인의 특성상 노인복지의 실천에서 사례관리가 필요한 이유들을 제시하면 다음과 같다(박석돈 외, 2016).

① 노인은 육체적 · 정신적으로 원활한 기능을 수행하기 어렵기 때문에 일상생활에서 상당한 제약을 받는다. 노인의 문제와 욕구는 신체적 · 심리적 · 사회적인 측면에서 복합적이고 동시다발적으로 발생하

는 경향이 있다. 따라서 노인의 복합적인 문제와 욕구에 적절하게 대처할 필요가 있다.

② 고령화로 인해 노인인구가 급속히 증가하면서 만성질환을 가진 노인들의 수도 늘어가고 있다. 장기적인 보호서비스가 필요한 노인들은 가족들이 보호하는 경우가 많은데, 가족들도 장기적인 부양부담으로 인해 다양한 스트레스를 받게 되고 다시 피부양자인 노인에게 악영향을 미치게 된다. 그래서 노인의 장기적인 보호욕구를 충족하고 가족보호의 기능을 강화하기 위해 다양한 사회적 지지체계를 활용할 필요가 있다.

③ 다양한 어려움에 처한 노인들은 지역사회 내에 존재하는 서비스에 대한 접근성이 떨어지는 경향이 있다. 노인들은 필요한 서비스에 대한 인식과 정보가 부족하며, 노인서비스 전달체계가 복잡한 편이고 서비스가 다양하지 못하다. 결국 노인들에게 적절한 서비스가 제공되기 어려운 문제가 발생하게 된다. 이러한 문제를 해결하기 위해서는 노인의 문제와 욕구에 부합하는 서비스가 제공되어야 한다.

④ 복지서비스의 제공에서 사회적 지지망을 활용하는 것이 효율적이다. 이러한 자원을 적극적으로 활용한 지역사회 중심의 서비스, 욕구에 적합한 서비스, 공식적·비공식적 서비스의 연계 등이 원활하게 이루어질 필요가 있다. 이를 위해 서비스들을 통합·조정하고, 지속적인 보호를 제공하는 것이 중요하다.

제2절 사례관리의 개념

노인복지론

1. 사례관리의 정의

최근 사례관리(case management)의 개념이 사회복지서비스가 제공되는 현장에서 자주 사용되고 있다. 사례관리와 유사한 개념으로 케어매니지먼트(care management)나 케어코디네이션(care coordination)과 같은 용어들이 사용되기도 한다. 사례관리의 사례(case)와 케어(care)의 개념이 다른데, 케어를 사례의 상위개념으로 보는 시각이 있다(조추용 외, 2015).

케어매니지먼트는 1993년 4월 영국에서 커뮤니티케어법(Community Care Law)이 적용되면서 이 용어가 사용되었고 국제적으로 통용되었다. 케어매니지먼트는 클라이언트와 그 가족이 희망하는 생활을 실현하기 위한 보호서비스를 관리하는 것으로 정의된다. 지역보건 분야에서 케어코디네이션이라는 개념이 사용되는데 케어매니지먼트와 거의 유사하다고 할 수 있다. 그러나 케어코디네이션에 사례관리의 주요한 요소인 '모니터(monitor)'가 포함되어 있지 않다는 점에서 차이를 보인다.

사례관리는 다양한 문제들로 인해 사회적 기능수행이 어려운 클라이언트에게 포괄적 · 체계적 · 지속적인 지역사회보호서비스를 제공하는 데 목적을 두고 있다. 사례관리는 클라이언트의 문제를 해결하기 위한 과정으로 통합적인 사회복지실천의 과정을 구체화시킨 실천모델이라고 할 수 있다(박석돈 외, 2016).

구체적으로 사례관리는 복합적이고 다양한 욕구를 가진 클라이언트에게 지지, 상담, 치료, 조언 등을 제공하는 직접적인 실천과 지역사회의 공식적 · 비공식적 자원을 연계하고 조정하는 간접적 실천을 통합시킨 지속적인 관리의 전반을 의미한다. 그리고 사례관리는 '조정된 보호(coordinated care)'와 유사한 개념으로 사용되는데, 이것은 지역사회보호가 강조되면서 지역사회의 노인들에게 효과적인 서비스를 제공하기 위한 서비스의 조정으로 볼 수 있다.

사례관리는 독립생활 능력이 감소되고 복잡한 상황에 놓여 있는 재가노인의 서비스욕구를 충족시키는 다양한 접근법을 활용한다. 사례관리는 다양한 관점에서 활용될 수 있는데, 임상전문가에게 사례관리는 심리사회적 · 의료적 치료를 위한 개입을 위한 방법이 되고 행정인력에게는 지속적인 보호를 제공하는 프로그램의 주요한 구성요소가 되기도 한다. 사례관리는 서비스대상자를 환경 속의 개인으로 간주하여 다양한 클라이언트의 환경들을 점검하여 상황을 진단하고 서비스를 제공한다.

따라서 사례관리는 노인복지실천을 위한 중요한 도구이며, 효과적이고 적절한 수준의 서비스를 제공하는 실천모델이다.

2. 사례관리의 특징

노인복지실천에서 유용하게 적용되고 있는 실천모델인 사례관리의 특징은 다음과 같이 제시될 수 있다.

① 사례관리는 지역사회 내에서 서비스를 제공하고 연계를 강조하는 지역사회 중심의 접근이다. 개인의 문제와 욕구를 사회환경 속에서 이해하고 관련된 주변 환경과의 관련성을 중요하게 인식한다. 그래서 사례관리는 시설과 기관에 초점을 두고 서비스를 제공하는 것이 아니라 지역사회 내의 다양한 상황을 고려하여 접근한다.

② 사례관리는 치료(cure)보다는 보호(care)를 강조하는 개념으로 만성적이고 복합적인 문제를 가진 클라이언트를 지속적으로 보호한다. 이것은 병리적 관점에서 개인의 역기능이나 부적응에 초점을 두고 치

료하는 접근과는 다른 특징을 가지는 것이다. 사례관리는 개인의 가치와 다양성을 존중하고 개인의 특성과 상황에 적합한 환경과의 상호작용을 통해서 적응해 나가도록 유도하는 서비스 체계이다.

③ 사례관리는 사례관리자와 클라이언트 간의 긴밀한 상호관계 속에서 클라이언트를 중심에 두고 개별화된 접근을 취한다.

④ 사례관리는 클라이언트의 변화를 위해 개별지도 중심의 직접적인 개입과 자원의 조정을 포함하여 환경적인 측면의 종합적인 개입을 통해 이루어진다.

제3절 사례관리의 과정

사례관리의 실천과정은 크게 초기과정, 사정과정, 서비스 계획, 실행 및 모니터링, 종결, 평가 등으로 나누어 살펴볼 수 있다(정순둘, 2007; 권진숙 · 박지영, 2010).

1. 초기과정

사례관리의 초기과정에서는 클라이언트의 문제와 욕구를 파악하고 이를 해결하는 데 필요한 자원들을 확인한다. 사례관리자는 이 과정에서 클라이언트가 새로운 환경에 적응하고 문제를 해결하기 위하여 협력관계를 형성하는 것이 바람직하다.

면접의 초기과정에서는 주로 사례를 발견하는 데 초점을 두고 심사와 접수가 이루어진다.

1) 초기면접

사례관리의 초기단계에서 새로운 협력관계는 다음과 같은 차원에서 이루어진다.

첫째, 목적이 있는 관계의 형성이다. 클라이언트는 사례관리자와의 관계에서 자신감을 향상시키고 자신의 강점을 발견하여 문제해결의 목적을 갖는 경향이 있다. 사례관리자의 모든 활동은 클라이언트의 이익을 위한 것이다. 사례관리의 목적은 두 가지로 제시될 수 있다. 하나는 클라이언트의 치료와 변화를 통해 클라이언트의 삶이 긍정적인 방향으로 변화될 수 있도록 돕는 것이다. 다른 하나로 사례관리자는 클라이언트와 함께 도전하고 서로 협력관계를 유지하는 것을 사례관리의 전 과정에서 목표로 해야 한다. 목적지향적인 관계는 사례관리자와 클라이언트가 함께 목적을 달성하도록 돕는다. 그리고 이것은 클라이언트의 성장욕구와 자신감을 향상시켜 자신의 역량을 발휘하게 한다.

둘째, 상호적인 관계의 형성이다. 사례관리자는 문제를 해결해 가는 과정에서 클라이언트와 서로의 모습을 알아가고 상호경험을 하게 된다. 어떤 선택이 도움이 되는지를 서로 고민하고 노력하는 과정을 통해 상호 간에 즐거움을 느낄 수 있다. 상호적인 관계의 형성을 위해 사례관리자는 클라이언트의 언어, 행동, 경험들을 존중하고 반응할 수 있어야 한다.

셋째, 신뢰하는 관계의 형성이다. 클라이언트는 보통 제한적이고 실패한 경험을 가지고 있다. 사례관리자는 클라이언트가 신뢰감을 가질 수 있도록 충분한 메시지들을 전달해야 한다. 이러한 신뢰관계를 구축하기 위해 사례관리자는 항상 솔직하고 약속을 잘 지키는 태도를 보여야 한다. 또한 사례관리자는 클라이언트를 위해 최선을 다하고 있다는 확신을 줄 수 있어야 한다.

2) 인테이크 면접

초기면접 이후에 인테이크 면접에서 사례관리자는 다양한 면접기술을 이용하여 자신과 소속기관을 소개하고 클라이언트가 자신의 문제와 욕구가 무엇인지를 잘 이야기할 수 있도록 격려해야 한다. 사례관리자는 클라이언트가 자신의 문제와 욕구를 함께 해결할 전문가와 기관을 충분히 이해하고 신뢰하도록 해야 한다. 그리고 클라이언트가 자신의 문제와 욕구가 무엇인지를 정확하게 이해하도록 해야 한다. 이 단계에서는 신뢰관계를 구축하는 기술, 부정적 감정을 다루는 기술, 기대를 명료화하는 기술 등이 필요하다.

첫째, 신뢰관계의 구축은 초기면접의 신뢰관계를 더욱 발전시키는 차원에서 보호기술과 구체적인 표현기술을 사용한다. 보호기술은 사례관리자가 클라이언트의 문제에 관심을 갖고 설명을 듣고 싶어 한다는 마음을 전달하여 클라이언트의 불안감과 경직된 마음을 완화시킬 수 있다. 구체적인 표현기술은 클라이언트의 문제와 욕구를 구체적으로 표현하게 하여 문제상황을 정확하게 파악하고 앞으로의 사례관리 과정을 이해할 수 있게 하는 것이다.

둘째, 클라이언트는 보통 자신의 문제점을 해결하기 위해 사례관리자에게 도움을 요청하게 된다. 이 과정에서 클라이언트는 자신을 노출해야 한다는 부담감, 노출정도에 대한 혼란, 사례관리자의 문제해결 가능성에 대한 의문, 사례관리에서 발생할 수 있는 저항 등 다양한 부정적 감정들이 표출될 수 있다.

사례관리자는 이러한 클라이언트의 감정을 자신과 클라이언트의 관계에서 발생하는 사적 감정으로 오해하지 말아야 한다. 사례관리자는 침착하게 전문적 관계 속에서 클라이언트의 부정적 감정을 효과적으로 처리해야 한다. 클라이언트가 부정적 감정을 극복하는 과정을 거치면서 자신의 심리상태를 잘 통제할 수 있도록 격려하는 것이 바람직하다.

셋째, 기대를 명료화하는 기술이다. 사례관리자와 클라이언트 간에는 공유의 여부와 관계없이 특정한 기대가 있기 마련이다. 사례관리자는 자신과 클라이언트가 서로 간의 목적을 잘 이해하여 협력관계를 유지해 나갈 수 있도록 이러한 기대들을 명확하게 해야 한다. 이를 위해 클라이언트가 현실적으로 달성할 수 있는 기대를 가질 수 있도록 구체적인 제시가 있어야 한다. 그리고 서로 간에 기대를 비교하고 갈등을 구체화해야 한다. 차이가 있는 양자 간의 기대수준을 조절하고 갈등이 있으면 대처할 방법을 모색해야 한다.

2. 사정과정

사정과정(assessment process)은 사회복지실천의 전 분야에서 핵심과정이며 사례관리에서도 매우 중요하다. 사례관리에서 사정은 크게 욕구사정 이외에도 자원사정이 추가되어 사정의 중요성이 더욱 크다. 사례관리에서 사정은 클라이언트와 가족의 기본욕구, 장애물, 자원사정, 통합사정 등으로 분류된다.

사정은 종합적으로 진행되어야 하며 기초적 욕구에 우선순위를 두어야 한다. 사정단계에서는 초기과정(초기면접과 인테이크 면접)에서 수집한 정보를 기초로 클라이언트의 상황, 욕구, 환경 등을 고려하여 체계적으로 이루어져야 한다. 사정은 클라이언트의 욕구에 기초하여 종합적이고 포괄적으로 실시되어야 한다. 따라서 사정과정에 클라이언트를 참여시켜 사례관리자가 일방적으로 사정을 진행하는 일이 없어야 한다.

1) 욕구사정

(1) 욕구의 내용

욕구사정(need assessment)은 클라이언트 욕구를 구체적으로 파악하기 위해 포괄적이고 종합적으로 이루어지는 것이 바람직하다. 사례관리자는 클라이언트가 제시한 욕구, 그 욕구와 관련된 상황들, 핵심적인 욕구들을 충족하기 위해 필요한 사항들을 점검해야 한다. 이를 위해 심리사회적 측면에서 클라이언트의 다양한 수준의 욕구를 파악할 필요가 있다.

보통 욕구사정에서 파악하는 욕구영역은 ① 소득과 재산, ② 주택과 보호처, ③ 고용과 직업, ④ 건강과 보호, ⑤ 정신건강, ⑥ 사회적 관계와 인간관계, ⑦ 여가선용과 휴식, ⑧ 일상생활에서의 어려움, ⑨ 이동수단, ⑩ 법적 욕구, ⑪ 교육, ⑫ 기타로 분류된다.

(2) 욕구사정을 위한 도구의 활용

욕구사정을 위한 도구들은 매우 다양하지만, 여기에서는 사회복지실천 현장에서 빈번하게 사용되는 가계도, 생태도, 사회적 지지망 그리드를 중심으로 살펴보고자 한다.

① 가계도

가계도(pedigree)는 여러 세대에 걸친 가족구성원 간의 혈연관계와 정서적 관계를 도식화하는 사정도구이다. 가계도는 클라이언트와 그 가족의 객관적인 정보를 제공하고 가족구성원 간 관계의 역동성을 이해할 수 있는 유용한 도구이다. 가계도를 작성할 때 클라이언트와 가족구성원들을 적극적으로 참여시키는 것이 바람직하다.

가계도에 포함되어야 할 내용은 다음과 같다. 첫째, 클라이언트의 가족구조를 약속된 기호표시로 이해하기 쉽게 도식화해야 한다. 가계도는 클라이언트의 가족구성원이 누구인지, 몇 세대로 구성되어 있는지 등의 구조적 특성을 잘 드러내야 한다. 둘째, 가족구성원에 관한 기록으로서 가계도에 포함된 가족구성원의 연령, 성별, 결혼상태, 질병, 직업 등의 개별정보 등이 제시되어야 한다. 셋째, 가족관계의 표현으로서 가족구성원 간의 실질적 관계(갈등 및 애착 등)를 역동적으로 드러내야 한다.

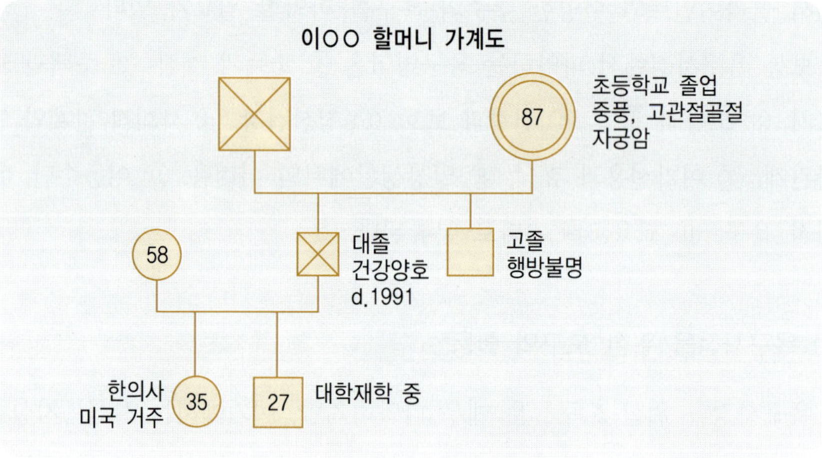

| 그림 12-1 | 가계도 그림의 예

- 설명 : 가계도는 가족의 특수한 문제나 관심사를 중심으로 구조화되어 있는 방식을 그림으로 나타낸 것으로 사례관리에서도 중요한 자료로 활용된다. 가족은 인간생존의 가장 원초적인 사회단위로 기능하면서 대부분의 사람이 가지는 자원이다. 그러나 시설노인들은 가족이라는 자

원이 빈약한 경우가 많기 때문에 정서적 · 사회적 욕구의 충족에 한계를 가지게 된다. 이○ ○ 할머니의 경우에도 두 아들이 사망하고 행방불명되어 가족으로부터 직접적인 지원을 받지 못한다(sswelfare.or.kr).

② 생태도

생태도(eco-map)는 일반적으로 클라이언트가 최근 3개월 동안 생활한 내용을 기준으로 작성한다. 생태도의 작성과정은 다음과 같다. 첫째, 중앙에 클라이언트를 표시하는 원을 그리고 그 원을 중심으로 다양한 환경 속에서 관련 있는 사람들을 그 주변에 다시 원으로 그린다. 주변 인물들의 원과 선은 관계의 유형과 정도 등을 감안하여 표시한다. 둘째, 사례관리자는 클라이언트와 관계된 주변 인물이나 체계 등에 대해서 클라이언트와 대화를 통해 자세한 설명을 듣는다. 셋째, 사례관리자는 클라이언트와 연관된 환경과 관계에 대한 경험들에 대해서 대화한다. 넷째, 사례관리자와 클라이언트는 완성된 생태도를 확인하는데, 클라이언트가 전체적인 생태도의 내용에 대해 평가하게 하고 이후에 함께 노력할 부분들에 대해서 논의한다.

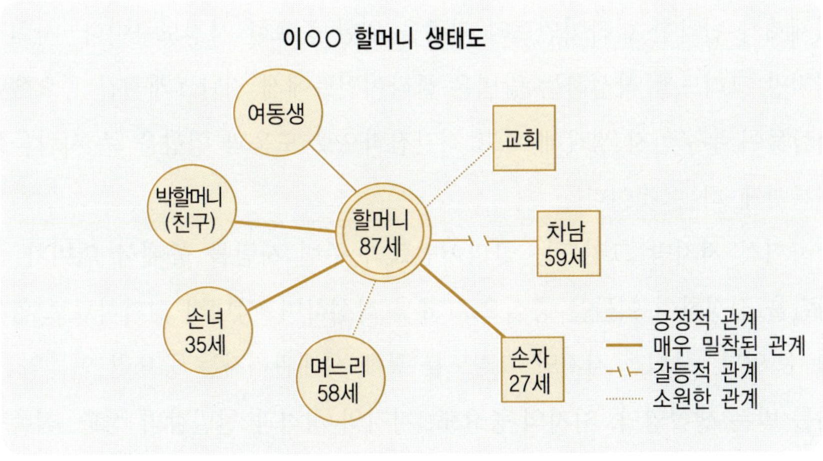

| 그림 12-2 | 생태도 그림의 예

- 설명 : 생태도는 클라이언트와 관계가 있는 사람들 간의 상호영향, 관계하고 있는 사회시설, 그리고 환경의 다양한 영향 등을 쉽게 설명해 주는 그림이다.

  이○○ 할머니의 생태도를 살펴보면 사회적 관계가 매우 한정되어 있음을 알 수 있다. 가족자원으로는 손자, 손녀, 여동생과 긍정적인 관계를 맺고 있고 며느리와는 갈등관계로 양로원 입소 이후 거의 연락을 끊고 있는 상태이다. 시설 내 친구로는 박할머니가 있는데, 이○○ 할머니가 거동이 불편해진 이후로 잔심부름을 도맡아 해주는 분이다. 거동이 가능했을 때에는 교회에도 다녔으나 지금은 교회도 나가지 못하여 사회적 활동은 전무한 상태이다. 이○○ 할머니의 사회적 활동을 유지시키기 위해서는 시설 내 종교활동에 참여하도록 유도하고, 기존 교회의 교우들이 방문할 수 있도록 조치해야 할 것이다(sswelfare.or.kr).

③ 사회적 지지망 그리드

사회적 지지망 그리드(social support network grid)는 가계도와 생태도에 비해서 상대적으로 활용정도가 높지는 않지만, 재활과정에 있거나 사회적 지지체계가 빈약한 클라이언트와 가족을 위한 중요한 사정도구이다. 사회적 지지망 그리드를 작성하는 방법은 클라이언트에게 지난 1개월간 중요했던 사람들이 누구인지 생각해 보고 직간접적으로 도움과 영향을 준 사람들을 기록하게 하는 것이다.

사회적 지지망 그리드는 클라이언트의 주변 사람들 중에서 의미가 큰 사람을 선정하여 이들을 중심으로 표를 작성하며, 상대적 평가자료로 활용될 수 있다. 사회적 지지망 그리드를 통해 사례관리자는 중요한 인물의 지지를 받는 생활영역, 지지의 중요도, 지지의 성격과 친밀감의 정도, 접촉빈도 등을 파악할 수 있다.

〈표 12-1〉 사회적 지지망 그리드의 예

구분	응답자 이름	생활 영역 1. 가구원 2. 다른 가족 3. 직장/학교 4. 조직 5. 다른 친구 6. 이웃 7. 전문가 8. 기타	물질적 지지 1. 거의 없다 2. 가끔씩 3. 거의 항상	정서적 지지 1. 거의 없다 2. 가끔씩 3. 거의 항상	정보/조언 1. 거의 없다 2. 가끔씩 3. 거의 항상	비판 1. 거의 없다 2. 가끔씩 3. 거의 항상	원조 방향 1. 양방향 2. 그들에게만 3. 그들이 당신에게만	친밀도 1. 거의 친하지 않음 2. 가까운 정도 3. 매우 가까움	만나는 빈도 1. 1년에 몇번 2. 한달에 몇번 3. 주마다 몇번 4. 매일	알고 지낸 기간 1. 1년 이하 2. 1~5년 3. 5년 이상
1										
2										
3										
4										
5										
6										
7										
8										
9										
10										
11										
12										
13										
14										
15										

2) 장애물 사정

사례관리자는 클라이언트에게 장애가 되는 사항들을 평가해야 하는데, 장애물은 크게 두 가지로 분류된다. 첫째, 클라이언트와 가족의 욕구충족이나 문제해결을 방해하는 원인이다. 둘째, 자원발견이나 네트워킹을 방해하는 요소이다.

첫 번째 장애물은 주로 클라이언트나 가족의 내적 동기가 주요 원인인데, 원인에 대한 논의와 해결노력을 통한 동기부여가 이루어져야 한다. 사례관리자는 클라이언트의 무기력과 낮은 동기에 초점을 두고 클라이언트와 가족의 강점들을 살려서 문제해결을 위한 노력을 할 수 있도록 원조해야 한다. 두 번째 장애물은 클라이언트가 욕구충족에 필요한 자원을 획득하는 데 있어서의 어려움이다. 필요한 자원을 얻는 책임은 기본적으로 클라이언트에게 있지만, 자원의 사정, 개발, 연결, 유지에 관한 전문성을 갖춘 사회복지사의 역할이 필요하다.

(1) 장애물의 유형

장애물은 위의 기준에 의하여 크게 내부장애물과 외부장애물로 분류할 수 있다.

① 내부장애물

클라이언트와 가족의 내부장애물은 이들의 심리적 문제와 직결되어 있는데, 이를 잘 파악하여 개입하는 것이 바람직하다. 한편 심리정서적 문제는 쉽게 발견하기 어렵고 그 원인과 해결책을 제시하는 것도 쉬운 일이 아니다. 그리고 보통 심리정서적인 문제를 해결하는 데 오랜 시간과 과중한 경제적 부담이 필요하다. 사례관리자가 내부장애물을 평가하는 데 자주 사용되는 도구인 정신상태검사(mental state examination)와 DSM-Ⅳ의 정신질환 분류법에 대해서 제시하고자 한다.

가. 정신상태검사

정신상태검사는 사례관리자가 클라이언트의 현재 상태가 정신질환의 범주에 포함되는지를 파악하는 검사이다. 정신상태검사는 클라이언트의 인식, 사고, 감정, 심리활동의 내용과 범위를 사정한다. 사례관리자가 관찰한 내용은 DSM의 진단을 위한 기초자료로 활용된다. 정신상태검사의 주요한 영역과 내용은 다음과 같다.

- 일반적인 외모(general appearance) : 사례관리자는 외관상으로 보이는 위생상태와 계절에 맞는 옷차림 등 클라이언트의 외모에서 드러나는 모습과 자기관리 상태를 관찰한다.
- 태도(attitude) : 사례관리자는 클라이언트가 협조적인지 저항적인지 등의 태도를 전체적으로 파악한다. 태도는 클라이언트가 사례관리자에게 보이는 것과 면접과정에서 다루는 내용(클라이언트의 경험과 기억)에 대한 것으로 분류할 수 있다.
- 근육(신경)행동(motor behavior) : 사례관리자는 클라이언트와의 대화와 반응이 적절한지를 관찰한다. 사례관리자는 대화와 반응의 적절성, 반응속도, 반응강도 등을 관찰할 필요가 있다.
- 언어(speech) : 클라이언트의 전체적인 언어태도를 의미한다. 언어태도는 말의 속도, 높낮이, 음조 등을 포함한다.
- 정동(affect) : 정동은 클라이언트의 기분상태인데, 사례관리자는 클라이언트의 평소 기분과 오늘 기분의 차이, 클라이언트의 말의 내용과 표정 및 감정의 일치 등을 관찰할 필요가 있다.
- 사고의 과정과 내용(thought process and content) : 클라이언트가 경험한 내용을 정확하게 인지하고 있는지를 관찰한다. 사고과정에 문제가 있으면 논리적이지 않고 비약적인 사고 등을 보이게 되는데 이러한 점들을 잘 파악해야 한다.
- 지각(perception) : 클라이언트가 왜곡된 지각을 하게 되면 주변 사람이

나 상황에 대해 망상, 환청, 환각 등의 증상이 나타날 수 있다.

- 지남력(orientation) : 현재 클라이언트가 현재의 장소, 일시, 계절 등을 정확하게 파악하고 있는지를 관찰한다.

나. DSM-Ⅳ

DSM은 미국정신의학회에서 제시한『정신질환의 진단 및 통계 편람(DSM : Diagnostic and Statistical Manual of Mental Disorders)』으로 정신질환의 신뢰할 만한 진단이 가능하도록 고안된 관련 기준들을 통칭하는 정신질환 분류법이다. 지난 60년 이상 거듭 개정을 거치면서 정신건강 분야에서 임상수행을 위한 표준적인 참고문헌으로 자리잡았다. DSM의 정보는 의사와 심리학자, 카운슬러, 간호사, 직업 및 재활 치료사뿐만 아니라 사회복지사와 과학수사 및 법적 전문가를 포함한 의료전문가에게도 유용하다. DSM은 정신질환의 진단과 분류를 위한 가장 확실한 자료라고 할 수 있다.

DSM 1판이 1952년에 발간된 이후 지속적으로 개정되어 1994년에 DSM 4판이 발간되었다. 2013년 DSM 5판이 발표되었지만, 진단명수가 여전히 매우 많고 DSM이 자칫 질병이 없는 사람들에게도 질병을 만들어 주는 환자제조기의 역할을 할 위험이 있다는 비판이 제기되었다. 그리고 진단기준이 임상증상을 모아놓은 것에 불과하며 객관적인 실험실평가(영상의학, 혈액검사, 신경생리검사 등)에 의해서 검증되지 않았다는 문제점도 제시되었다.

따라서 DSM-Ⅳ에 제시된 5개의 축을 기준으로 한 클라이언트의 진단 내용을 살펴보기로 한다. DSM-Ⅳ의 진단은 앞에서 살펴본 8개 영역의 정신상태검사를 참고로 하여 이루어진다.

- 축 1 : 임상적 장애, 인상적 관심의 초점이 되는 기타 상태

축 1에 포함되는 진단의 범주는 섬망, 치매, 기억상실장애 및 기타 인지장애, 일반적인 의학적 상태로 인한 정신장애, 신체형장애, 허위성장애, 해

리성장애, 성적장애 및 성적주체감장애, 섭식장애, 수면장애, 기타 충동조절장애, 기타 임상적 관심의 초점이 되는 장애 등이다.

• 축 2 : 인격장애 및 정신지체

- 인격장애 : 편집성(망상성), 분열형, 반사회성, 경계성, 히스테리성, 자기애성, 회피성, 의존성, 강박성, 수동공격성, 기타 인격장애 등이다.
- 정신지체 : 발달장애의 한 가지 유형으로 지적·인지적 능력에 뚜렷한 제한이 있고 일상생활을 제대로 수행하기 어렵다.

• 축 3 : 일반적인 의학상태

축 3은 정신질환과 연관될 가능성이 있는 일반적 의학상태를 진단하는 기준이다. 축 3에 포함되는 진단범주는 다음과 같다.

일정한 감염 및 기생충 질환 / 신생물 / 혈액 및 조혈기관의 질환과 면역기전에 관여하는 장애 / 내분비 영양 및 대사질환 / 신경계 질환 / 눈과 부속기 질환 / 귀와 유양돌기의 질환 / 순환기계의 질환 / 피부 및 피하조직의 질환 / 근골격계 및 결합조직의 질환 / 임신, 출산 및 산욕발한 / 주산기에서 일정한 조건 / 선천성 기형과 불구 및 염색체 이상 / 다른 곳에 분류되지 않은 증상과 증후 및 임상과 검사소견상의 이상 / 손상, 중독 및 외적 원인의 어떤 다른 결과들 / 이환과 사망의 외적 원인들 / 건강상태 및 보건서비스와의 접촉에 영향을 미치는 요인들

• 축 4 : 심리사회적·환경적 문제

축 4는 심리사회적 및 환경적 문제로 일차적인 지지집단과의 문제, 사회적 환경과 관련된 문제들이 포함된다. 구체적으로 일차적 지지집단과의 문제, 사회적 환경과 관계된 문제, 교육문제, 직업문제, 주거문제, 경제문제, 건강서비스문제, 법적 체계 및 범죄와 관련된 문제, 기타 심리사회적 문제 등이다.

• 축 5 : 전반적인 기능평가

축 5는 최근 1년간 일상생활에서 나타난 정신질환 증상의 정도에 관한 평가이다.

점 수	증상정도
91~100	증상 없음
81~90	증상이 없거나 약간의 증상이 있음
71~80	만약 증상이 있다면 일시적이거나 심리사회적 스트레스에 대한 예상 가능한 반응이며, 사회적 · 직업적 · 학교 기능에서 약간의 손상정도 이상은 아님
61~70	가벼운 일부 증상 또는 사회적 · 직업적 · 학교 기능에서 약간의 손상, 그러나 일반적 기능은 상당히 괜찮은 편이며 의미 있는 대인관계에서의 일부 문제가 있음
51~60	중간 정도의 증상 또는 사회적 · 직업적 · 학교 기능에서 중간 정도의 어려움
41~50	심각한 증상 또는 사회적 · 직업적 · 학교 기능에서 심각한 손상
31~40	현실검증력과 의사소통의 장애 또는 일이나 학교, 가족관계, 판단, 사고, 정서 등 다양한 측면에서 주요한 손상이 있음
21~30	망상과 환각에 의해 심각하게 영향받는 행동 또는 의사소통과 판단에 있어서 심각한 손상, 지리멸렬, 전반적으로 부적절하게 행동하기, 자신에 대한 몰입에 있거나 또는 거의 전 영역에서 기능하기가 어려움
11~20	자신이나 타인을 해칠 약간의 위험 또는 최소한의 개인위생 유지에 대한 실패, 또는 의사소통의 광범위한 손상
1~10	자신이나 타인을 심각하게 해칠 지속적인 위험, 최소한의 개인위생에 대한 지속적인 무능 또는 죽음에 대해 명확한 기대 없는 심각한 자살행동이 있음

② **외부장애물**

외부장애물은 외부환경이나 그 변화로 인해 클라이언트에게 어려움이나 장애를 발생시키며, 구체적인 외부장애물은 다음과 같다.

• 부적절한 자원 : 클라이언트가 자신의 욕구충족이나 문제해결에 부적절한 자원을 말한다. 혼자 사는 치매노인이 부양을 기피하거나 부양조건이 갖추어지지 않은 자녀의 집에 거주하기를 희망하는 경우가 이에

해당하는 예이다.

- 자원이용에 대한 무능력 : 클라이언트가 자신의 욕구충족 및 문제해결에 사용되는 자원을 이용하는 데 필요한 문자해독 능력이 중요한 경우에 이러한 능력이 부족하면 문제가 될 수 있다. 이러한 평가가 이루어지면 사례관리자는 이에 적절한 서비스를 제공할 필요가 있다.
- 고갈된 자원 : 클라이언트의 심리적 소진, 클라이언트의 부양을 책임질 자녀들이 없는 경우, 클라이언트에게 적합한 서비스에 지출할 지방자치단체의 예산부족 등이 그 예이다.
- 2차적으로 필요한 자원 : 재취업이 필요한 노인이 사회적 편견으로 취업이 어려운 경우 긍정적인 사회적 인식은 2차적으로 필요한 자원이다. 그리고 요양병원에 입원했던 노인이 교통편을 이용하여 필요한 프로그램에 참여해야 하는데 적절한 교통수단이 제공되지 않는 경우에 적절한 교통수단의 제공이 이에 해당된다.

(2) 자원의 사정 및 개발

① 내부자원의 사정과 개발과정

내부자원은 개인과 가족들이 유전적으로 보유한 측면도 있지만 상당 부분 자신의 경험과 교육을 통해서 축적된다. 사례관리자는 사례관리의 과정에서 이들이 내부자원을 습득하도록 지원해야 한다. 클라이언트의 내부자원은 지능, 육체적 건강, 교육수준, 재산과 소득, 사회적 관계망 등이 있다. 가족의 내부자원은 선천적 능력들과 클라이언트에 대한 애착심, 감정적 지지, 의사소통 등의 자원을 제공할 수 있다.

내부자원의 개발과정은 |그림 12-3|과 같다.

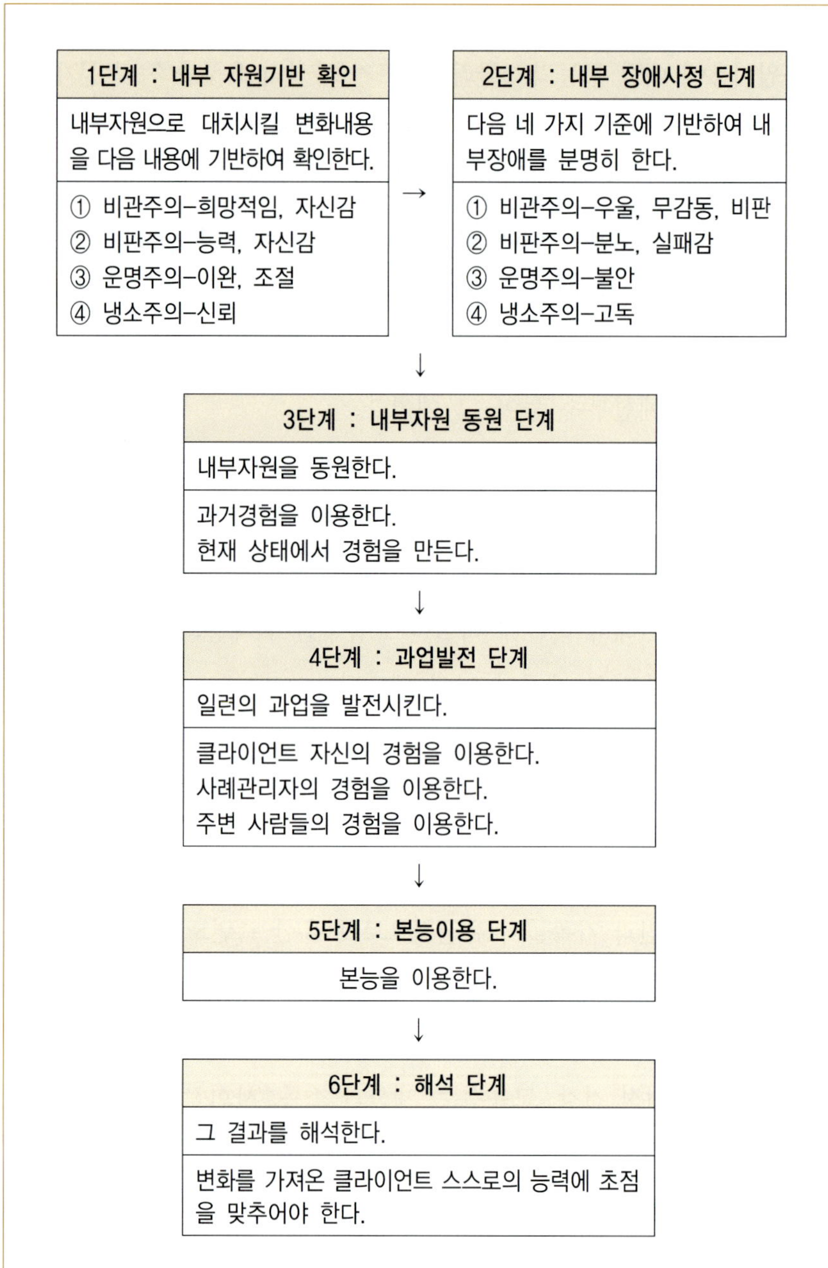

| 그림 12-3 | 내부자원의 개발과정

② 외부자원의 사정과 개발과정

외부자원은 비공식적 자원과 공식적 자원으로 구분하여 살펴볼 수 있다. 비공식적 자원은 자연적 원조와 자원봉사자 등이 포함된다. 공식적 자원은 정부나 지방자치단체, 사회복지시설, 각종 사회기관이나 단체의 지원 등이 해당된다.

외부자원을 사정하고 개발하는 데 팀워크가 필요하다. 외부자원을 획득하기 위한 세 가지 전략을 살펴보기로 한다.

가. 전략 1 : 방법연결

첫 번째 전략은 클라이언트와 활동 연결 및 자원제공자와 활동 연결이다.

전략	방 법	수 준
방법 연결	클라이언트와 활동 연결	• 제1수준 : 클라이언트에게 자원 알리기 • 제2수준 : 클라이언트의 보고를 받고 지도감독하기 • 제3수준 : 클라이언트가 어떤 기대를 해야 하는지 알도록 돕기 • 제4수준 : 자원제공자와 연락하기 • 제5수준 : 클라이언트 코치(연습하기) • 제6수준 : 클라이언트와 동행하기
	자원제공자와 활동 연결	• 자원제공자가 요구하는 것, 인테이크 과정, 목적에 관해 정확하게 이해시키기 • 사례관리자와 정기적인 연락 취하기 • 클라이언트의 강점을 살려 문제를 해결해 주고 제한점의 보완 방법을 강구하기 • 자원제공자의 기대를 분명히 하기 • 자주 활용한 자원제공자와 관계를 맺기 • 정기적 자원제공자와 동의 및 협약 맺기

나. 전략 2 : 협상

사례관리자는 외부자원의 제공자와 수요자 간의 공통된 관심과 이해관계를 발견하여 이를 공유하도록 한다. 이렇게 하여 외부자원이 지속적으로 확보되도록 노력해야 한다.

전략	방 법	수 준
협상	협상의 주요 활동	• 양쪽의 관심을 결정하기 • 공동의 장을 찾기 • 문제와 사람을 분리시키기 • 문제를 세분화하기

다. 전략 3 : 옹호

사례관리자는 외부자원과의 새로운 연계와 협조를 위해서 옹호전략을 사용할 수 있다. 사례관리자가 제시하는 사항에 대해 외부자원 체계의 합리적인 이해나 협조의지가 없을 경우나 외부자원의 접근을 위한 전달체계가 단절되었을 경우에 적극적인 자원연계 방법으로 옹호전략을 활용하는 것이 바람직하다.

전략	방 법	수 준
옹호	옹호의 주요 활동	• 제1수준 : 거부한 자원체계에 대해 항의하기 • 제2수준 : 특수한 지식을 활용(기관 매뉴얼이나 규칙의 이용 등) • 제3수준 : 더 높은 지위자에게 항의하기 • 제4수준 : 불편신고센터에 문제를 공식화하기(시민단체 등) • 제5수준 : 외부 권위기관에 항의하기(상부기관 등) • 제6수준 : 법적 행동을 취하기

3. 서비스 계획

1) 서비스 계획의 이해

서비스 계획은 클라이언트의 욕구를 충족시키기 위해 목적을 명확하게 하고 서비스 내용을 구체화하는 과정이다. 서비스 계획은 사정과 서비스 제공의 중간과정으로 사례관리자의 전문적 판단과 경험에 의해서 이루어진다. 서비스의 목표는 장기와 단기로 분류되며, 장기목표는 단기목표들을 달성하여 최종적으로 추구하는 상태를 제시하게 된다. 단기목표는 클라이언트의 사정결과에서 나타난 현재의 욕구충족과 위기상황의 해결을 위한 직접적인 목표이다.

서비스의 목표를 계획하고 수집하는 데 있어서 준수해야 할 사항들은 다음과 같다.

첫째, 목표는 명확해야 한다. 목표가 불명확할 경우에 클라이언트의 진전상황을 확인할 수 있는 기준이 모호해질 수밖에 없다.

둘째, 실현 가능한 목표를 제시해야 한다. 목표는 서비스의 제공시간, 종류, 양, 빈도 등에 대해서 현실적이고 구체적으로 제시되어야 한다. 목표를 세울 경우에 사례관리자와 클라이언트의 능력을 넘어서게 되면, 성공적인 서비스의 제공이 어려워지게 된다.

셋째, 사례관리자와 클라이언트 간에 목표에 대한 동의가 필요하다. 서비스의 목표에 대해서 사례관리자의 일방적인 결정이 아니라 클라이언트가 역량을 향상시키고 스스로 문제를 해결하도록 지지하는 것이 중요하다. 따라서 목표설정에 클라이언트의 의견을 최대한 반영하는 것이 필요하다.

2) 서비스 계획의 사례

(1) 명확한 목표수립

명확한 사례관리의 목표를 세우는 방법을 사례를 통해서 살펴보고자 한다(표 12-2 참조). 명확한 목표의 경우에 서비스의 제공빈도가 제시되어 있지만, 그렇지 않은 경우에는 구체적인 지침이 없는 상태에서 추상적으로 서비스를 기술하는 데 그치고 있다.

〈표 12-2〉 사례관리 목표설정의 예

사 례	명확하지 않은 목표	명확한 목표
노인의 고독감의 문제	클라이언트의 고독감을 줄인다.	클라이언트에게 말벗서비스를 3개월 동안 2일에 1회씩 제공한다.

(2) 목표달성척도의 사용

목표달성척도(GAS : Goal Attainment Scale)는 사례관리에서 노인의 욕구를 충족시키는 유용한 척도로 사용될 수 있다.

사례관리자는 클라이언트에게 제공할 서비스 목표의 우선순위를 정하여 개입하게 되는데, 우선순위에 따라서 가중치를 다르게 줄 수 있다. 서비스 목표가 건강회복(1), 심리적 고독감의 극복(2), 재정적 지원(3)이라고 하면, 세 가지 개입목표 각각의 중요도를 고려하여 점수를 부여한다. 이때 각 목표의 점수를 합산하여 1.0이 되도록 한다. 이렇게 정한 각 목표의 달성정도를 〈표 12-3〉에 제시된 것처럼 0~1점으로 평가한다.

이렇게 사례관리자가 각 목표의 점수와 달성정도의 점수를 정하는 경우에 클라이언트와의 합의를 거쳐야 한다. 그리고 최종적으로 표의 하단에 제시된 최종점수의 산출방법을 통해서 점수를 산출한다. 최종적으로 계산된 점수가 0.72라면 목표의 72%를 달성한 것으로 평가할 수 있다.

〈표 12-3〉 목표달성척도의 예

목표달성 수준 \ 목표	목표 1 : 건강회복 (가중치 점수 :)	목표 2 : 고독감 극복 (가중치 점수 :)	목표 3 : 재정적 지원 (가중치 점수 :)
최적의 향상 (1.0)			
기대 이상으로 향상 (0.75)			

<table>
<tr><td>기대 정도로 향상
(0.5)</td><td></td><td></td><td></td></tr>
<tr><td>기대 이하의 성과
(0.25)</td><td></td><td></td><td></td></tr>
<tr><td>전혀 성과 없음
(0.00)</td><td></td><td></td><td></td></tr>
<tr><td colspan="4">전체 목표달성의 수준 = (목표 1 가중치 × 목표달성 수준) + (목표 2 가중치 × 목표달성 수준) + (목표 3 가중치 × 목표달성 수준)</td></tr>
</table>

4. 실행 및 모니터링

1) 실행 및 모니터링의 이해

실행은 클라이언트에 대한 서비스 계획에 따라서 개입이 이루어지는 과정, 즉 서비스 제공의 과정을 의미한다. 개입(intervention)은 클라이언트의 사회관계망이나 서비스 수혜자를 변화시키는 데 집중하는 과정이다.

사례관리자는 대체로 두 가지 유형의 개입, 즉 직접적 개입과 간접적 개입을 주로 사용한다. 직접적 개입은 클라이언트 스스로 서비스에 접근하여 이용하는 능력과 기술을 향상시키는 사례관리자의 개입기술이다. 직접적 개입의 유형은 클라이언트에게 자기표현 기술을 가르치거나 자기옹호의 기술을 습득하도록 하는 것, 그리고 위기상황에 개입하기 등이 있다.

간접적 개입은 사례관리자가 클라이언트를 대신하여 서비스 체계를 조정할 경우에 사용하는 방법이다. 간접적 개입의 구체적인 방법은 대인서비스 제공자와 클라이언트를 연결하기, 서비스를 중개하기, 클라이언트의 욕구충족을 위한 옹호, 사회적 지원의 연결과 증가 등이다.

모니터링(monitoring)은 클라이언트의 욕구를 충족시키기 위해 적절한 서비스가 제공되고 있는지를 점검하는 과정이다. 모니터링은 사례관리자가 클라이언트와 그 가족, 다른 서비스 제공자 등과의 규칙적인 접촉 중에 이루어진다. 노인사례관리의 대상인 노인은 복합적 문제를 가지고 있고 장기적인 보호가 필요하며 각종 기능과 어려움이 가중될 가능성이 크기 때문에 사후관리(follow-up)로는 부족하다.

모니터링은 사례관리자가 클라이언트의 서비스 제공과 관련된 약속이행의 정도와 서비스의 적절한 제공 등을 확인하는 과정이다. 사례관리자는 모니터링을 통해 서비스의 적절성을 점검하고 보호계획의 수정, 재사정, 클라이언트의 반응확인, 사례종결 등에 활용한다. 사례관리자는 모니터링 내용에 따라서 각 개입들을 시작하고 다음 단계의 개입들을 준비할 수 있다. 모니터링은 클라이언트 및 그 가족과의 대면접촉이나 전화 등의 다양한 방법을 통해서 이루어질 수 있다.

모니터링 단계에서 사례관리자가 주의 깊게 생각해야 할 사항들이 있다.

① 클라이언트의 상황이 변화하고 있는가?
② 의뢰는 여전히 적절한가?
③ 희망하는 결과가 달성되었는가?
④ 희망하는 결과가 달성되지 않았다면, 그럴 가능성은 있는가?
⑤ 보호계획은 수정되어야 하는가?
⑥ 사례는 종결되어야 하는가?

2) 실행 및 모니터링의 사례

사례관리의 실천에서 성공적인 모니터링은 기록관리와 정기적인 점검이 중요하다. 모니터링을 위한 기록관리는 정기적으로 점검해야 하는데, 점검 기록은 공식적인 양식을 사용하는 것이 바람직하며, 필요하면 기관과 사례관리자가 개발하여 사용할 수도 있다.

모니터링은 클라이언트, 공식적 지원망, 비공식적 지원망 등에 대해서 이루어진다. 클라이언트는 보통 정기적인 대면접촉을 통해서 변화상황을 확인한다. 공식적 지원망은 서비스 계획에 포함된 의사, 간호사, 심리치료사, 법률전문가, 공식적 지원기관의 인력 등의 전문인력이다. 전문가들에 대한 공식적이고 수량화된 모니터링은 신뢰성이 높은 내용이라고 할 수 있다. 비공식적 지지망에는 클라이언트의 가족, 친구, 이웃, 종교단체, 기타 클라이언트를 지원하는 체계와 인력 등이 포함된다. 비공식적 지원체계에 대한 모니터링은 전화, 방문, 공식적 접촉 등을 통해서 이루어질 수 있다.

다음의 〈표 12-4〉는 서비스 제공자가 서비스를 제공하면서 서비스의 지원정도, 협력기관의 협력정도, 클라이언트의 만족도 등을 모니터링할 수 있는 양식의 사례이다.

〈표 12-4〉 **사례관리 모니터링의 양식**

클라이언트명 :							
서비스명	기관 서비스 담당자	서비스 제공 일시	처리 내용	추가할 서비스	서비스 지원정도	협력기관의 협력정도	클라이언트 만족도
					① 계획에 비해 진행되지 못함 ② 계획대로 진행 ③ 계획보다 더 지원	① 전혀 협력 없음 ② 협력 없음 ③ 협력 중 ④ 매우 협력적	① 매우 불만족 ② 불만족 ③ 만족 ④ 매우 만족

5. 종 결

1) 종결의 이해

종결(termination)은 사례관리자와 클라이언트의 관계가 종료되는 것이다. 사례의 종결은 클라이언트의 상태가 개선되어 서비스가 더 이상 필요하지 않게 되었다는 것을 의미한다. 종결은 자원의 한계로 인해 클라이언트의 상황을 개선시키기 어려운 경우에도 발생한다. 그리고 사례관리자와 클라이언트의 관계에서 신뢰감이 떨어져 종결이 이루어질 수도 있다.

종결은 사례관리자와 클라이언트 간의 합의에 의해서 이루어지는데, 사례에 대한 재사정(reassessment)이 선행되어야 한다. 사례관리자는 사례종결 이후에도 클라이언트가 서비스를 다시 제공받을 수 있다는 점을 안내해 주어야 한다. 사례관리자는 종결 이후 수개월 간의 간격을 두고 사후조사를 실시하여 서비스의 필요여부를 판단하는 것이 바람직하다. 특히 노인을 대상으로 하는 사례관리에서는 장기적인 서비스의 필요성이 크기 때문에 종결이 클라이언트에게 미칠 수 있는 부정적인 영향에 대해서 충분한 검토가 이루어져야 한다.

사례가 종결되면, 클라이언트들은 서비스 제공자 등과의 인간관계도 종료된다고 판단하여 심리적으로 분리불안과 우울감에 빠질 수 있다. 그리고 클라이언트들이 사례관리자에게 도움을 받지 못했다거나 자신의 문제가 모두 해결되지 않았다고 주장할 수도 있다. 따라서 바람직한 사례종결을 위해 클라이언트로 하여금 다른 사람들의 관계나 도움이 없는 상태에서 생활할 수 있도록 임파워먼트(empowerment)를 부여하는 것이 바람직하다.

2) 실천을 위한 종결의 사례

사례종결을 위해 클라이언트가 종결할 준비가 되어 있는지를 확인해야 한다. 클라이언트의 종결을 위한 준비를 측정할 주요 지표는 다음과 같다.

① 클라이언트가 스스로 문제를 해결할 수 있고 결정을 내릴 수 있는지를 확인해야 한다. 이것은 클라이언트가 사례관리자의 도움이 없는 상태에서 스스로를 의뢰하고 해당 서비스 기관과 접촉할 수 있는 능력이다.

② 클라이언트의 사례관리자와의 파트너십에 대한 요구가 감소하고 있는지를 살펴보아야 한다. 클라이언트의 사례관리자와의 만남에 대한 요구가 줄어들었는지, 전화접촉 및 가정방문의 횟수가 감소하였는지, 주변의 주요 도움제공자와의 관계가 개선되거나 접촉이 증가했는지의 정도를 확인해야 한다.

③ 클라이언트가 사례관리 네트워크나 자원이 필요할 경우 적절하고 효과적으로 사용할 수 있는지를 점검해야 한다. 사례관리자의 도움 없이도 클라이언트가 스스로 필요한 서비스에 접근하고 요청할 수 있는지를 확인하는 것이 바람직하다.

위의 측정지표들을 점검하여 클라이언트가 종결의 준비가 되었다고 판단되면, 사례관리자는 클라이언트의 기능상태와 다른 보호체계와의 연계를 판단해야 한다. 클라이언트가 종결 이후 위험상황에 처할 경우에 다른 보호체계를 활용할 수 있는지를 살펴보는 것이다. 클라이언트의 가족이나 친구들과 접촉하여 종결에 대해 설명하고 필요하면 도움을 제공할 수 있도록 조치를 취하는 것이 바람직하다.

아래의 〈표 12-5〉는 종결을 위한 점검표의 예시이다.

〈표 12-5〉 종결을 위한 점검표의 예시

1. 종결을 위한 명확한 기준이 있는가? 클라이언트가 이 기준을 알고 있는가?
2. 사례관리자는 종결을 위한 기준이 필요하다고 느끼는가 또는 변경되어야 한다고 생각하는지를 제시할 수 있는가?
3. 종결을 위해 사례관리자는 클라이언트를 위해 어떤 절차를 준비해야 하는가? 어느 단계에서 이것을 진행해야 하는가?
4. 클라이언트나 사례관리자에 의해 종결이 요구되었다면, 사례관리자는 클라이언트에게 개인적으로 이것이 무엇을 의미하는지 탐색해 보았는가? 그리고 서비스에 대한 접근과 클라이언트의 기능에 대한 종결의 영향력에 대해 고려해 보았는가?

5. 종결이 요청되었을 때 서비스 기관은 종결에 대해 모니터링하고 종결에 대해 재심사할 수 있는 절차가 마련되어 있는가?
6. 서비스 기관은 클라이언트가 원하면 초기사정의 절차 없이 다시 서비스에 접근할 수 있도록 하고 있는가? 클라이언트는 이를 알고 있는가?
7. 종결이 의뢰나 다른 기관에 대한 전이로 일어난 것이라면 사례관리자는 이러한 과정을 잘 관리해 주고 있는가?
8. 사례관리자는 이전 클라이언트나 가족에 대한 서비스를 확장해서 적용하고 있는가?

종결을 위해 클라이언트를 재사정할 때 사용하는 다양한 도구들이 있다. 〈표 12-6〉은 사례관리에서 사용될 수 있는 종결 및 평가 양식의 사례이다. 이 평가양식은 종결유형을 기록하고 종결 시의 평가방법에 대해서 기록할 수 있다.

〈표 12-6〉 **종결 및 평가 양식의 예**

성 명		종결일	
종결유형	1. 결과 목표 달성 3. 수용시설에 입소 5. 클라이언트의 비협조적 태도 7. 클라이언트의 사망 9. 기타(		2. 클라이언트 기능의 변화와 안정화 4. 클라이언트의 서비스 거부 6. 클라이언트의 이사 8. 타 기관 의뢰)
평가방법	척도사용(　　　)	대상자 면접(　　　)	기타(　　　)
평가대상	평가사항	평가내용 최적의향상 기대이상향상 기대정도향상 기대이하성과 성과전혀없음	
목표달성 정도	단기목표 1. 2. 3.		
	장기목표 1. 2. 3.		

클라이언트	서비스 만족도	
	신체적 기능의 향상	
	정신적 기능의 향상	
	사회적 기능의 향상	
	생활수준의 향상	
서비스	서비스의 적절성	
사례관리	서비스 제공자들의 협력 정도	
	자원 활용의 적절성	
	보호계획의 적절성	

사례관리자의 의견

6. 평 가

1) 평가의 이해

사례관리의 평가는 크게 과정평가(process evaluation)와 결과평가(outcome evaluation)로 분류된다. 과정평가는 모니터링 과정에서 수집한 자료를 기초로 평가하며, 결과평가는 최종 서비스 제공의 결과에 대한 평가이다.

과정평가는 다음과 같은 방법으로 이루어진다. 첫째, 성공적인 모델이 되는 프로그램을 기준으로 하여 각 사례관리기관의 프로그램을 평가하는 방법이다. 둘째, 프로그램이 진행되는 과정을 전문가에게 점검받는 형태로 평가하는 방법이다. 과정평가를 위한 자료수집에서는 직원 및 클라이언트의 면접과 기록의 재검토, 서비스 제공의 노트, 참여관찰 등의 2차자료인 프로그램 기록이 주로 사용된다.

결과평가는 클라이언트에게 초점을 두는데, 클라이언트가 서비스의 전 과정에서 자신이 어떤 이득을 얻었는지가 평가의 핵심이다. 사례관리 서비스를 통해서 클라이언트의 삶의 질이 어느 정도 개선되었는지가 중요하며, 이와 관련된 서비스의 계획과 제공, 사회관계망 등이 클라이언트에게 어떠한 긍정적인 영향을 미쳤는지를 평가한다. 결과평가의 초점이 되는 클라이언트의 삶의 질의 개선정도를 파악하기 위해 사용되는 자료는 클라이언트 파일, 클라이언트와 사례관리자의 면접자료, 클라이언트의 기관이용률의 증감도, 서비스의 유형과 빈도에 관한 자료들이 있다.

2) 실천을 위한 평가의 실제

평가에서 활용할 수 있는 도구들은 목표달성척도를 활용한 평가, 과제달성척도를 활용한 평가, 실험설계의 원리를 이용한 사전 · 사후 비교평가 등이 있다. 여기에서는 과제달성척도를 평가도구의 사례로 제시하고자 한다.

다음의 〈표 12-7〉에 제시된 과제달성척도는 각각의 목표에 해당하는 과업을 차례로 기입하고 그 성취정도를 0~4점의 평가척도에 준하여 평가한다. 과제달성척도는 사례관리에서 노인을 대상으로 한 평가모델과 노인재가복지 분야에서 과제지향적 평가모델로 제시된 바 있다.

〈표 12-7〉 과제달성척도(Task Achievement Scaling)

과 업	성취도	4 완전 달성	3 상당 달성	2 부분 달성	1 최소 달성	0 진전 없음
1.						
2.						
3.						
4.						
전체 평가 = 과업 1 점수 + 과업 2 점수 + 과업 3 점수 + 과업 4 점수 / 전체 과업수 × 최고점						

Chapter 13 노인상담

제 1 절 노인상담의 정의와 목표

노인복지론

노인상담에 대한 노인상담전문가들의 견해가 다양해서 정의내리기는 쉽지 않다(조추용 외, 2015). 현외성 등(2011)은 노인상담을 도움을 필요로 하는 노인이 전문적 상담자와 대면관계를 통해서 자신의 다양한 개인적 · 가족적 · 신체적 · 경제적 문제를 해결하도록 돕는 과정으로 보았다. 그리고 노인상담은 노인의 감정, 사고, 행동 등의 측면에서 인간적으로 성장하여 행복한 노후생활을 보내도록 돕는 과정으로 제시하였다.

노인상담은 사회적 약자에 해당하는 노인이 심리적 · 육체적 · 정신적 · 사회경제적 어려움을 경험하게 되었을 때 훈련된 상담자와 감정적 · 내용적 · 이해적 상호작용을 거쳐 기대하는 바람직한 결과를 얻어내는 과정으로 정의될 수 있다(이호선, 2015). 김태현(2000)은 노인상담을 도움이 필요한 노인이 상담자와의 전문적인 원조관계를 형성하여 은퇴, 개인과 가족, 경제와 건강 등의 문제들을 해결하여 성공적인 노후생활을 보내기 위해 노력하는 과정으로 정의하였다.

따라서 노인상담은 노인들이 직면한 문제나 어려움을 해결하여 노년기의 심리사회적 기능을 증진하도록 돕는 과정이라고 할 수 있다.

살펴본 것처럼 노인상담은 노인들의 다양한 문제를 해결하여 행복한 노후생활을 영위하도록 돕는 것을 주요한 목적으로 두고 있다. 이에 따른 노인상담의 세부적인 목적은 다음과 같이 제시될 수 있다(조추용 외, 2015).

① 필요한 의료적 · 사회적 · 정서적 지원을 효과적으로 동원하고 이용할 수 있도록 원조한다. 노인상담의 과정에서 상담자는 노인에게 적절한 의료적 검사와 치료, 필요한 서비스 등을 받도록 돕는 것이 바람직하다.

② 약해지는 건강상태에 적응하고 신체적인 강점을 강화하도록 돕는다. 노인은 다양한 노화현상으로 신체적 기능과 건강수준이 떨어져 가능했던 활동들이 어려워지게 된다. 노인들이 이러한 육체적 상태의 변화에 적응하도록 도와야 한다. 그리고 노인의 신체기능을 잘 파악하여 재활이나 운동을 통해서 건강수준을 회복하도록 지원할 필요가 있다.

③ 노년기의 신체적 · 재정적 상태와 변화에 따른 노인의 보호와 주거시설에 대한 욕구를 잘 파악하여 적절한 조치를 취할 필요가 있다. 노인들이 건강상태가 좋지 않고 경제적 수준이 낮은 경우에 요양원 등 필요한 주거서비스를 연계시킬 수 있다.

④ 지역사회에서 노인이 새로운 역할을 할 수 있도록 지원한다. 상담자는 노인들이 지역사회에서 소속감을 느끼고 자신의 가치를 인정받을 수 있는 역할들을 담당하고 활발한 교류활동을 할 수 있도록 지원한다.

⑤ 가족, 친인척, 지인들과의 관계를 원활하게 조정하도록 돕는다. 노인들은 이러한 사회적 관계에서 상당한 갈등과 어려움을 경험할 수 있다. 노인상담자는 이러한 원조과정에서 매개자로서의 역할을 담당한다.

⑥ 노인은 가족, 친인척, 지인들과의 사별을 경험하면서 상당한 심리적 어려움에 처하게 된다. 상담자는 노인이 친밀한 관계를 유지하던 사람들과의 사별을 수용하고 심리적 노인이 고통을 극복하도록 원조한다.

⑦ 노인들은 은퇴와 경제상태의 변화로 인해 다양한 문제들을 경험하게 된다. 상담자는 은퇴 이후의 여가생활 방법, 새로운 부부관계의 적응,

심리적 소외감의 극복, 필요한 경제적 지원이나 일자리 제공 등의 지원을 할 수 있다.

⑧ 노인들이 자신의 생활에서 자기결정권을 유지하면서 중요한 결정들을 하도록 지원한다. 상담자는 이와 관련된 정보들을 제공하고 중요한 의사결정에 필요한 대안들을 제시한다.

제2절 노인상담의 필요성

전통사회에서 가족관계를 비롯한 친지와 지인들과의 관계는 매우 긴밀하여 다양한 물리적 · 정서적 지지를 받을 수 있었다. 노인은 이러한 관계들을 통해 다양한 생활상의 문제들을 해결할 수 있었지만, 현대 산업사회에서는 이러한 사회적 관계망들이 약화되어 다양한 노인문제들이 발생하고 있다.

산업화 · 도시화 · 핵가족화 등의 사회변화로 인한 사회관계망의 약화는 노인들에게 소외, 가치갈등, 세대차이, 빈곤, 부양 등의 문제를 발생시키고 있다. 이러한 상황에서 노인상담이 노인문제의 해결책의 하나로 제시되고 있다. 노인복지적 관점에서 노인상담의 필요성을 제시하면 다음과 같다(서혜경 외, 2013).

① 노인은 생물학적 노화를 겪으면서 신체적 기능의 저하와 이로 인한 심리와 성격의 변화를 경험하게 된다. 노인들은 노화로 인해 자연스럽게 신체기능이 약해지고 외모가 변화되며, 각종 노인성 질환과 만성질환에 걸릴 확률이 증가한다. 이로 인해 젊음을 잃었다는 상실감, 질병과 죽음에 대한 두려움, 사회관계의 약화, 의존성의 증가 등으로

인해 다양한 심리사회적 변화들을 경험할 수밖에 없다. 노인상담을 통해 노인들은 이러한 변화들을 수용하고 이해하여 가족과 사회에 대한 적응과 통합에 도움을 받을 수 있다.

② 산업화가 진행되면서 생산방식이 기계화되어 필요한 노동력이 감소하게 되었다. 이 과정에서 노인은 젊은 세대와의 경쟁에서 밀려나 직업적 역할을 상실하게 된다. 그리고 노인은 경제·건강·심리적인 측면의 문제로 인해 직업역할 이외의 다양한 사회역할에서도 역할상실을 경험한다. 노인의 역할상실은 노인들을 사회적으로 고립상황에 처하게 하기 쉬워서 노인들은 은퇴 전후의 심리적 준비에 대한 상담이 필요하다. 그리고 노인들은 은퇴 이후에 휴식과 여가생활을 활용하는 방법과 경제문제에 대한 상담도 필요하다.

③ 상담은 노년기에 직면하는 다양한 문제들을 예방하고 사후에 효과적으로 해결할 수 있도록 하는 기능을 한다. 이러한 상담서비스를 통해 노인들은 사회적응력을 향상시킬 수 있고 성공적인 노후생활을 보낼 수 있다.

제3절 노인상담의 유형

노인상담은 특정한 기준에 의하여 다양하게 분류할 수 있다. 기준은 상담영역, 주거환경, 상담매체 등으로 구분할 수 있다(정상수 외, 2014).

1. 상담영역별 유형

노인상담의 영역별 유형은 노인의 4고(고독과 소외의 문제, 경제적 문제, 건강보호문제, 역할상실 및 여가문제)를 기준으로 정서적 영역, 경제적 영역, 건강영역, 사회참여영역 상담으로 분류할 수 있다. 구체적인 내용은 아래의 〈표 13-1〉에 제시되어 있다.

〈표 13-1〉 노인상담의 영역별 유형

상담내용	주요 내용
정서적 영역 (고독)	• 배우자 상실, 자녀와의 애정적 교류 단절 • 노인의 가족 내 지위 하락, 가치관 및 생활양식 변화에 따른 세대 간 갈등 • 성격특성의 변화문제 : 우울성향, 완고함, 내향성 및 수동성, 조심성, 친근한 사물이나 사람에 대한 애착 증가, 의존성 증가, 유산을 남기려는 성향 등 • 이성교제 또는 노년기 성생활에 관한 문제 • 정서서비스(예 말벗 파견 등)의 문제
경제적 영역 (빈곤과 일)	• 은퇴 전후의 재정관리에 관한 문제 • 소득 감소 또는 상실로 인한 생계유지와 경제지원 문제 • 사회보장제도의 정보 제공 • 유산배분의 문제 • 경제활동지원(취업알선, 부업알선 등)
건강영역 (질병과 부양)	• 노년기 건강유지 및 질병예방에 관한 상담 • 질병치료 및 의료비 지원 상담 • 사회복지시설, 노인전문 의료시설에 관한 상담 • 가족부양체계 조성 상담 • 부양가족의 부담경감을 위한 지원 상담
사회참여영역 (소외와 무위)	• 종교활동, 사회단체 및 비공식 모임 참여문제 • 노년기 친구 및 이웃관계 문제 • 가족 내 역할부적응에 관한 문제 • 은퇴 이후의 사회적 관계 유지 문제 • 법률 및 복지제도에 대한 정보상담

2. 주거환경별 유형

1) 재가 노인상담

재가 노인상담은 노인이 거주하는 독립된 주거환경에서 진행되는 상담과 노인이 자신의 가정에서 생활하면서 재가 및 이용시설 등의 해당 기관을 방문하여 필요한 상담서비스를 제공받는 상담서비스를 포함한다. 현재 노인을 대상으로 한 노인상담은 대부분 이용시설에서의 상담이다.

재가 노인상담 중 가정에서의 상담은 신체장애와 이동의 어려움이 있는 노인들에게 도움이 된다. 재가 노인상담은 노화로 인해 의존적 생활을 영위하고 있는 노인들이 요양원 등의 생활시설에 입소하지 않고 자신의 가정에서 독립적인 삶을 영위하고자 할 때 필요하다.

2) 시설 노인상담

시설 노인상담은 요양원 등 일정한 주거공간에서 집단생활을 하는 노인들에게 제공되는 상담을 의미한다. 시설은 노인복지법에 규정된 노인주거복지시설의 양로시설, 노인공동생활가정, 노인복지주택과 노인의료복지시설의 노인요양시설과 노인요양공동생활가정 등의 생활시설을 의미한다. 노인 생활시설의 유형별 특징은 〈표 13-2〉에 제시되어 있다.

〈표 13-2〉 **노인주거시설의 유형**

구 분	시설유형	시설 특징
노인주거 복지시설	양로시설	노인을 입소시켜 급식과 기타 일상생활에 필요한 편의를 제공
	노인 공동생활가정	노인들에게 가정과 같은 주거여건과 급식, 기타 일상생활에 필요한 편의를 제공
	노인복지주택	노인에게 주거시설을 분양 또는 임대하여 주거의 편의, 생활지도, 상담 및 안전관리 등 일상생활에 필요한 편의를 제공

노인의료 복지시설	노인요양시설	치매, 중풍 등 노인성 질환 등으로 심신에 상당한 장애가 발생하여 도움을 필요로 하는 노인을 입소시켜 급식, 요양과 기타 일상생활에 필요한 편의를 제공
	노인요양 공동생활가정	치매, 중풍 등 노인성 질환 등으로 심신에 상당한 장애가 발생하여 도움을 필요로 하는 노인에게 가정과 같은 주거여건과 급식, 기타 일상생활에 필요한 편의를 제공

(1) 시설에 거주하는 노인의 심리

노인들에게 시설은 긍정적이지 않은 대상이다. 시설은 의존적이고 소외감을 느끼게 하며, 인생의 마지막을 맞이할 장소로 인식되고 있다. 이로 인해 시설에 입소한 노인들은 삶의 마지막 장소라는 두려움으로 심리적 혼란, 기억력의 감소, 무관심과 우울, 절망감, 무력감 등을 갖게 된다. 일부 시설에서 생활하는 노인들은 고립감과 외로움으로 죽음을 바라는 경우도 많은 것으로 나타나고 있다.

보통 시설에서 거주하는 노인들의 심리상태는 일반가정에서 생활하는 노인들과 상당한 차이가 있다. 이것은 생활시설에 거주하는 노인은 상대적으로 열악한 사회경제적 상태와 자각건강수준(self-perceived health status)에 있기 때문이다. 생활시설에 거주하는 노인들은 우울증의 특별한 원인이 없는 상태에서도 장시간 동안의 고립감과 허무감으로 내성적인 성격으로 변해가는 특성이 있다.

(2) 시설에 거주하는 노인에 대한 상담의 기본원칙

시설노인과 재가노인의 심리적 특성이 다르기 때문에 시설노인을 대상으로 한 상담에서 유의해야 할 원칙들이 있다.

① 개별성 : 입소노인들이 생활시설이라는 공간에서 집단으로 거주해도 개인적으로 생활배경과 문화적 환경이 다르다. 그리고 시설의 경우

단체생활의 특성상 집단성을 강조하기 때문에 노인의 개별성이 존중받지 못하는 경우들이 있다. 노인상담에서 이러한 점들을 잘 파악하여 상담을 진행할 필요가 있다.

② 비밀보장 : 생활시설에 입소한 노인과 그 가족에 대한 상담정보를 규정에서 정해진 상황을 제외하고는 외부에 노출해서는 안 된다. 입소노인이 퇴소한 이후에도 마찬가지로 정보의 유출을 방지할 필요가 있다.

③ 객관적인 정보의 확인 : 생활시설에 거주하는 노인들은 자녀들이 없는 경우에도 자녀들이 있다거나 경제적으로 어려운 경우에도 경제적 상황이 좋다고 말하는 사례들이 있다. 노인상담원은 상담과정에서 노인들과 대화한 내용에 대한 객관적인 정보확인을 할 필요가 있다.

④ 서비스의 선택권 인정 : 노인상담원은 생활시설에서 노인에게 제공한 서비스를 일방적으로 받아들이지 않고 노인이 선택하거나 의견을 제시하도록 도와주어야 한다.

⑤ 형평성 : 생활시설에 거주하는 노인들을 상담하는 내용 가운데 시설적응이나 동료노인들과의 갈등 등의 문제들이 있다. 노인상담원은 노인과 다른 동료노인, 노인과 시설직원들과의 문제나 갈등을 해결하는 데 있어서 형평성 있게 상담을 진행해야 신뢰를 받을 수 있다.

(3) 시기별 상담

생활시설에 입소하는 노인에 대한 상담은 입소와 퇴소를 기준으로 입소 전 상담, 입소생활상담, 퇴소상담 등으로 구분할 수 있다.

① 입소 전 상담 : 노인이 생활시설에 입소하기 전에는 시설생활에 대한 노인과 가족의 불안감을 감소시키고 안정적인 시설생활을 준비하는 것이 바람직하다. 따라서 노인상담자는 입소를 희망하는 노인에게

입소자격, 입소절차, 서비스와 환경 등에 대해서 자세하게 전달해야 한다.

② 입소생활상담 : 노인이 입소한 초기에는 시설생활의 적응에 초점을 두고 심리적으로 안정되게 하고 노인의 보호자와 가족에게도 동일한 내용의 상담을 진행한다. 노인이 입소하여 일정 시간이 지나서 심리적으로 안정된 상태가 되더라도 시설생활의 스트레스, 우발적인 사건이나 사고, 대인관계의 갈등으로 인해 위기상황을 맞이할 수 있다. 이러한 경우에는 해당 노인을 대상으로 시설프로그램, 사례관리, 가족과의 유대 등의 측면에서 상담이 진행된다. 그리고 노인의 일상생활, 건강, 재활치료 등의 지원을 위한 상담이 진행될 필요가 있다.

③ 퇴소상담 : 생활시설에 거주하던 노인이 가정으로 귀가하거나 다른 시설 또는 병원으로 전원하거나 사망하는 경우가 발생하면 퇴소처리가 이루어진다. 퇴소상담은 퇴소가 필요한 노인이나 가족에게 퇴소에 따른 필요한 사항들을 알리고 다른 기관들에 대한 정보를 제공하는 방향으로 이루어진다. 그리고 퇴소와 관련된 문제들(예 퇴소 이후의 가족들의 보호 등)에 대해서 상담이 이루어질 수 있다. 퇴소한 이후에도 해당 거주지에서의 생활에 적응을 위해 사후관리를 위한 상담이 진행될 수 있다.

3. 매체별 유형

노인상담은 상담매체에 따라서 면접상담, 전화상담, 인터넷상담으로 분류된다. 면접상담은 내담자와 상담자가 대면하여 진행되고 전화상담과 인터넷상담은 대면접촉이 없는 상태에서 이루어진다.

1) 면접상담

면접상담은 가장 보편적인 상담형태로서 상담자와 내담자가 대면하여 이루어지는 상담이다. 면접상담은 내담자가 개인인지 집단인지에 따라서 개별상담과 집단상담으로 분류할 수 있다.

개별상담은 노인의 정서와 인지상태 등 내면에 중점을 두고 일대일의 형태로 진행된다. 개별상담은 노인이 주변 환경에 잘 적응하여 정상적인 삶을 살고 기본적인 생활과제에 대처하게 하는 데 초점을 두고 있다.

집단상담은 상담자와 다수의 노인으로 구성되는데, 보통 8~10명의 노인들이 모여서 상담을 진행하게 된다. 집단상담을 통해서 얻을 수 있는 효과는 다음과 같다. 첫째, 집단상담은 노인의 사회적 기능을 향상시키고 집단에 대한 동질감을 갖게 되면서 응집력을 얻을 수 있다. 그리고 집단상담을 통해서 노인은 새로운 인적·사회적 관계를 형성할 수 있다. 둘째, 노인은 집단상담을 통해서 막연한 불안감에서 벗어나 적극적으로 자신의 문제를 해결할 수 있다. 집단상담에 참여한 동료노인들의 문제해결 과정을 경험하면서 자신의 문제를 해결하는 데 도움을 받을 수 있다. 셋째, 노인은 집단상담을 통해서 자신의 상황변화나 문제에 대해 다른 내담자들의 도움을 받을 수 있다. 그리고 노인 자신이 다른 내담자인 노인들에게 도움을 줄 수 있다는 생각으로 적극적이고 긍정적인 생활을 하는 계기가 될 수 있다.

2) 전화상담

전화상담은 대면접촉이 없는 가운데 전화통화로 상담을 진행하는데, 노인학대 등의 긴급한 노인문제에 대해 즉시 상담을 진행할 수 있다. 전화상담은 노인이 상담자와의 대면접촉을 기피하거나 거동이 불편한 경우에 유용하게 사용할 수 있다. 그러나 전화상담은 노인이 상담자와의 대면접촉에서 얻을 수 있는 친밀감과 신뢰감을 통해서 자신의 문제를 해결해 가는 경험을 하기는 어렵다.

3) 인터넷상담

인터넷상담은 인터넷을 활용하여 진행되는 상담으로 개방형상담, 비공개상담, 실시간 채팅상담 등의 다양한 형태의 온라인 상담이다. 그러나 인터넷을 잘 활용할 수 있는 일부의 노인들에게 제한적으로 사용된다는 단점이 있다. 한편 인터넷상담은 향후 교육수준의 증가와 노인에 대한 인터넷 활용 교육의 확대 등으로 인해 증가할 것으로 기대된다.

제4절 노인상담의 이론

과거 상담자의 인간에 대한 관점에 따라서 선호하는 상담이론이 달라지고 사용하는 상담과정과 상담기법 등에 차이가 발생했다. 한편 최근의 상담이론들은 상담자와 클라이언트의 관계가 상담성과에 더 중요한 영향을 미치는 것으로 보고 있다. 따라서 노인상담자는 노인들의 사고, 감정, 행동 등에 초점을 두고 노인과의 관계를 촉진하면서 상담이론들을 통합적으로 활용하는 것이 바람직하다(임병우 외, 2017).

우리나라의 노인들에게 활용하기에 적합한 몇 가지의 상담이론들을 제시하고자 한다. 소개하는 노인상담은 인간중심 상담이론, 강점강화 상담이론, 인지행동 상담이론, 회상치료, 대인관계치료, 동료상담 등이다. 각 상담이론의 핵심적인 내용들을 간략하게 살펴보고자 한다.

1. 인간중심 상담이론

인간중심 상담이론에서 상담의 목표는 클라이언트의 자아에 대한 위협과 이에 대한 방어기제를 제거하여 클라이언트가 적절하게 기능하도록 돕는 것이다. 인간중심 상담이론에서는 개인의 자아를 중요시하게 여기며, 자아를 위협하는 다양한 요인에 대해 클라이언트가 방어기제를 작동시키면서 다양한 문제들이 발생한다고 보는 것이다.

따라서 인간중심 상담에서는 노인상담자가 노인의 불안을 제거하고 노인이 자신을 표현하고 상담자를 신뢰할 수 있는 분위기를 만들도록 해야 한다. 이러한 분위기에서 상담자는 노인이 자신을 공개하고 자신을 이해하여 문제점들을 파악하도록 돕는다. 그리고 상담자는 노인의 주변 환경에 대해 왜곡된 시각을 수정하고 현실적 경험과 자아 간에 조화를 이루고 자기실현을 할 수 있도록 돕는다.

인간중심 상담에서 상담자는 노인의 성장을 돕기 위해 진솔성, 무조건적인 긍정적 존중과 수용, 공감적 이해 등의 태도를 가져야 한다. 그리고 상담자는 노인들에 대한 심리사회적 지지와 적극적 존중을 표현하는 것이 바람직하다.

2. 강점강화 상담이론

강점강화 상담이론은 클라이언트의 잠재능력, 재능, 자질을 향상시켜 사회적응을 원활하게 하는 데 중점을 두고 있다. 이 상담이론은 수치감, 비난, 죄책감, 낙인 등의 부정적 측면이 아니라 클라이언트의 장점, 기회를 통한 도전, 과거보다는 미래를 중요하게 여긴다. 또 문제발생에 대해서가 아니라 클라이언트의 성장을 위해 활용할 수 있는 새로운 자원의 발굴에 초점을 둔다.

이 이론에서 노인상담자는 노인의 강점을 활용하여 스스로 문제를 인식하고 합리적인 문제해결 방안을 찾도록 돕는다. 그리고 상담자는 노인의 문제나 단점이 아니라 노인의 장점, 잠재력, 자원의 발견에 중점을 두고 노인이 이를 확인하고 향상시킬 수 있도록 지지한다. 이러한 노인상담을 통해서 상담자는 노인이 가능하면 독립적인 생활이 가능하도록 도와야 한다.

노인은 노화현상으로 인해 다양한 기능과 자원이 감소되는데, 이러한 측면들을 강하게 인식하여 부정적인 정서상태에 빠지기 쉽다. 그러나 강점강화 상담이론은 잔존하는 노인의 강점과 능력을 잘 유지하고 향상시켜 긍정적인 심리상태로 바꿀 수 있다는 점에서 유용한 것으로 평가된다.

3. 인지행동 상담이론

인지행동 상담이론은 인간의 인지, 즉 사고나 생각이 가장 중요하다는 관점의 이론으로 인간의 감정과 행동도 인간의 인지에 의해서 영향을 받는다는 가정에 기초하고 있다. 인지행동 상담이론은 고도의 지적인 접근으로 우울증이 있는 내담자에게 매우 효과적으로 알려져 있다.

특히 한국의 노인들이 우울증에 많이 노출되어 있기 때문에 인지행동 상담이론이 유용하다고 볼 수 있다. 이 이론에 기초한 상담은 노인 중에서 인지기능이 우수하고 논리적 토론에 익숙한 내담자에게 더 효과적이다. 그러나 이 이론에 입각한 상담은 현재 한국의 노인들이 교육수준이 낮은 편이고 토론에 익숙하지 않기 때문에 제한적으로 활용하는 것이 좋다. 특히 노인공경의 문화가 강한 한국사회에서 이 이론을 적용하는 상담자는 유의해야 한다. 그러나 앞으로 시간이 지날수록 노인계층의 학력수준이 높아지기 때문에 인지행동 상담이론이 적용될 가능성이 높아질 것으로 기대된다.

4. 회상치료

회상치료는 클라이언트의 생애에서 대표적인 사건에 대해서 토의하고 그 의미를 살펴서 자신의 삶을 회상하도록 하는 상담치료 방법이다. 토의는 미리 화젯거리를 정하여 클라이언트의 세대에 친숙한 사진과 음악을 활용하면 효과가 크다. 토의는 클라이언트가 자신의 과거사를 회상, 재구성, 수용하여 교훈을 찾을 수 있도록 진행한다. 회상치료는 이러한 과정을 통해서 클라이언트가 긍정적인 문제해결 능력을 회복하도록 돕는다.

외국의 회상치료 전문가들이 노인을 대상으로 한 회상치료가 회상과정을 통해 삶의 만족감, 삶의 의미, 자아성취감 등을 발견하도록 하여 노인이 심리적 상실감을 회복하고 대인관계 기술이 향상되는 것을 확인하였다. 그리고 이러한 효과로 인해 노인들이 경험하고 있던 우울증상도 상당 부분 감소한 것으로 나타났다.

반면 내담자인 노인이 과거에 성공적인 경험이 거의 없고 과거회상에서 고통스러워하는 경우에는 역효과가 발생할 수도 있다. 현재 한국의 여성노인의 경우에 기존의 가부장적인 가정과 사회의 환경, 그리고 경제적으로 매우 궁핍했던 경험을 한 비율이 높기 때문에 이 치료방법을 적용하는 데 유의해야 한다. 이러한 여성노인들의 경우에는 오히려 현재의 생활에 더 만족하는 경우가 많아서 회상치료가 적합하지 않을 수 있다.

5. 대인관계치료

대인관계치료는 클라이언트의 우울증의 원인과 해결방법을 사회적 역할 및 대인관계에 초점을 두고 있다. 이 상담치료기법은 사별의 애도, 대인관계의 갈등, 역할의 변화, 대인관계 결핍의 네 영역에 중점을 두고 진행된다. 우울증세가 있는 노인은 비정상적인 애도반응, 역할변화에 대한 부정적 인식, 대인관계의 변화와 갈등 및 결핍 등을 경험하기 쉽다.

이 상담치료는 융통성 있는 상담의 진행과 문제해결 및 클라이언트의 동의가 어려운 경우에 상담자의 적극적인 역할을 강조한다. 이 치료방법에서는 노인들이 경험하기 쉬운 우울증과 자살생각 등의 원인이 대인관계의 문제, 소외감, 낮은 소속감 등에 있다고 보기 때문에 노인의 대인관계 기술을 강화하는 데 중점을 둔다.

현재 한국의 노인세대가 가족관계나 타인과의 관계 등 대인관계를 매우 중요하게 생각하기 때문에 한국 노인들에게 적용하면 매우 유용할 것으로 기대된다. 최근 경기도의 노인종합상담센터에서 진행한 대인관계치료 프로그램이 우울과 자살생각을 감소시킨 것으로 보고되었다.

6. 동료상담

동료상담은 유사한 특성을 가진 사람들이 내담자로 참여한 가운데 상담을 진행하는 상담방법이다. 노인 동료상담은 같은 시대와 문제를 공유하기 때문에 보다 쉽게 공감대를 형성하고 친밀한 이해와 공감을 표현할 수 있다.

노인 동료상담을 통해 내담자인 노인들에게 보다 긴밀한 사회적 지지체계를 제공할 수 있고 동료상담자인 노인의 경우에도 상담활동에 대한 참여로 삶의 만족도가 향상될 수 있다. 그리고 내담자인 노인의 경우에도 스트레스와 우울을 감소시키는 것으로 알려지고 있다.

한편 상담자인 노인이 자신의 경험과 지식을 일방적으로 내담자인 노인에게 강요하거나 개별성을 인정하지 못할 수도 있다. 그리고 경직된 사고를 가진 상담자가 상담이 아니라 훈계나 지시를 하는 부작용이 발생될 수도 있다. 그래서 노인 동료상담을 진행할 경우에 상담전문가의 지속적인 피드백과 슈퍼비전이 전제되어야 한다.

제5절 노인상담의 기법

노인상담에 필요한 기법들은 매우 다양하다. 노인상담에서 자주 사용되는 회상기법, 조각기법, 문장완성기법, 심리극기법, 직면, 의사소통훈련 등을 살펴보기로 한다(이호선, 2015).

1. 회상기법

회상기법(reminiscing technique)은 의미 있는 과거경험을 생각하고 그 내용을 현실문제에 연관시키는 상담기법이다. 세부적인 회상기법으로는 말로 진술하는 구술방법, 글로 적는 서술방법, 스스로 과거를 되돌아보는 명상법 등이 있다. 회상의 긍정적 효과는 과거의 과오에 대한 기억과 화해하고 용서하는 것, 현재의 심리적인 갈등의 해결, 과거와 현재의 문제로 갈등하는 가족과의 화해 등이 있다. 회상기법은 개인상담과 집단상담에서 모두 긍정적인 효과를 보이는 것으로 알려져 있다.

특히 지지집단이 있는 집단상담에서의 회상기법은 노인들에게 효과적으로 사용될 수 있다. 한국의 노인들을 대상으로 한 집단상담 프로그램의 경우 회상기법을 적용한 경우에 노인의 자존감 향상이 더 두드러지게 나타났다. 구체적인 회상기법은 다음과 같다.

① 자서전의 저술이나 녹음 : 이 방법은 노인이 자신의 삶을 정리하는 상담기법으로 주요한 사건, 관계, 연관된 사람들에 초점을 둔다. 그러나 자서전에 포함되지 않은 사항들에 대해서도 주의를 기울일 필요가 있다. 여성노인이 자서전에 어린 시절의 학대경험을 포함시키지 않았지만 현재의 문제해결에 중요할 수 있다.

② 생애순례여행 : 노인들이 자신이 태어나서 성장한 곳으로 여행을 가서 직접 그 장소들을 확인하고 생각을 정리하는 회상기법이다. 직접 방문하기가 어려운 경우에는 그 인근에서 거주하는 사람들과 접촉하여 대화하는 것도 하나의 방법이다.

③ 중요 인물들과의 재회 : 노인들이 알고 지내던 동창, 가족, 각종 단체의 지인들이나 인생에서 중요한 사람들을 만나면서 자신의 삶을 돌아볼 기회를 가질 수 있다. 이러한 시간들을 통해서 노인은 희망과 상처를 주고받았던 사람들과 재회하면서 자신의 가치를 확인하고 삶의 보람을 얻을 수 있다.

④ 가계족보 확인하기 : 노인이 자신의 가계를 확인하는 것은 역사의 연속성과 자신의 위치를 알게 해준다. 그리고 기존에 사망한 많은 사람들을 알게 되어 죽음의 두려움을 완화시키고 죽음을 잘 준비할 수 있다. 노인들이 선친, 일가, 친인척 등의 묘지를 방문하고 주변 사람들과 대화하는 등의 과정을 체험하는 것이 도움이 될 수 있다.

⑤ 오래된 자료들 확인하기 : 노인들이 오랜 시간 생활하면서 소지하게 된 물품들은 인생의 과정을 담고 있다. 이러한 물품들을 확인하면서 관련된 기억들을 재구성하고 경험할 수 있다. 사진첩, 편지, 비디오테이프, 스크랩자료 등이 이에 활용될 수 있다.

⑥ 일생의 업적을 정리하기 : 노인들이 주변에 기여한 것으로 생각하는 일들을 정리하는 것은 통합감을 느끼게 한다. 노인 자신이 업적으로 생각하는 일들을 기록하고 대화하는 과정을 통해 세상과 다음 세대를 위해 의미 있는 일을 했다는 성취감을 얻을 수 있다. 노인들이 정리한 결과물은 책, 시집, 미술작품, 음악앨범, 자서전 등으로 나올 수 있다.

2. 조각기법

조각기법(sculpting technique)은 노인이 조각가가 되어 상담에 참여한 다른 가족원에게 원하는 자세를 취하도록 한다. 노인은 가깝게 느끼는 사람은 가까운 위치에, 거리감이 있는 경우에는 먼 위치에 배치할 수 있다. 가족원들의 배치도는 가족관계의 특성과 감정적 관계의 차이를 명확하게 드러낸다.

상담자는 가족원들의 조각구성 상태에서 노인에게 자신의 감정을 그대로 표현하고 가족원들에게도 자신의 느낌을 말하도록 한다. 가족원들의 이야기를 듣고 난 이후에 노인은 자신의 생각을 정리하고 자신이 원하는 가족구조에 맞추어 가족원들을 재배치한다. 이후에 가족원들에게 다시 자신들의 생각을 말하게 하고 노인이 원하는 가족관계로 변화하기 위해 필요한 것이 무엇인지를 함께 이야기하게 한다.

조각기법을 통한 노인상담은 가족 내의 관계를 명확하게 하여 갈등을 쉽게 확인할 수 있다. 이러한 과정을 통해서 가족원들이 노인의 가족 내에서의 위치와 상황을 잘 이해하여 바람직한 가족관계를 형성하고 협력하는 계기를 마련할 수 있다.

3. 문장완성기법

문장완성기법(a technique of completing a sentence)은 상담진행 전에 노인의 정보를 사전에 얻기 위해 사용된다. 이 기법을 통해 노인의 가치관, 고민과 해결방식, 여성관과 남성관, 가족관계, 자신이 의식하지 못하는 자아상 등에 대한 직간접적인 정보를 얻을 수 있다

상담자는 노인에게 '내가 만일 ~', '나는 ~을 원한다' 등의 미완성 문장에 대해 알려주고 노인들이 자유롭게 자신의 생각을 문장으로 완성하도록 한다. 상담자는 노인들이 문장을 완성시킬 때는 너무 깊게 생각하지 않고 바로 문장을 완성하도록 한다. 상담자는 노인들에게 이렇게 완성된 문장들이 앞으로의 상담과정에 도움이 될 것이라는 점을 상기시켜 준다.

4. 심리극기법

심리극기법(psychodrama technique)은 연극적 방법을 통해서 개인의 인격구조, 대인관계, 갈등과 정신적 문제들을 탐색하는 상담기법이다. 심리극의 목표는 내담자의 감정문제, 정서갈등과 경험을 연기하게 하여 자신의 생각과 느낌을 자유롭게 표현할 기회를 제공하는 것이다. 이러한 과정을 통해서 내담자는 자신의 편견이나 오해를 풀고 적응력을 회복할 수 있다.

상담자는 심리극이 시작되기 전에 내담자의 문제에 대해 충분히 대화를 하여 연극을 준비한다. 주연기자인 내담자가 무대에서 자발적으로 연기하게 하는데, "어떤 문제가 나를 힘들게 합니다"라는 말로 연기가 시작된다. 주연기자의 상대역은 보조자나 관중 가운데에서 자유롭게 선택된다. 내담자는 무대에서 자신의 현실생활을 연기하고 상담자의 치료적 지도와 관중의 충고나 도움을 받아서 자신의 문제를 극복할 수 있다. 연기가 종료된 이후에 내담자, 보조자아, 관객 등이 감정을 공유하고 가족원들과의 감정

에 대해서도 대화한다.

심리극은 다양한 형태로 진행될 수 있다. 심리극은 독백, 역할바꾸기, 거울기법, 마술상점, 빈의자, 이중자아, 공유 등 다양하게 전개될 수 있다.

5. 직 면

직면(confrontation)은 갈등상황에서 내담자와 가족원에게 직접 문제의 핵심을 지적해 주는 것이다. 이때 상담자는 노인 및 가족들과 신뢰하는 분위기에서 직면을 사용하고 노인과 가족들의 심리적 부담감을 고려해야 한다.

6. 의사소통훈련

노인들은 지나치게 자기중심적이고 자신을 표현하는 데 익숙하지 않은 경향이 있다. 이러한 경우에 의사소통훈련이 도움이 될 수 있다. 상담자는 노인이 가지고 있는 감정들을 직접적으로 표현하도록 인지시키고 명확하게 하는 훈련을 진행할 수 있다.

제6절 노인상담의 과정

노인상담의 과정은 보통 9단계로 제시되는데, 내담자의 이해, 라포형성, 문제정의, 목표설정, 탐색 및 자각, 대안탐구, 대안목록의 작성, 결정의 지지, 상담종결 등의 과정으로 구성된다(정상수 외, 2014).

1. 1단계 : 내담자의 이해

상담자는 노인상담을 진행하기 전에 노인의 상담동기를 잘 파악할 필요가 있다. 이 과정에서 상담자는 내담자와 그의 문제에 관심이 있고 도움을 주려고 한다는 것을 충분히 표현해 주는 것이 바람직하다. 상담자는 내담자인 노인이 직면하고 있는 슬픔, 분노, 우울, 낙담, 죄의식, 수치감 등의 감정상태를 수용하고 이해하는 작업이 선행되는 것이 바람직하다.

그리고 노인들은 보통 노화로 인해 신체적 · 심리적 · 사회적으로 어려운 상황에 놓여 있는 경우가 많기 때문에 상담자는 다음과 같은 사항들을 잘 이해해야 한다.

(1) 상담자는 노인의 감정을 이해할 필요가 있다

① 노인의 감정은 다른 연령계층에 비해 억압되어 있는 경우가 많다.
② 노인은 정서적으로 지지해 주기를 희망한다.
③ 노인의 감정은 스스로에게 매우 큰 의미를 갖는다.
④ 노인의 감정 가운데 분노는 항상 부정적인 것이 아니며 자연스러울 수 있다.
⑤ 노인의 반복되는 표현에는 강한 감정이 내포되어 있다.

(2) 상담자는 노인의 감정경험을 잘 파악해야 한다

① 상담자는 노인의 감정을 잘 이해하기 위해 깊은 수준의 감정을 경험할 필요가 있다.
② 상담자는 노인이 말한 내용을 통해 감정상태를 잘 이해해야 한다.
③ 상담자는 필요한 훈련을 거쳐서 노인의 감정을 보다 잘 파악할 수 있어야 한다.

④ 상담자는 노인의 감정을 지지하고 노인이 자신의 감정에 집중하도록 돕는다.

⑤ 상담자와 내담자 간의 감정공유가 전체적인 상담과정에서 매우 중요하다.

2. 2단계 : 라포의 형성

라포(rapport)는 사람과 사람 사이에 생기는 상호 신뢰관계를 의미하는 심리학 용어이다. 서로 마음이 통한다든지 어떤 일이라도 공개적으로 말할 수 있거나 말의 내용을 충분히 감정적 · 이성적으로 이해하는 상호관계를 말한다. 이러한 상호 의사소통은 언어적 차원을 넘어 정신적 · 생리적 차원에서 동조화되거나 무의식적으로 따라 하는 거울효과를 나타내기도 한다.

노인상담자와 내담자인 노인과의 라포형성은 경청하기, 공감적 이해, 반영하기 등을 통해 효과적으로 이루어질 수 있다.

경청하기는 상대의 말을 단순하게 듣기만 하는 것이 아니라 상대방이 전달하고자 하는 말의 내용과 그 내면에 깔려 있는 동기나 정서에 귀를 기울여 듣고 이해된 바를 상대방에게 피드백해 주는 것을 말한다. 이러한 효과적인 의사소통은 중요한 라포형성의 기법이다.

경청하기는 내담자인 노인의 내적 · 외적인 문제를 구체적으로 분석하는 데 필요하다. 노인상담의 과정에서 노인들은 반복적인 말을 자주 하고 자신의 경험들을 복잡하게 표현하는 경향이 있다. 따라서 노인상담자가 새로운 정보나 중요한 진술을 간과하기 쉽기 때문에 노인상담의 과정에서 경청하기는 매우 중요하다. 경청하기에는 노인의 말에 이해를 표시하는 것이 포함되는데, 내담자가 말한 내용과 감정을 상담자가 내담자에게 줄여서 말해주는 방법이다.

공감적 이해는 상담자가 노인을 동등하게 대하는 인격적인 처우와 대화 방식을 의미한다. 노인들은 존중받기를 희망하기 때문에 상담자는 노인의 주장이나 의견에 동의하지 않는 경우에도 존중할 필요가 있다.

반영하기는 상담자가 노인의 말을 판단하기에 앞서 거울처럼 그대로 반사해 주는 방법이다. 반영하기를 통해서 노인은 자신의 감정, 생각, 의도 등을 확인할 수 있다.

3. 3단계 : 문제의 정의

문제정의는 사정 및 진단의 단계인데, 이 과정에서 상담자는 내담자인 노인의 문제를 파악하여 문제를 객관화하게 된다. 상담자는 문제를 명확하게 파악하여 적절한 개입목표를 세울 수 있다. 문제를 잘 정의하기 위해서 객관적인 자료수집이 중요한데, 생태도, 순환질문, 가족조각, 체계적 질문 등의 상담기법 등을 활용할 수 있다.

4. 4단계 : 목표의 설정

노인상담의 목표는 내담자가 경험하는 특정한 어려움에 상담자가 실질적으로 도움을 주는 것이다. 노인상담의 목표는 상담자가 주도적 · 강제적으로 제시해서는 안 되며, 노인의 문제를 효과적으로 다루기 위해서 노인을 중심으로 설정되어야 한다. 상담목표를 정하는 데 있어서 유의해야 할 사항은 다음과 같다.

① 노인상담의 목표는 한 가지 목표에 초점을 두어야 한다. 노인의 문제는 오랜 인생경험으로 복잡하게 얽혀 있고 이전의 발달단계에 원인

이 있다는 특징이 있다. 따라서 이러한 특징에 맞추어 목표가 너무 다양하고 복잡하게 제시되는 것은 바람직하지 않다.

② 노인상담의 목표는 구체적이고 측정이 가능해야 한다. 노인들은 장시간에 걸쳐 문제를 해결하려 하지 않는 경향이 있다. 연령이 높은 노인들의 상담목표는 가능하면 단기적이고 구체적으로 제시되어야 한다.

③ 노인상담의 목표는 도달가능성이 높아야 한다. 상담자나 노인의 희망에 맞추어 목표를 너무 높게 제시하면, 노인의 변화의지가 꺾이기 쉽고 상담이 제대로 진행되지 않을 수 있다.

④ 노인상담의 목표는 내담자인 노인의 동의와 승인이 필요하다. 노인이 동의하지 않는 목표는 실행가능성이 낮아지기 마련이다. 상담목표가 결정되면 상담자는 노인에게 상담동의서를 받는 것이 좋다.

5. 5단계 : 탐색 및 자각하기

탐색은 내담자인 노인이 상담자의 도움을 받아서 자신과 자신의 문제를 관찰하는 것이며, 자각은 탐색을 하는 과정에서 경험하게 되는 새로운 발견을 말한다. 대부분의 노인문제는 처음 경험한 것이 아니라 이미 기존의 삶 속에서 경험한 것들이다. 노인은 탐색과 자각의 과정을 거치면서 자신의 모습을 객관적으로 보게 되고 변화를 위한 모색을 하게 된다.

탐색과 자각의 과정이 일정 정도 진행되면, 저항현상이 자연스럽게 발생할 수 있다. 저항은 상담진행을 방해하고 현재의 상태를 유지하려는 의식적이고 무의식적인 생각, 태도, 감정, 행동 등을 의미한다. 저항의 구체적인 사례는 말하지 않기, 화제돌리기, 엉뚱한 주제에 대한 질문, 약속시간을 변경하거나 지각하기, 침묵하기 등의 형태로 나타날 수 있다.

노인이 저항상태를 보일 때 상담자는 예민하게 받아들이고 신뢰관계 속에서 상담을 지속해 나가야 한다. 저항에 대해서 함께 논의하고 저항을 극복하는 가치와 중요성을 설명한다. 그리고 노인의 저항의 원인, 저항의 대가, 상담자의 행위에 의한 저항의 발생여부 등을 탐색해야 한다. 그리고 상담자는 저항을 부드럽게 반영해 주거나 직면이나 해석 기법을 적용할 필요가 있다.

6. 6단계 : 대안의 탐구

노인상담에서 노인의 탐색과 자각의 단계를 거쳐서 상담의 대안을 탐구하는 과정으로 넘어가게 된다. 대안탐구는 내담자가 바람직한 변화를 위해 대안들을 탐색하고 선택하는 과정이다. 대안탐구에서는 브레인스토밍, 과거의 성공경험 탐색, 예외의 탐색 등의 방법이 주로 사용되고 있다.

1) 브레인스토밍

브레인스토밍(brainstorming)은 창의적인 아이디어를 생산하기 위한 학습도구이자 회의기법으로 상담분야에 적용된 방법이다. 브레인스토밍에 관한 오스본(Osborn)의 방법론에서는 효과적인 발상을 위한 두 가지의 원리를 제안하고 있다. 브레인스토밍은 최대한 판단을 보류하고, 가능한 한 많은 숫자의 해결방법을 끌어내는 데 초점을 두고 있다.

브레인스토밍은 네 가지 기본규칙에 따라 진행될 필요가 있다. 첫째, 양적 측면에 중점을 두고 문제해결을 위해 다양한 해결책이 제시되어야 한다. 둘째, 이 과정에서 비판과 비난을 최대한 자제해야 한다. 비판을 자제하여 노인이 자유로운 분위기 속에서 해결방법을 모색하도록 한다. 셋째, 독특한 아이디어를 칭찬해야 한다. 새로운 지각을 통해서 또는 당연하다고 생각해 오던 가정을 의심하는 것으로부터 더 나은 해답을 줄 수 있는 새로운 방법이 떠오를 수 있다. 넷째, 아이디어를 조합하고 개선한다. 다양한 아이디어와 여러 사람들의 의견을 연계시켜 더 뛰어난 해결방법을 얻을 수 있다.

2) 과거의 성공경험 탐색

내담자인 노인은 긴 인생에서 다양한 일과 어려움들을 경험하고 극복해 왔다. 현재 노인이 고통스러워하는 문제는 생소한 것이라기보다는 이미 경험한 일이고 성공적으로 해결했던 문제일 가능성이 높다. 따라서 상담자는 노인이 잊고 있었던 자신의 긍정적인 문제해결 능력을 상기시켜 해결책을 모색하도록 할 수 있다.

3) 예외의 탐색

노인 내담자는 자신이 문제라고 생각하는 일들이 항상 존재하는 것으로 인식하는 경향이 있다. 그러나 문제현상이 발생하지 않는 시간들이 많은 경우가 대부분이다. 예를 들어, 남편과 항상 싸운다는 문제를 여성노인이 제기했을 때, 실제로 항상 싸우고 있다고 생각하여 싸우지 않는 시간들이 많다는 것을 인식하지 못한다. 상담자는 이러한 사실들을 여성노인에게 인지시켜서 자연스럽게 문제를 해결할 수도 있다.

7. 7단계 : 대안목록의 작성

상담자는 대안탐색의 과정에서 파악된 대안들 중에서 노인에게 실제로 적용 가능하고 실현시킬 수 있는 대안을 함께 세우고 어떻게 적용할 것인지를 논의한다. 상담자는 대안목록을 작성할 경우에 노인에게 필요하고 노인이 희망하는 것들을 중심으로 진행해야 한다. 이 외에도 대안목록의 작성에서 고려해야 할 사항은 타당성, 안정성, 경제성, 사회적 영향력, 노인에 대한 배려 등이다.

상담자가 대안을 탐구하고 대안목록을 작성할 때 문제해결에 도움이 될 수 있는 자원을 탐색하는 것도 중요하다. 이에 관해서 상담자와 노인의 의견이 다른 경우에 상담자는 내담자의 견해를 최대한 존중하는 자세를 가져야 한다. 그리고 각 대안들의 부정적인 결과에 대해서도 깊이 있게 검토할 필요가 있다. 대안목록을 작성할 경우에 WDEP 공식이 유용하게 활용될 수 있다.

〈표 13-3〉 WDEP 공식

W :	욕구(want)에 대한 인식을 의미한다. 내담자는 먼저 문제해결을 위한 대안을 작성하기 전에 우선적으로 내담자 자신이 원하는 것이 무엇인지를 탐색한다.
D :	내담자의 행동방향(direction)을 탐색하고 이를 위해 해야 할 행동들을 결정한다.
E :	내담자의 문제를 평가(evaluation)하는 것을 의미한다. 평가는 종결단계에서 이루어지는 것이 아니라, 지속적이고 끊임없는 과정으로 내담자가 어떻게 수정하고 변화되어야 하는지를 제시해 준다.
P :	문제를 변화시키기 위한 구체적인 행동계획(planning)을 의미한다. 이러한 행동계획은 원리 원칙적이고 경직되어 있지 않으며 융통성을 갖는다.

8. 8단계 : 결정을 지지하기

노인상담이 종결되면 상담자와 노인은 분리되는데, 바람직한 종결을 위해 상담과정에서 형성된 감사와 애정, 그리고 슬픔과 상실 등의 감정이 충분히 표현되어야 한다. 그리고 노인의 학습과 대안들을 통해 형성된 새로운 행동방식을 확인하고 긍정적인 수행능력에 대해 지지를 보내고 이를 확고하게 하는 작업이 중요하다. 상담자는 노인이 변화된 심리와 행동을 지속할 수 있는 방법을 모색할 필요도 있다.

상담자는 노인과 함께 가능한 대안들과 각 대안의 긍정적 · 부정적 결과들을 검토하여 노인의 변화를 위한 결정을 내려야 한다. 노인이 결정하는 일은 쉽지 않지만, 노인의 결정에 대해 상담자는 최대한 존중하는 자세를 가져야 한다. 노인이 결정을 내리지 못하고 기존의 상황을 유지하려고 하는 경우에도 이를 지지하는 것이 중요하다.

9. 9단계 : 상담의 종결

상담종결은 상담목표가 달성되었을 때 이루어지는 것이 바람직하다. 그러나 상담이 진행되는 도중에 중단되거나 또 다른 문제를 해결하기 위해 상담이 지속적으로 진행될 수도 있다. 내담자의 상담목표가 달성되고 상담자와 내담자가 동의하면 보통 상담은 종결된다. 상담종결을 위해 안내과정이 필요한데, 구체적인 절차는 다음과 같다.

1) 끝맺음을 잘하기

상담자와 내담자 간에 마무리가 되지 않은 일이나 문제가 있다면 상담종결 이전에 해결하는 것이 좋다. 마무리가 잘 되지 않은 문제가 남아 있으면, 상담자와 내담자 간에 이러한 감정이 그대로 남아 있게 된다. 특히 내담자인 노인은 상담자가 자신을 기피한다는 생각에 좌절감을 경험할 수 있다.

2) 적절한 시기를 맞추기

내담자에게 상담의 종결은 쉽지 않은 일이다. 보통 상담자는 내담자의 문제가 해결되면 다른 내담자와의 상담을 진행하려고 한다. 이러한 상담자의 자세가 내담자에게 냉정함이나 무관심의 태도로 비칠 수 있다. 상담자는 종결의 시기가 오면 내담자에게 미리 설명하여 내담자의 심리적 불안감을 해소하고 경험할 수 있는 어려움에 대처하도록 해야 한다.

3) 작별의 슬픔

상담자와 내담자 사이에 형성된 긴밀한 관계를 종결하는 것은 대개 상실감과 슬픔의 감정을 남긴다. 상담자는 내담자의 상담종결에 따른 분노, 슬픔, 죄책감, 버려진다는 두려움, 새로운 시작에 대한 흥분 등의 감정들을 잘 살펴야 한다. 내담자가 상담자 이외에 자신의 감정을 공유할 수 있는 사람이 없다고 생각하는 경우에는 상담자가 몇 차례의 상담을 추가로 진행하는 것이 바람직할 수도 있다.

4) 필요할 경우 의뢰

상담목표가 충분히 달성된 경우에도 내담자가 추가적인 상담서비스를 원하는 경우에 상담자는 내담자에게 도움이 될 수 있는 다른 사람이나 기관에 내담자를 의뢰할 수 있다. 내담자인 노인이 질병으로 인해 생활이 매우 불편한 배우자를 보호하기 어렵다고 판단한 경우에 상담자가 적합한 요양원에 입소를 의뢰할 수 있다.

5) 미완성된 종결

간혹 내담자들이 마지막 종결상담에 참여하지 않는 문제가 발생하기도 한다. 미리 약속한 상담에 오지 않고 연락이 이루어지지 않는 경우들이 있다. 이러한 경우에 상담자는 여러 가지 걱정과 불안감을 가질 수 있는데, 다른 슈퍼바이저의 도움을 받는 것이 바람직하다.

6) 초 대

상담이 성공적으로 종료되면, 내담자는 앞으로의 생활에 대한 자신감과 새로운 문제에 대처할 수 있다는 확신을 갖게 된다. 긍정적인 감정을 갖게 된 내담자 중 일부는 상담자와 지속적인 지지관계를 유지하려고 할 수 있다. 이러한 경우에 상담자는 전화연락 정도를 허용하면 내담자가 심리적 안정과 자신감을 가질 수 있다.

7) 사후관리

상담관계가 종료된 이후에 내담자가 생활에 잘 적응하고 문제를 잘 처리해 나가고 있는지를 확인하는 것이 바람직하다. 상담자의 이러한 사후관리는 상담자의 내담자에 대한 관심의 표현으로 다른 주제로 상담을 진행하게 될 때 보다 효율적인 상담을 진행할 수 있다.

참고 문헌

고수현 · 윤선오(2015). **노인복지론**. 경기 : 양서원.

국가인권위원회(2012). 노인 집중취업분야 인권상황 실태조사.

국민건강보험공단(2015). 2015 노인장기요양보험통계연보.

국민건강보험공단 · 건강보험심사평가위원회(2016). 2015 건강보험통계연보.

권중돈(2012). **노인복지론**. 서울 : 학지사.

권진숙 · 박지영(2010). **사례관리의 이론과 실제**. 서울 : 학지사.

김귀환 · 나직균(2010). **노인복지론**. 서울 : 동문사.

김대원 · 남미애 · 노병일 · 신건희 · 윤경아(2004). **사회문제와 사회복지**. 서울 : 학지사.

김동배 · 유병선 · 이은진(2013). 근로노인의 근로만족이 생활만족도에 미치는 영향. **노인복지연구**, 60, 201-236. 한국노인복지학회.

김미경(2015). 노인자살 예방을 위한 기독교 상담적 돌봄 : 이야기 치료를 중심으로. **복음과 상담**, 23(2), 41-68.

김현미 · 최연희(2011). 취약계층 독거노인의 우울에 미치는 영향변인. **지역사회간호학회지**, 22(4), 355-364.

김형수(2002). 한국 노인의 자살생각과 관련요인 연구. **한국노년학**, 22(1), 159-172. 한국노년학회.

김형숙 · 전경자 · 김윤미(2013). 한국 노인의 자살생각에 영향을 미치는 요인. **한국노년학**, 33(2), 349-363. 한국노년학회.

김혜경(2005). 전기 · 후기고령자의 건강수준 및 복지욕구에 관한 비교연구. **한국노년학**, 26(1), 1-16. 한국노년학회.

김혜령(2012). 일 도시지역 국민기초생활보장 수급 대상 전기노인과 후기노인의 우울 유병률과 관련요인. **한구노년학**, 32(3), 941-954. 한국노년학회.

박광준 · 김혜도 · 오세영 · 오영란(2011). **노인복지의 정책과 과제**. 경기 : 양서원.

박석돈 · 박순미 · 이경희(2015). **노인복지론**. 경기 : 양서원.

____________(2016). **노인복지론**. 경기 : 양성원.

박선태 외(2015). **노인복지론**. 경기 : 공동체.

박차상 외(2002). **한국노인복지론**. 서울 : 학지사.

박현식 외(2015). **노인복지론**. 경기 : 양서원.

배기효 외(2015). **노인복지론**. 경기 : 양서원.

배지연(2005). 노인자살생각에 관한 인과모형. 대전대학교 대학원 박사학위논문.

보건복지가족부(2009). 2008년도 노인실태조사 : 전국노인생활실태 및 복지욕구조사 기초분석보고서.

보건복지부(2014). 노인실태조사.

________(2015). 제3차 치매관리종합계획(2016~2020).

________(2016a). 2016 노인복지시설 현황.

_________(2016b). 통계로 본 2015년 기초연금.
_________(2017a). 노인보건복지사업안내(1권).
_________(2017b). 노인보건복지사업안내(2권).
_________(2017c). 2017 기초연금 사업안내.
_________(2017d). 노인 일자리 및 사회활동 지원안내.
보건복지부 · 한국보건사회연구원(2014). 2014년도 노인실태조사.
보건복지부 중앙치매센터(2016). **대한민국 치매현황 2016**. 경기 : 중앙치매센터.
분당서울대학교병원(2013). 2012년 치매 유병률 조사.
서상철(2001). **재가노인복지론**. 서울 : 두남.
서혜경 · 정순둘 · 최광현(2013). **노인상담**. 서울 : 학지사.
신복기 · 이성진(2016). 한국 노인들의 은퇴이후 자살생각, 자살계획, 자살시도까지의 기간에 영향을 미치는 요인. **사회복지정책**, 43(2), 1-13. 한국사회복지정책학회.
안홍순(2015). **노인복지론**. 경기 : 공동체.
오병훈(1999). 노인성 우울환자의 치료실제. **가정의학회지**, 20(11), 1441-1445. 대한가정의학회.
오현숙(2003). 노인의 죽음개념 비교. **한국노년학연구**, 12, 137-154. 한국노년학연구회.
우국희(2006). 영국 재가노인보호서비스 공급확대를 위한 민간영리부문의 참여와 한국에의 시사점. **노인복지연구**, 32, 223-245. 한국노인복지학회.
윤 진(1996). **성인 · 노인심리학**. 서울 : 중앙적성출판사.
이소정(2010). 노인자살의 사회경제적 원인 분석. **사회보장연구**, 26(4), 1-19. 한국사회보장학회.
이소정 외(2009). 노인자살의 사회경제적 배경 및 정책적 대응방안 모색. 한국보건사회연구원 연구보고서, 42-43.
이승호 · 구인회 · 손병돈(2016). 기초연금의 확대가 노인가구의 소득, 지출, 빈곤에 미친 영향 : 이중차이 방법의 적용. **한국사회보장학회 정기학술발표논문집**, 2, 467-489. 한국사회보장학회.
이승희 · 양순옥(2010). 저소득층 재가노인의 근골격계 만성통증과 우울이 건강관련 삶의 질에 미치는 영향에 관한 연구. **지역사회간호학회지**, 21(1), 21-30.
이윤경 · 김미혜(2008). 노인학대 유형화 및 유형결정요인 연구. **한국노년학**, 28(4), 1165-1178. 한국노년학회.
이인수(2001). **노인복지론**. 서울 : 양서원.
이인정(1999). 노년기전기와 후기의 차이에 관한 연구. **한국노년학**, 19(3), 35-50. 한국노년학회.
이혜경 · 이병록(2008). 전 · 후기고령자의 노인장기요양보호 서비스에 대한 욕구 차이. **노인복지연구**, 42, 7-26. 한국노인복지학회.
이혜자 · 이병록(2008). 노인의 시설보호 욕구에 대한 영향요인. **노인복지연구**, 40, 55-73. 한국노인복지학회.
이호선(2015). **노인상담**. 서울 : 학지사.
이희완 · 유현숙(2011). 노인자살 예방대책의 현황과 과제. **글로벌사회복지연구**, 1(2), 7-28.

임병우 · 김은주 · 임중철 · 주경희(2015). **노인복지론**. 경기 : 공동체.
______________________________(2017). **노인복지론**. 경기 : 공동체.
정상수 외(2014). **노인복지론**. 경기 : 정민사.
조애저 · 김승권 · 김유경(1999). **노부모 학대 실태에 관한 사례연구**. 서울 : 한국보건사회연구원.
조추용 · 김양이 · 윤은경(2015). **노인복지론**. 서울 : 창지사.
중앙노인보호전문기관(2016). 2015 노인학대현황보고서.
통계청(2011). 장래인구추이.
______(2012a). 사회조사보고서.
______(2012b). 사망원인통계.
______(2015a). 사회조사.
______(2015b). 경제활동인구연보.
______(2015c). 2015 한국의 사회지표.
______(2016a). 2016 고령자통계.
______(2016b). 2015 사망원인통계.
______(2017). 가계금융 · 복지조사 보고서.
______. 경제활동인구연보. 각 연도.
______. 기대여명 추이 통계표. 각 연도.
______. 사망원인통계. 각 연도.
______. 생명표. 각 연도.
______. 인구동향조사. 각 연도.
______. 인구총조사. 각 연도.
______. 장래인구추계. 각 연도.
통계청 · 금융감독원(2016). 가계금융 복지조사.
통계청 보도자료(2016. 9). 고령자통계.
한국노동연구원(2016). 고령층 고용구조 변화와 소득불평등 추이.
한국노인인력개발원(2016). 2015 노인일자리 통계 동향.
한국보건사회연구원(2011). 국민생활실태조사.
한국형사정책연구원(1995). 노인의 범죄 및 범죄피해에 관한 연구.
허평화(2011). 한국노인자살의 연구동향과 과제. 호서대학교 벤처전문대학원 박사학위논문.
현외성 외(2000). **한국노인복지학강론**. 서울 : 유풍출판사.
현외성 외(2011). **노인상담론**. 서울 : 창지사.
황보람 · 강정희(2015). 치매노인과 부양가족 간의 의사소통과 삶의 질과의 관계. **한국가족복지학**, 20(1), 27-49. 한국가족복지학회.

Birren, J. E.(1959). Principles of Research on Aging. In J. E. Birren(ed.), *Handbook of Aging and the Individual*. Chicago : University of Chicago Press.
Brown, S. L., & Vinokur, A. D.(2003). The Interplay among Risk Factors for Suicide

Ideation and Suicide : The Role of Depression, Poor Health and Loved Ones' Messages of Support and Criticism. *American Journal of Community Psychology*, *32*, 131-141.

Bryant, L. L., Corbett, K. K., & Kutner, J. S.(2001). In Their Own Word : A Model of Healthy Aging. *Social Science and Medicine*, *53*, 927-941.

Corso, J. F.(1977). Auditory Perception and Communication. In *Handbook of Aging*(pp. 535-553). New York : Van Nostrand Reinhold.

Cowgill, D. O.(1974). The Aging of Populations and Societies. *Annals of the American Academy of Political and Social Science, 415*, 1-18.

Cowgill, D. O., & Holmes, L. D.(1972). *Aging and Modernization*. Appleton-Century-Crofts, New York.

Cutright, P., & Fernquist, R. M.(2000). Effects of Societal Integration, Period, Region and Culture of Suicide on Male Age-Specific Suicide Rates : 20 Developed Countries, 1955~1989. *Social Science Research*, *29*, 148-172.

Durkheim, E.(1951). *Suicide : A Study in Sociology*. NY : Free Press.

Havighurst, R. J.(1972). *Developmental Tasks and Education*. New York : David Mckay.

Kuypers, J. A., & Bengtson, V. L.(1973). Social Breakdown and Competence : A Model of Normal Aging. *Human Development*, *26*.

OECD(2015). *Health Data*.

_____(2016). Mortality_Intentional Self-harm. stats.oecd.org

Olsho, L. et al.(1985). Aging and the Auditory System. In J. E. Birren & K. Schaie(ed.), *Handbook of the Psychology of Aging*. New York : Van Nostrand Reinhold.

Ruth, J.(1996). Personality. In J. E. Birren et al.(eds.), *Encyclopedia of Gerontology*(Vol. 2). New York : Academic Press.

Segal, E. L., Mincic, M. S., Coolidge., F. L., & Andalisa O'riley(2004). Attitude toward Suicide and Suicide Risk among Younger and Older Persons. *Death Studies, 28*, 671-678.

Stoten, N. A., & Taylor, H.(1986). *Councils of Care : Planning Local Government Strategy for Older People*. London.

UN Department of Economic and Social Affairs(2016. 9). World Population Prospects : The 2015 Revision_Total Fertility(children per woman). esa.un.org/unpd/wpp

WHO(2014). World Health Statistics.

kalee.tistory.com
noinboho.or.kr
sswelfare.or.kr

저/자/약/력

■ 이병록

원광대학교 사회복지학과 학사
중앙대학교 사회복지학과 석사
중앙대학교 사회복지학과 박사
현 건양대학교 사회복지학과 교수

저서
사회복지학개론(공저, 공동체, 2007)
지역사회복지와 사회복지시설(청목출판사, 2007)

논문
사회복지시설의 사회화론에 관한 일고찰(한국사회복지학 제56권 제1호, 2004년)
노인복지시설의 사회화에 영향을 미치는 요인에 관한 연구(한국노년학 제24권 제3호, 2004년)
사회복지시설 사회화의 영향요인에 관한 연구(중앙대학교 사회복지학과 박사학위논문, 2004년)
노인복지시설의 입지조건에 따른 지역사회관계의 차이(노인복지연구 제30권, 2005년)
노인복지시설의 유형에 따른 시설사회화의 차이(노인복지연구 제33권, 2006년)
노인의 시설보호 욕구에 대한 영향요인(노인복지연구 제40권, 2008년)
전·후기고령자의 노인장기요양보호 서비스에 대한 욕구 차이(노인복지연구 제42권, 2008년)
요양보호사의 사회적 지지가 직무만족에 미치는 영향(보건사회연구 제32권 제4호, 2012년)
재가복지시설 요양보호사의 사회적 지지가 직무만족도에 미치는 영향(한국지역사회복지학 제43집, 2012년)

노인복지론

|저자| 이병록

|1판 1쇄| 발행 2017년 8월 22일

|발행인| 김 동 훈
|발행처| 공 동 체

|주소| 경기도 고양시 일산동구 호수로 358-39 동문타워 I 905호(백석동)
|전화| 031) 920-8305(대표)
|팩스| 031) 920-8308
|e-mail| compub@naver.com
|출판등록| 2005년 10월 6일
|등록번호| 제396-2005-36호

|ISBN| 979-11-6105-158-1
정가 18,000원